○郭 辉／著

青海省高等教育规模发展的研究
——基于生态学视域

QINGHAISHENG GAODENG JIAOYU GUIMO FAZHAN DE YANJIU
JIYU SHENGTAIXUE SHIYU

中国财经出版传媒集团
经济科学出版社
Economic Science Press

图书在版编目（CIP）数据

青海省高等教育规模发展的研究：基于生态学视域/郭辉著．—北京：经济科学出版社，2018.10

ISBN 978-7-5141-9761-7

Ⅰ.①青… Ⅱ.①郭… Ⅲ.①高等教育-发展-研究-青海 Ⅳ.①G649.21

中国版本图书馆 CIP 数据核字（2018）第 213016 号

责任编辑：边　江
责任校对：蒋子明
责任印制：邱　天

青海省高等教育规模发展的研究
——基于生态学视域
郭　辉　著

经济科学出版社出版、发行　新华书店经销
社址：北京市海淀区阜成路甲28号　邮编：100142
总编部电话：010-88191217　发行部电话：010-88191522
网址：www.esp.com.cn
电子邮件：esp@esp.com.cn
天猫网店：经济科学出版社旗舰店
网址：http://jjkxcbs.tmall.com
固安华明印业有限公司印装
710×1000　16开　18印张　280000字
2018年10月第1版　2018年10月第1次印刷
ISBN 978-7-5141-9761-7　定价：52.00元
（图书出现印装问题，本社负责调换。电话：010-88191510）
（版权所有　侵权必究　打击盗版　举报热线：010-88191661
QQ：2242791300　营销中心电话：010-88191537
电子邮箱：dbts@esp.com.cn）

序

我的学生郭辉博士撰写的《青海省高等教育规模发展的研究——基于生态学视域》一书是在其博士论文的基础上进一步充实、扩展而成的。在郭辉读博之初，曾对我说过想把教育生态学和教育哲学结合起来研究教育现象和教育问题，当时我以为这不过是博士新生踌躇满志的豪言壮语，并未在意，正所谓"靡不有初，鲜克有终。"但没想到的是他能够执着如初，孜孜不懈，专注于教育生态和教育哲学的研究。而"生态"一词近年来也越来越频繁地见诸各类媒体，越来越广泛地用于各个领域，这也说明郭辉勤于思考，善于综合，勇于创新，并且具有一定的前瞻性思维。这本书可视作他在这阶段研究成果的汇报。

相对于教育哲学，教育生态学是一门新兴的教育学分支学科，是生态学在教育学中不断渗透和应用形成的产物，是一门依据生态学的理论和方法，把教育与生态环境联系起来，解释教育现象，分析教育问题，揭示教育规律，优化教育生态的教育学科。教育生态学的发展，同现代教育学的其他分支学科一样，是教育学的整体发展、繁荣和科学化所需要的。在近现代的教育学研究中，以教育科学否认教育哲学，以教育哲学否定教育科学，似乎已成为以子之矛攻子之盾的一种相当普遍的现象，这已不仅是教育学研究的具体方法而是带有价值观的方法论问题。在我看来，教育科学用观察、实证和实验等方法研究教育客观事实，认识教育客观规律。教育哲学用思辨、反思和形而上学方法研究教育思想，认识并选择和建构教育本质、价值和规律。采用实证方法认识教育事实和客观规律与采用哲学社会科学方法研究教育价值和主体追求规律，对建构合理性教育理论和教育学的科学化都是重要的。教育学研究需要根据具体研究对象确定和采用不同的研究方法，而不是以偏概全，把任何一种具体的方法当作教育学研究的全部方法。强调实证和实验并不是说教育学对每一个问题的研究都要实验和实证，达到数学化的精确程度。相反重视思辨的方法也绝不是要求教育学的每一个具体问题的研究都要研究教育本体、本质等问题。形而上学研究、思辨或反思等哲学研究与数量化实证研究都是教育学研究的基础、基本和重要方式。教育生态学的研究方法综合了实证研究和思辨研究，在通过分析"系统"和"关系"来解释教育现象或分析教育问题方面具有鲜明的独特性和明显的优势，并且更加注重"生长性""过程性"和"动态性"。这是由人和形成人的教育活动的复杂性所决定的。教育的对象是人，这是确定教育学研究方法和建构教育学方法论的根本前提、客观依据、逻辑支点及其评价的最高尺度和检验的终极标准。教育是形成人的，是人为的，是为人的，而人是具有"生长性"的。所有的教育存在和教育问题都是复杂的，是以人为主体的多因素独特共在、彼此联系、相互作用的结果。教育活动在其"生长性"和"系统性"中蕴含着天然的"生态性"。因此，生态学的理论和方法对教育学的研究有很强的适切性，生态学的思维模式本身也很贴近教育的本然状态和实然状态。也因此教育生态学虽然刚刚起步，但发展迅猛，显现出旺盛的生命力，可以预见其广阔的发展空间和蓬勃的发展前景。

　　本书作者在深入思考教育生态学理论的基础上，将教育生态学理论应用于研究青海省的高等教育规模发展，从生态学的视域，获得对青海省高等教育规模发展轨迹和未来趋势、青海省高等教育与区域社会发展之间适应度的理性认识，探求实现青海省高等教育和区域社会发展之间整体联系、动态平衡和协同发展的机理。提出青海省高等教育规模生态化发展的路径，为解决青海省高等学校的发展规模、经济社会需求和财政投入的平衡适度提供参考，为协调青海省高等教育的规模、结构、速度和质量效益的协同发展提供依据。

为青海省高等教育改革和发展的规划和决策提供相应的参考和依据。衡量教育学理论研究及其成果科学化与合理性的根本标准，从根本上说是教育学理论在教育实践中的应用，促进教育实践的科学化和合理性发展，进而促进国家和社会的发展。教育理论来自于教育思维对教育实践的抽象，更形成和实现于活生生的丰富的教育实践。教育实践和社会实践是教育学发展和科学化的本体：终极本原、源泉和终极关怀、归宿，是教育学理论推演的逻辑支点、评价的尺度和检验的标准。在本书中，难能可贵的是作者不仅建构了"教育生态系统的稳定性和稳定、平衡性和平衡理论"，以之作为分析教育生态系统特性和状态的依据，并运用生态承载力的理论和方法研究了青海省高等教育的规模发展，而且对其研究方法、研究过程和研究结果进行了深刻反思。

在郭辉读博士时我曾允诺为他写的书作序，如今其著作已经杀青，即将付梓。我亦欣然命笔，履行承诺。祝贺郭辉的著作出版！祝愿他能够在教育生态学的领域取得更多更新的成果，做出更高更大的成就。

郝文武

2018 年 4 月

前　言

　　区域高等教育的规模发展是高等教育改革与发展的重要内容之一，研究青海省高等教育规模的生态化发展，分析、总结青海省高等教育和区域社会发展之间整体联系和动态平衡的机理，有助于实现青海省高等教育规模、结构、速度和质量效益的协同发展，有助于实现青海省高等教育的规模发展与青海省的社会、经济、文化和科学的高度协同，实现青海省高等教育的可持续发展。同时也有利于协调高校的布局调整和内部整合，有利于提升青海省高等学校的教育教学质量，充分发挥对青海省经济发展的推动作用和对社会的服务功能等。因此，对青海省高等教育规模生态化发展的研究既是青海省高等教育改革与发展的现实需要，也是为实施国家高等教育改革和发展的规划、部署，执行国家加快中西部高等教育发展的方针政策提供参考。

　　本书的研究在理论上立足于现有的教育生态学和教育生态承载力理论，将生态学的理论与教育学的理论进一步贯通融合，提出了教育生态系统稳定性和稳定、平衡性和平衡的理论，并将其作为分析教育生态系统状态和特性的依据。在研究方法上运用生态承载力的基本理论和分析框架，考察了青海省高等教育历年生态承载力和规模的发展轨迹（2013~2016年），预测了青海省高等教育未来生态承载力和规模的发展趋势（2020年），并剖析了青海省高等教育系统生态承载力和规模发展的限制性因子及其成因，提出了青海省高等教育规模生态化发展的路径。

对青海省高等教育历年生态承载力和规模的发展轨迹（2013~2016年）进行考察的结果表明：2013~2016年青海省高等教育系统的承载饱和指数除2014年出现一个峰值外，其余年份呈现逐年降低的发展轨迹，青海省高等教育系统的在校生规模（在校生人数：2013年66320人，2014年70492人，2015年74359人，2016年77528人）呈现出"饱和—过饱和—饱和—适度饱和"的发展轨迹，青海省高等教育系统承载状态呈现"满载—超载—满载—适度承载"的发展轨迹。2013年和2015年青海省高等教育规模均已经达到最大承载规模，承载支持力已经达到极限，承载状态为满载，规模状态为饱和。资源效应已经最大化，后续发展持续力不足。青海省高等教育系统所承受的压力和能够提供的供容支撑能力基本相当，处在平衡临界点。2014年在未采取措施增强供容支持力或减轻承载压力，且生均教育经费比2013年大幅减少、教职工规模减小的情况下，仍然扩大招生规模，导致该年度青海省高等教育系统的规模状态为过饱和，承载状态为超载，经测算，实际在校生人数超出当年的最大承载规模4761人。2016年青海省高等教育系统的自我维持、自我调节能力、教育资源和环境规模的供容能力完全能够支持具有一定质量标准的在校生规模77528人，在校生规模在2016年办学条件下的最大承载规模范围内，处在"适度"状态，有足够的发展持续力。青海省高等教育系统能够发挥共生效应，实现可持续发展。

对青海省高等教育系统未来生态承载力和规模的发展趋势（2020年为时间节点）进行预测的结果表明：到2020年青海省高等教育规模（预测在校生为85008人）发展适度，生态承载状态良好，不会出现弱载、满载、超载。承载支撑力和抗压能力有所提高，能够支持在保证一定质量前提下的在校生规模发展的需要，供容能力的增长能够满足在保证一定质量前提下的在校生规模扩张的要求，在校生的规模对承载支撑力的压力虽然很大，但是仍旧在承载支撑力的能力范围内，未达到承载支撑力的极限，系统效应将会得以实现，共生效应将会得以发挥，教育质量可以得到保障并会逐渐提升，发展有充足的持续力，能够呈现正向演化，实现共生效应和发展的稳定性、协调性和可持续性。

前　言

对青海省高等教育系统生态承载力和规模发展的限制性因子及其成因的分析结果表明：在青海省高等教育系统生态承载力和规模发展的诸影响因子中，办学经费的影响最大。青海省高等教育系统的办学经费一直以来很有保障，并处于逐年增长的状态，但是因为招生规模的扩张速度很快，生均教育经费在2015年之前曾经出现过负增长。2015年和2016年办学经费大幅度提高，青海省高等教育的生均公共财政预算教育经费都超过了全国的生均公共财政预算教育经费，根据各级政府近年来出台的各种有关高等教育改革与发展的规划和政策，以及支持西部高等教育发展的专项规划和政策来看，青海省高等教育办学经费的支持前景是稳定且有保障的，同时青海省的经济也正沿着良性发展的轨道演进，青海省高等教育办学经费的支持力度会越来越大。但是青海省高等系统生态承载支持力和供容能力的高低过多地取决于办学经费的多少，其他因子可提供的支撑力和供容力都非常弱小，一旦办学经费因为各种原因出现减少时，青海省高等教育系统的生态承载力和规模发展将会受到致命的影响，从生态系统的稳定性来看，青海省高等教育生态系统整体上稳定性低，是脆弱的，易于受到破坏，存在很大的产生生态危机和引发生态退化的潜在威胁。青海省高等教育系统的客观承载能力很弱，承载稳定性低，一直是束缚青海省高等教育规模发展乃至青海省高等教育事业发展的"软肋"。表现在青海省高等教育办学主体和办学形式单一，高校数量少，办学基本条件薄弱，占地面积小、固定资产少，高校规模较小等严重制约了青海省高等教育系统自我调节能力、抗压能力和自我修复能力的发展。教育教学资源历史积淀不足，教学设备、教学及辅助用房等严重匮乏，造成青海省高等教育资源承载力弱小。青海省高等教育生态环境的整体脆弱也是造成青海省高等教育资源—环境承载力低的重要原因；青海省高等教育的环境支撑力整体脆弱与青海省经济生态脆弱的大背景有直接的因果关系。从历史发展轨迹和未来发展趋势来看，青海省高等教育系统的承载压力一直处在高压状态。承载压力度大与资源承载力低互为因果。造成青海省高等教育系统生态脆弱的原因主要有三个：（1）青海省高等教育系统原有的基础薄弱、发展落后，发展后劲不足。不仅表现在青海省高等教育的"硬件"上，而且表现在与之相关的"软件"上。(2) 青海省高等教育的办学主体单一，办学方式单一，高校数量少、规模小（教职工规模小、学生规模小），说明青海省高等教育系统的生态结构和生态关系均极其简单，其稳定性差，抗压能力和自我修复能力弱。(3) 青海省高等教育系统的生态环境脆弱度高，与青海省的区域文化环境和区域经济环境的脆弱有直接关系，与区域经济环境脆弱的关系尤为密切。

实现青海省高等教育规模生态化发展的路径就是全面增强青海省高等教育系统的承载支持力，就是增强青海省高等教育生态系统的自我维持和调节能力，增强青海省高等教育资源与环境的可持续供给与容纳的支持力。具体而言就是优化青海省高等教育系统内部环境的承载力、提升青海省高等教育系统外部环境的承载力。优化内部环境的承载力包括改善青海省高等教育系统的办学体制和发展机制、经费投入和物质资源、师资队伍等硬件条件和提高青海省高等教育系统的教学质量、科研水平、组织管理、学科建设和专业建设等软性实力。提升外部环境承载力就是不断提升青海省高等教育系统的政治环境、经济环境和文化环境的承载力。

教育生态学是门新兴学科，生态学与教育学还有待更深度地契合融通，生态学的理论和方法应用于教育学领域仍处在不断发展和完善之中。对青海省高等教育规模发展的研究也有待深入，对于研究中存在的不足之处，诚恳期待相关专家和读者的批评指正，笔者将在以后的研究中继续加以完善和提高。

郭　辉
2018 年 4 月

目录
CONTENTS

第一章 　**绪论** / 1
　　一、研究背景 / 1
　　二、研究的目的和意义 / 4
　　三、国内外研究文献述评 / 5
　　四、研究的重点和可能的创新 / 19
　　五、研究设计 / 21

第二章 　**青海省高等教育规模发展研究的理论框架** / 25
　　一、生态学视域研究青海省高等教育规模适度
　　　　发展的核心概念 / 25
　　二、生态学视域研究高等教育规模适度发展的
　　　　理论基础 / 30
　　三、生态学视域研究青海省高等教育规模发展的
　　　　逻辑基础 / 48
　　四、青海省高等教育系统生态承载力与规模
　　　　发展测评体系 / 53

第三章	**青海省高等教育系统历年生态承载力和规模发展的生态学考察** / 69

一、青海省高等教育系统 2013 年生态承载力和规模发展的生态学考察 / 71

二、青海省高等教育系统 2014 年生态承载力和规模发展的生态学考察 / 90

三、青海省高等教育系统 2015 年生态承载力和规模发展的生态学考察 / 115

四、青海省高等教育系统 2016 年生态承载力和规模发展的生态学考察 / 136

第四章	**青海省高等教育系统生态承载力和规模未来发展趋势的测评及分析** / 158

一、青海省高等教育系统生态承载力和规模未来发展趋势的预测方法 / 159

二、青海省高等教育系统生态承载力未来发展趋势的预测及分析 / 162

三、青海省高等教育规模未来发展趋势的生态学分析 / 203

第五章	**青海省高等教育规模适度发展的生态化路径** / 217

一、青海省高等教育系统生态承载力和规模发展轨迹综评 / 218

二、青海省高等教育系统生态承载力和规模发展的
　　限制性因子及其成因 / 226

三、实现青海省高等教育规模适度发展的
　　生态化路径 / 230

第六章 **结语** / 249
一、对本书内容的总结 / 249
二、对本书研究的反思 / 253

参考文献 / 258
后记 / 269

第一章 绪 论

绪论部分包括研究背景、研究的目的和意义、国内外研究文献述评、研究的重点和可能的创新、研究设计五个方面的内容。

一、研究背景

(一) 青海省高等教育事业改革与发展的现实需要

开展青海省高等教育规模适度发展的研究对青海省高等教育的改革和发展来说是必要而且迫切的,并且可以为青海省高等教育的改革和发展规划提供科学依据。

自1999年全国高等学校扩大招生规模以来,全国各地高等教育的规模、分布格局、结构、基础设施建设、资金投入等都发生了巨大变化,在这一大环境的发展趋势下,青海省的高校发展规模和资金投入等也大幅度增长,布局结构、办学条件、基础设施建设和师资结构等得到很大改善。同时进行了一系列涉及高等教育多个方面的建设和改革:青海省高等学校基础建设工程、师资队伍的高层次人才培养工程、网络建设工程、高校基础课教学实验室建设工程和高教教学改革工程等项目的实施;青海省高等学校办学体制、内部管理体制、科技工作运行与管理体制、高等教育教学、高校后勤社会化等的改革。

在财政经费的支持方面，用于高校基础设施建设、高校重点实验室建设、高层次人才培养、改善办学条件等工作的经费大幅度增长。高等教育体制不断完善、资源配置日趋合理，基础设施条件显著改善，师资结构不断优化，学校规模迅速扩大，本科教育、研究生教育、高职教育等不同层次的教育日趋合理，普通高等教育和成人继续教育等不同类型的教育不断完善。科研实力和教学力量不断增强，教育质量和办学效益显著提高，为社会服务的功能得到不断增强。

但是不容回避的是青海省高等教育在其快速发展过程中也存在着诸多亟待解决的问题，例如：青海省高等学校的规模速度和质量效益的协同发展有待进一步实现，高校的布局调整和内部整合仍欠协调，整合优势尚未充分发挥；办学整体水平较低，所属高等学校在国内缺乏知名度，影响力低；办学体制单一，尚无民办高校；对高等学校的发展定位尚欠科学；产、学、研结合较弱，科研成果转化率很低，未能充分发挥对青海省经济发展的推动作用和对社会的服务功能等。

这些问题严重制约着青海省高等教育的发展，开展青海省高等教育规模适度发展的研究，可以为解决青海省高等学校的发展规模、经济社会需求和财政投入的平衡适度提供参考，有助于进一步协调青海省高等教育的规模、结构、速度和质量效益的关系。

（二）实施国家高等教育改革和发展规划的必然要求

开展青海省高等教育规模适度发展的研究为贯彻执行《国家中长期教育改革和发展规划纲要（2010~2020)》和国务院常务会议关于"在没有教育部直属高校的14个省份各重点支持建设一所高校"等规划和决议提供必要参考。

在2010年7月由中共中央、国务院颁布实施的《国家中长期教育改革和发展规划纲要（2010~2020）》①的第二章战略目标和战略主题（三）战略目标中提出："高等教育大众化水平进一步提高，毛入学率达到40%；……其中受过高等教育的比例达到20%，具有高等教育文化程度的人数比2009年翻一番。""到2020年毛入学率达到40%，比2015年入学率增长4%"。

在2011年，教育部在《国家中长期教育改革和发展规划纲要（2010~2020）》中第七章"高等教育"第（二十二）的"优化区域布局结构。设立支持地方高等教育专项资金，实施中西部高等教育振兴计划"的基础上，发起"中西部高等教育振兴计划"，目的是要解决我国的高等教育尤其是优质高等教育资源（比如"985工程"大学、"211工程"大学等）布局不尽合理的现象，重点扶持一批有特色、有实力的中西部地区省部重点大学，作为对不合理布局的修正，进而解决中西部地区高等教育落后问题。

青海省的经济和社会发展水平较低，即使在中西部地区的省份里，也是相对落后的，因此，青海省高等教育改革与发展的理念、规划和方针政策尤其要与《国家中长期教育改革和发展规划纲要（2010~2020）》（简称《规划纲要（2010~2020）》）及《中西部地区高等教育振兴计划》（简称《振兴计划》）等政府部门出台的关于高等教育发展、特别是与关涉中西部高等教育改革和发展规划的精神保持高度一致，改革与发展的方向必然与《规划纲要（2010~2020）》和《振兴计划》的指导保持一致，改革与发展的成效必然深受这些规划决定性的影响。

2016年4月27日在国务院总理李克强主持召开的国务院常务会议上，部署"加快中西部教育发展补'短板'，夯实发展基础、促进社会公平"。会议确定了加快中西部教育发展的四条措施，措施之一为："支持建设一批高水平大学和学科，扩大中西部学生接受优质高等教育的机会。在没有教育部直属高校的14个省份各重点支持建设一所高校。继续扩大重点高校面向贫困地区农村招生规模。②"这14个省份中包括有青海省。

---

① 人民出版社. 国家中长期教育改革和发展规划纲要（2010~2020）[M]. 北京：人民出版社，2010.
② 新华社. 李克强主持召开国务院常务会议 [EB/OL] http：//news.xinhuanet.com/politics/2016-04/27/c_1118755109.htm，2016-04-27.

青海省高等教育规模的发展是青海省高等教育改革与发展的重要内容之一，对青海省高等教育规模生态化发展的研究既是青海省高等教育改革与发展的现实需要，也是为实施国家高等教育改革和发展的规划、部署，为执行国家加快中西部高等教育发展的方针政策提供参考。

二、研究的目的和意义

（一）研究的目的

研究青海省高等教育规模的生态化发展，具体来说就是基于生态学视域，运用生态承载力的理论和方法，研究青海省高等教育规模的适度发展。在测评、分析青海省高等教育规模的过去、现实和未来的实然状况和应然状况的基础上，针对青海省高等教育系统的生态承载力和规模发展的限制性因子，结合各级政府出台的有关高等教育改革与发展的规划和政策，以及有关西部高等教育发展的专项规划和政策，提出实现青海省高等教育适度发展的生态化路径。为青海省高等教育的教育改革和发展规划提供科学的依据。

（二）研究的意义

1. 在理论方面的意义

在理论方面，运用生态学的理论和方法，研究青海省高等教育规模的适度发展，探求实现青海省高等教育和区域社会发展之间整体联系和动态平衡的机理。另外，用生态学的理论和方法对青海省高等教育进行研究，既丰富了生态学研究的内容，也丰富了高等教育研究的方法。

2. 在实践方面的意义

青海省高等教育规模的适度发展是涉及诸多因素、非常复杂的问题，在实践方面，一是运用生态承载力的方法开展实证分析，从生态学的视域，获得对青海省高等教育规模历年发展轨迹和未来发展趋势的"整体""系统"和"动态"的认知，以及青海省高等教育的发展与区域经济社会文化的发展之间适应度的理性认识。二是在此基础之上，提出青海省高等教育规模适度发展的"生态化"路径，为青海省高等教育改革与发展的规划提供相应的参考。

三、国内外研究文献述评

本书主要从三个方面对相关文献进行梳理：一是与青海省高等教育规模发展相关的研究；二是与高等教育规模发展相关的研究；三是关于高等教育生态方面的研究。

（一）与青海省高等教育规模发展相关的研究

关于青海省高等教育方面的研究文献相对较少，就目前搜集到的直接相关和间接相关的文献，参照本书的思维框架，研究成果的主要内容可以归纳为两类：一是青海省高等教育规模及其发展的一般性研究；二是青海省高等教育与区域社会和区域经济发展有关的研究。

1. 青海省高等教育规模发展的研究

何波[①]等在对青海高等教育改革的社会基础、文化背景和政策依据等外部条件，以及青海高等教育规模结构、层次结构、专业结构和师资结构等内部条件分析的基础上，从调整结构、完善体制、优化队伍和突出特色等几方面提出青海省高等教育改革与发展的思考。

牟国元[②]在分析青海高等教育现状的基础上，提出青海省高等教育的合作

---

① 何波，李晓华. 青海高等教育改革刍议 [J]. 青海民族学院学报（社会科学版），1996 (2).
② 牟国元. 发展青海高等教育浅议 [J]. 青海社会科学，2006 (4).

发展，加大教育经费投入，优化专业结构，改善人才环境，实行适度分权管理，扩大办学规模，加快发展高等职业技术教育，是提高青海高等教育质量的基本保障。此外，彭玉林[1]等也对青海高校办学现状及其发展进行过探讨。

无论是基于教育学还是社会学，以及其他学科的视角，对青海省高等教育规模发展的研究成果很少，但就现有成果来看，青海省高等教育规模发展中的重要影响因素有：教育经费投入、人才环境和适度的分权管理。办学规模的扩大与专业机构的优化联系紧密，职业技术教育是青海省高等教育需要注重发展的内容，此外，还确定了青海省高等教育发展的目的是提高教育质量。

2. 青海省高等教育与区域社会和区域经济发展有关的研究

邢建民[2]等研究了青海高等教育如何适应本省经济社会发展的问题，认为必须充分认识青海省高等教育在青海省经济社会发展中的战略地位；树立现代大学办学理念，更新教育观念，不断提高办学质量；加大师资队伍建设和人才培养力度，优化专业结构，推进学科建设；加强科学研究，多出研究成果，促进成果转化，提高科技贡献率；多渠道筹措办学经费，促进青海省高等教育发展。

此外，左金平[3]研究了青海省高等教育与地方经济社会发展的内在关系。王宝通[4]研究了青海省高等教育发展的外部环境。

青海省高等教育与区域社会和区域经济发展有关的研究成果数量很少。主要研究的是青海省高等教育发展如何适应青海省经济和社会发展的问题。

总的来说，关于青海省高等教育规模方面的研究成果数量很少，基本上是在其他研究中有所涉及而已，尚未见到对青海省高等教育规模进行专门研究的成果。从文献分布上来看，研究范围和研究成果非常不均衡，理论性研

---

[1] 彭玉林. 对青海高校办学现状及其发展的探索 [J]. 青海师范大学学报（哲学社会科学版），1998（1）.

[2] 邢建民，孙立科，左金平等. 青海高等教育适应本省经济社会发展的思考 [J]. 青海师范大学学报（哲学社会科学版），2004（6）.

[3] 左金平. 论青海高等教育在地方经济社会发展中的地位和作用 [J]. 青海民族研究，2005（2）.

[4] 王宝通. 青海省高等教育发展的外部环境 [J]. 青海师范大学学报（哲学社会科学版），1995（3）.

究的成果相对较少,而实践性研究的成果相对较多。但在实践性研究中,真正实证性研究的成果又很少。从研究模式上来看,以静态性的研究为主,缺少动态性研究。以孤立研究为多,综合研究较少。从研究视域来看,基于教育学、经济学、社会学等视域的研究相对较多,而使用生态学的理论和方法研究青海省高等教育规模适度发展乃至青海省高等教育的成果尚未见到。

(二) 与高等教育规模发展相关的研究

根据研究性质,有关高等教育规模发展的研究成果可以归纳为两大类:一是关于高等教育规模发展的一般性研究;二是关于区域高等教育规模发展的研究。

1. 高等教育规模发展的一般性研究

潘懋元[①]1980年首次提出了教育内外部关系规律。外部规律即教育的发展与政治、经济、文化、科技、人口、地理等因素相互作用的规律,教育必须与一定的社会经济、政治、文化发展相适应,并为经济、政治、文化等发展服务;内部规律是指在教育系统内部,师生之间、领导干部和教师之间、各部门之间等相互作用的规律。教育内部诸要素应该协调,并由此延伸出教育外部与内部因素相互作用的关系。潘懋元教授强调在应用内外部规律时应注意以下三点:首先,规律的抽象性、一般性与实践的规律性、特殊性之间的关系,要把对规律的认识转化为实践需要中介,规律转化为政策,政策转化为具体的措施和办法,具体的措施和办法再转化为实践。其次,规律是客观的,政策是主观的,正确的政策是主观对客观的正确认识。政策并非一成不变,随着时间推进政策需要做出相应调整。最后,规律的存在是无条件的,规律的应用是有条件的。

房剑森[②][③]认为在变革的知识经济时代,高等教育要努力适应以成为社会的

---

① 潘懋元. 潘懋元高等教育文集[M]. 北京:新华出版社,1991:141-168.
② 房剑森. 高等教育发展的理论与中国的实践[M]. 上海:复旦大学出版社,1995:81-83.
③ 房剑森. 高等教育发展论[M]. 桂林:广西师范大学出版社,2001:87-89.

中心，高等教育必须走内涵式发展道路，寻求新的增长点，实现高等教育的规模效益和实现高等教育的结构效益并重。全面研究高等教育发展的理论基础、发展方式论、高等教育发展动力论、高等教育规模的两种增长方式、增长的质量保证、结构选择、资源的优化配置等。并提出规模和质量相统一的高等教育发展之路，认为必须优化高等教育结构，注重内涵发展，注重渐进式发展。

卢晓中[1]则以发展理论为出发点，将发展理论、发展理念和发展策略作为进行高等教育发展研究的逻辑体系，并以此为基本分析框架，探析了三者的内在联系，进而分析了发展理论、发展理念和发展策略在高等教育实践层面的整合问题，提出高等教育发展战略的形成是建立在一定的发展理论和发展理念基础上的，他从地位、目标、抉择、内容和实施等方面概括出高等教育发展战略的基本特征，并以广东省高等教育发展作为个案从结构和功能的视角进行了分析。

孙红梅[2]提出高等教育发展规模与经济增长并非总是呈正相关的线性关系，实现二者的良性关系最为关键的是做好制度创新。强调高等教育规模要适应国家经济建设发展的需要，同时需要兼顾社会、家庭的支付能力，高等教育规模的扩张必须坚持多元化发展和不断提高高等教育的质量，同时必须保障教育公平。

卢文忠和周亚君[3]以多元产出二次模型分析了全国76所教育部直属院校2006年的办学规模，认为：就我国教育部直属院校的情况而言，我国高等教育在整体上已具备规模经济效益的特点，但高校规模的扩张仍应坚持适度原则，高校办学规模的取值条件应是国家规定办学指标、本校的办学定位以及市场对专业的需求，此外，应进一步深化研究生培养机制改革和高校内部管理体制改革。

胡永远和刘智勇[4]认为扩招前后我国高等教育规模均不处于最优状态。

---

[1] 卢晓中. 现代高等教育发展论纲 [M]. 广州：广东教育出版社，2005.
[2] 孙红梅. 经济增长与高等教育发展规模的关系研究 [D]. 西北大学博士论文，2007：126.
[3] 卢文忠，周亚君. 高等教育适度规模实证研究——以教育部76所直属高校为例 [J]. 高教发展与评估，2009（2）.
[4] 胡永远，刘智勇. 人力资本的最优投资规模分析——以中国高等教育为视角 [J]. 财经理论与实践，2004（3）.

尽管我国高等教育迅猛扩张表面上暂时满足了社会的需求，对内拉动了短期经济增长，但与此同时，高等教育规模扩张直接导致高等教育基础设施投入不足和毕业生就业困难等问题。综合国力水平和居民收入水平都会制约我国高等教育的发展，因此，我国高等教育发展不适合跳跃式或突进式模式，并且在发展中必须注意"经费来源多元化""实施制度和教学改革""毕业生资源市场化配置""发展经济以促进劳动力市场需求"这四个方面的问题。

吕颖[①]认为高等教育与经济之间存在四个方面的关系：第一，高等教育对经济增长最直接的作用是促使国家、社会和个人增加对高等教育的投资来促进消费，同时带动相关产业的发展，直接推动 GDP 的增长；第二，高等教育以科学技术为纽带，与社会生产力的发展有着直接的和必然的联系，随着生产力发展中科技进步因素的日益重要，高等教育将成为科技进步的直接动力，对经济发展做出积极的贡献；第三，高等教育通过培养高素质的劳动者来改善经济增长的质量并促进劳动生产率的提高；第四，高等教育对经济的促进作用还表现在，教育不仅可以提高劳动者的劳动生产率，还可以促进产业结构从低级到高级的不断优化，以及产业内部结构的优化。

问青松[②]认为要增强教育产业竞争力必须增强教育产业的承载力、创新力和吸引力。现有教育产业的资源利用效率以及教育产业发展的投资能力决定了一国或一个地区教育产业的承载力。

范明[③]运用计量经济学模型，采用数据挖掘的关联规则和遗传算法进行定量分析，确定了高等教育规模与 GDP 之间的强相关性。并运用投资受益相关方法，从高等教育的受益方——政府、企业和个人及其家庭的三个主体出发，分析了经济发展水平对教育的投入和高等教育发展的影响。

翟丽丽和倪艳坤[④]根据教育经济学理论，采用系统动态学的理论和方法，对高等教育系统进行动态分析，建立了高等教育适度规模的系统动态学模型

[①] 吕颖.高等教育对经济增长贡献的定性分析［J］.学术交流，2004（5）.
[②] 问青松.教育产业与经济发展［D］.武汉大学博士论文，2004.
[③] 范明.江苏省高等教育与经济协调发展研究［D］.河海大学博士论文，2003.
[④] 翟丽丽，倪艳坤.高等教育适度规模系统动态学模型研究［J］.哈尔滨理工大学学报，1998（10）.

和计算机仿真系统，并对 2010 年高等教育适度规模进行了仿真计算和分析。

胡咏梅和薛海平[1]从国际比较的角度，以高等教育毛入学率为因变量，以 GDP 的 1990～1998 年均增长率、GDP 占世界总额的比例、人均 GDP/PPP、国家财政支出占 GDP 的比例等四个反映一个国家经济发展水平的指标为自变量，利用回归分析的统计方法，建立了世界上高收入与中上等收入国家、中下等收入国家以及中下等与低收入国家这三类不同收入水平国家的经济发展水平与高等教育规模的回归模型。通过对回归模型的分析，得出在我国当前的经济发展水平之下，高等教育规模不宜再继续大规模扩张的结论。

李萍[2]综合运用经济学、统计学、管理学和教育学的理论与方法，以人力资本理论、经济增长理论、区域经济理论等作为理论分析基础，全面系统地分析了当前高等教育与区域经济协调发展的复杂关系：首先研究高等教育与区域经济发展的高度相关性。其次，分析高等教育对区域经济的推动作用，利用计量经济学的协整理论建立高等教育发展对区域经济的影响模型。再次，利用面板数据（Panel Data）分析方法分析了经济发展水平对高等教育投入、规模、结构与速度、制度与体制、专业设置、人才培养方案等方面的影响，建立了区域经济发展对高等教育发展的影响模型方程。然后，研究了与区域经济协调发展的高等教育最优规模，利用系统动力学原理建立了高等教育发展的适度规模模型。并在综合分析的基础上，提出高等教育与区域经济协调发展的对策和建议。最后，在对陕西省高等教育与区域经济互动发展进行实证研究的基础上，提出了陕西高等教育与经济发展的良性互动的政策及建议。

此外，刘贤龙[3]从高等教育与经济关系的统计分析研究角度，提出了我国高等教育发展速度应当适度，不能过快。米红、文新兰和周仲高[4]对未来 20 年中国高等教育规模变化进行了实证分析。

总的来说，在高等教育规模发展的一般性研究方面，大多是从高等教育

---

[1] 胡咏梅，薛海平. 经济发展水平与高等教育规模的相关性研究 [J]. 高教理论，2002 (2).
[2] 李萍. 高等教育与区域经济互动发展研究 [D]. 西北大学博士论文，2006.
[3] 刘贤龙. 高等教育与经济关系的统计分析 [J]. 统计与决策，1998 (9).
[4] 米红，文新兰，周仲高. 人口因素与未来 20 年中国高等教育规模变化的实证分析 [J]. 人口研究，2003 (6).

的基本理论或者国家层面对高等教育规模和发展规律、理论、理念和策略进行细致研究。就研究角度而言，既有对高等教育规模与经济增长的相关性研究，也有对区域高等教育规模发展的分析，以及有关高等教育规模适度的实证研究等。从研究方法来看，既有理论研究，也有通过进行数理统计和建立数学模型对高等教育规模做出评价的实证研究。并且从上述诸多研究中可以确定，在我国目前的高等教育发展框架中，经济因素和人口因素对高等教育规模的发展起着基础性的制导作用。

2. 区域高等教育规模发展的研究

区域高等教育规模发展的研究成果主要有：区域高等教育规模与区域经济发展的关系研究；区域高等教育规模与区域人口状况的关系研究；区域高等教育结构及其与区域经济结构、就业结构、劳动力市场的关系的研究等几个方面。

韩云炜[①]通过数理统计建立回归方程，利用数学模型分析了各省份高等教育规模的扩张对该地区短期经济增长和长期经济增长的作用及贡献。认为各省份高等教育规模和经济增长之间呈紧密的正相关关系，高等教育规模的扩大对GDP增长的即期贡献率存在省际差异，东部高等教育规模扩大对GDP增长做出长期贡献，中部次之，西部最低。

刘六生和陈为峰[②]从弹性系数的视角，通过高等教育规模与人均GDP之间的增速比较，分析了扩招十年期间云南省高等教育规模与经济发展之间的关系，认为扩招造成云南省高等教育的弹性系数剧烈变动，在云南省高等教育的结构实现多元化的同时，云南省高等教育与经济发展之间必须优化整合结构，方可形成良性互动。

此外，陈全国[③]研究了中国人力资本积累与经济的相关性，描述了我国

---

① 韩云炜. 我国各省份高等教育规模和经济增长的相关性研究［D］. 华东师范大学，2009：40.
② 刘六生，陈为峰. 扩招背景下云南省高等教育规模与经济发展的关系——基于高等教育弹性系数的视角［J］. 云南师范大学学报（哲学社会科学版），2013，45（1）.
③ 陈全国. 中部地区人力资本积累与经济发展相关性研究［D］. 武汉理工大学博士论文，2004.

中部六省十年来经济发展与人力资本积累的动态过程与关联性,剖析了各省经济发展的成效。韩翠萍和张正义[①]对山西省普通高等教育规模发展进行了回归分析,并对未来发展进行了预测。陈立文[②]研究了河北省高等教育适度规模。

对区域高等教育规模和发展的研究,从研究角度上而言,大多数非常重视区域高等教育规模和发展与区域经济状况和发展之间的关系,这也是与目前有关高等教育规模及其发展的研究成果中得出的结论相一致的,即经济因素和人口因素是区域高等教育规模和发展的主要因素。但是,总的来说因为缺乏结合对区域高等教育的演进、政治、经济、人口、科技发展等方面的因素的综合分析,使得最终落实到理论研究还是实践路径上都不够全面。从研究方法上来看,既有理论研究,又有实证研究,其中以经济学、管理学、社会学和政策学为视域的较多,以生态学为视域的较少。对青海省高等教育规模和发展方面尚缺少系统、全面和深入的理论研究和实证研究,特别是缺少基于生态学视域的研究。

(三) 高等教育生态的相关研究

运用生态学的思维、理论和方法研究高等教育的现象和问题的成果,在教育生态学的研究成果中相对而言较为丰富。与本书相关的成果归纳为以下两类:高等教育生态的一般性研究;高等教育对其复合生态环境的适应与调控。

1. 高等教育生态的一般性研究

高等教育生态的研究始于英国高等教育研究者埃里克·阿什比[③](Eric Ashby),他在1966年发表的《英国、印度和非洲的大学:高等教育生态学

---

① 韩翠萍,张正义. 山西普通高等教育规模发展回归分析与未来发展预测 [J]. 山西农业大学学报(社会科学版),2006 (2).
② 陈立文. 河北省高等教育适度规模研究 [J]. 科学学与科学技术管理,2006 (2).
③ Eric Ashby. Universities: British, Indian, African: A Study in the Ecology of Higher Education [M]. London: Weidenfeld & Nicolson, 1966.

研究》中首次正式提出并应用了"高等教育生态"这一概念,在其1976年出版的《科技发达时代的大学教育》[①]一书中阐述其"大学生态系统论"时,提出"大学是遗传和环境的产物"的基本论点,他认为,大学经常受到"大学职能之一就是保存和延续文化遗产"和"随时适应(有时很痛苦地)所处的社会环境"内外两种力量的制约,从而出现不稳定的平衡。而在寻求解决的路径时,他强调大学发展过程中内在逻辑的重要性,认为这是大学之所以成为大学的根本所在,应在保持大学的完整性的基础上,改革大学的内在传统,以适应外在环境的变化,并且高等教育体系发展的内在逻辑不是唯一的,而是多元的,不同类型的大学有着不同的内在逻辑,这些大学应对着不同的社会环境或社会需求,同时,每种类型的大学的内在逻辑都是可以自我调节以适应外部环境的变化的。阿什比的大学生态系统论已经成为世界高等教育界开展高等教育学术研究、进行高等教育的教育教学实践的重要经典理论。

我国在高等教育生态研究方面的成果主要有:贺祖斌在其博士论文《中国高等教育系统的生态学分析》[②]和承担全国教育科学"十五"规划重点课题"西部高等教育生态系统及其质量控制研究"(DIA030172)基础上撰写的著作《高等教育生态论》[③],运用生态学原理和方法,基于生态学的价值取向,分析了中国高等教育系统:建构了高等教育系统分析的生态观,着重分析了高等教育系统的生态承载力、高等教育系统的生态区域发展和高等教育系统的生态环境等我国高等教育系统现阶段的几个生态问题,提出了从提高办学资源和环境承载力来提升我国高等教育系统的生态承载力,并对高等教育规模和速度过大、过快的发展作适当控制的思路,以寻求资源利用与生态系统可接受阈值之间的动态平衡点,使之既能提高高等教育生态承载力,又不对高等教育生态系统产生破坏与影响。他认为高等教育生态区域发展主要受区域生态环境、区域经济发展水平、高等教育的历史沿革与文化发展状况等因素的制约,其平衡是相对的、动态的,不平衡是绝对的、永恒的,不平

---

① [英]阿什比著.滕大春译.科技发达时代的大学教育[M].北京:人民教育出版社,1983.
② 贺祖斌.中国高等教育系统的生态学分析[D].华中科技大学博士论文,2004.
③ 贺祖斌.高等教育生态论[M].桂林:广西师范大学出版社,2005.

衡主要表现为质和量的差异性。研究结论针对我国高等教育的不平衡发展现状，提出了调控和优化高等教育生态区域资源配置的措施。他还以制度生态环境为切入点，分析了高等教育系统的生态环境的制度变迁、特征和存在问题，设计了优化高等教育的外部生态环境和内部组织生态结构的策略。认为高等教育只有有选择地"遗传"与"变异"，才能使我国高等教育适应并改善不断变化的生态环境。他还构建了对高等教育系统的生态质量进行控制的方法和模型，认为高等教育质量的相对稳定性是衡量高等教育系统在一定时期生态平衡的重要指标。高等教育系统的质量控制，可通过对系统内部和外部生态因子来评价实现。并选择生态可持续作为高等教育发展之路。

贺祖斌[①]认为：高等教育拥有自然性和社会性的特质，自然性即隐含于高等教育内部，直接指向教育和教学运行的自然规律，社会性体现在高等教育对象的个人社会化和高等教育本身的社会化的特征。高等教育生态化是高等教育自然性和社会性耦合的一种必然，也是对高等教育本身自然和社会化的超越。

胡涌[②]等采用系统科学的方法和生态学的基本原理，对高等教育生态系统的内涵与外延、基本特征（包括结构、功能、发生与演替、承载力与生产力4个部分）、分布和系统分析与评价等主要问题进行了初步探讨，提出了一个高等教育生态系统的基本构架。并认为高等教育生态系统是一个复杂的、开放的、非线性的社会子系统，稳定与健康是该系统可持续发展的关键。

粟俊红[③]等从教育生态学的视角，阐述了高等教育生态系统的特点，分析了我国高等教育在生态位、生态承载力、生态环境、生态质量控制等方面面临的个体问题，以及在生态区域发展和可持续发展等方面面临的种群问题；在此基础之上，探讨了运用教育生态学的原理和方法解决高等教育生态问题的方法，提出了开展深入研究的方向。

---

① 贺祖斌. 高等教育演化的新趋势：生态化［J］. 广西师范大学学报（哲学社会科学版），2004（1）.
② 胡涌，柳晓玲，张仕固等. 高等教育生态系统的基本构架［A］. 北京市高等教育学会2007年学术年会论文集［C］. 2007.
③ 粟俊红，胡涌，王玲等. 高等教育中生态问题的探讨［J］. 中国林业教育，2009（3）.

彭福扬和邱跃华[1]把生态化理念运用于高等教育，认为高等教育生态化发展是高等教育良性循环的客观反应，是化解高等教育各种危机的迫切需要，是高等教育科学发展的内在要求。为实现高等教育生态化发展，必须合理配置教育资源，优化高等教育结构；理顺高等教育系统和外部环境的关系，实现高等教育环境生态化；坚持育人为本，实现高等教育人才培养的生态化。

关于高等教育生态的一般性研究，大多从生态学基本理论和生态理念的层面，审视高等教育的状况和发展，研究高等教育生态的内涵和外延，探索其可持续发展的路径。并从思维方式和研究方法的角度，反思生态学的理论和方法在高等教育领域研究和实践中的价值和意义。运用生态系统的基本理论、生态承载力和生态位的理论和方法，对高等教育开展宏观和整体的理论研究和实证性研究。

2. 高等教育系统对其复合生态环境的适应与调控

高等教育对其生态环境适应与调控方面的研究成果，从研究内容上来看，主要集中在以下四个方面：一是关于高等教育系统生态承载力的研究；二是关于高等教育与其生态环境之间关系的研究；三是关于人口、资源等生态因子对高等教育生态系统影响的研究；四是关于不同类型高等教育和高校对其生态环境的适应与调控的研究。

（1）关于高等教育系统生态承载力的研究。

贺祖斌[2]研究了高等教育系统的生态承载力，认为高等教育系统的生态承载力具有客观性、可变性和多层次性等特点，高等教育资源承载力和环境承载力分别是其基础条件和约束条件，同时，生态弹性力也影响着高等教育系统。高等教育的发展规模必须适应相应的生态承载力。张兰芳[3]等将广西高等教育系统视为一个生态系统，运用高等教育系统生态承载力调控模型对广西高等教育系统2008年的生态承载力状况进行测算，从生态承载力的视角

---

[1] 彭福扬，邱跃华. 生态化理念与高等教育生态化发展 [J]. 高等教育研究，2011 (4).
[2] 贺祖斌. 高等教育系统的生态承载力研究 [J]. 高等教育研究，2005 (2).
[3] 张兰芳，林盟初，贺祖斌. 广西高等教育系统生态承载力调控模型及其应用 [J]. 广西师范学院学报（哲学社会科学版），2010 (4).

审视广西高等教育 2008 年的状况，提出相关对策。苗立峰①等从承载力的概念出发，分析了高等职业教育系统生态承载力的内涵，根据 2008 年河北省高等教育招生报名与录取情况以及高等教育在校生情况，分析了在 2008 年普通高等教育私人成本水平下居民个人对高等职业教育的潜在求量，并在此基础上对河北省高等职业教育系统的生态承载力进行了分析。

吉昊和苟虹②以生态学为视域，从人才资源、物质资源和文化资源三个方面研究了高等教育资源配置的现状，提出了高等教育资源生态化配置的对策：提高高等教育人力资源和物力资源的生态承载力；保持高等教育系统的生态平衡；正确处理市场和计划两种资源配置方式。提出了高等教育文化资源生态化培植对策：高等教育机构应该持续培植与高等教育生态系统相一致的文化资源；高等教育应该与社会需求保持一致。

（2）关于高等教育与其生态环境之间关系的研究。

贺祖斌③认为高等教育系统的生态环境是以高等教育为中心，对其发生、发展和存在产生制约和控制作用的多维空间和多元环境。高等教育系统与环境之间要保持一种生态平衡才能促进高等教育健康持续的发展。高等教育系统的生态平衡主要受制于系统与生态环境的交换关系、系统的结构与功能的平衡两方面。

何绍福和李晓霞④认为：我国高等教育大幅度扩招以来的急剧快速发展，使高等教育规模超出了我国高等教育生态系统承载力范围，破坏了系统原有的生态平衡，在宏观上出现了高等教育事业的快速发展与教育经费投入不足的失衡、规模扩张与教育质量的失衡、东西部高等教育生态区域发展失衡和高等教育发展结构性失衡等问题，作者从生态学的视角分析了这四个失衡问题，提出以生态观来引领大众化阶段我国高等教育系统的内涵式发展、走可持续发展之路的对策。

---

① 苗立峰，路鹏，张勇. 河北省高等职业教育生态承载力分析［J］. 教育与职业，2011（9）.
② 吉昊，苟虹. 高等教育资源的生态化配置与培植研究［J］. 当代教育科学，2013（5）.
③ 贺祖斌. 论高等教育系统与环境的生态平衡［J］. 大学研究与评价，2007（5）.
④ 何绍福，李晓霞. 论生态学视角下我国高等教育系统的生态平衡［J］. 教育科学，2007（5）.

徐德斌[①]对高等教育的外部生态环境：自然环境、社会环境和规范（精神）环境的各种生态因子进行综合考量，分析了它们与高等教育的关系。

塞兴东和孙小伍[②]探讨了高等教育生态环境的构成以及高等教育与其生态环境之间的相互关系，分析了中国高等教育的生态环境。

（3）关于人口、资源等生态因子对高等教育生态系统影响的研究。

陈伟和顾昕[③]认为：控制人口数量一直是我国现行人口政策的关键内容。随着人口出生率下降和新生人口减少，我国普通高等教育学龄人口不断减少，而普通高校自1999年以来持续实行扩招政策，按此趋势，10余年后，普通高校的计划招生数可能会超过报考人数，出现录取率达"百分百"的现象，导致普通高校面临严峻的生源危机和生存危机。为保障普通高等教育的可持续发展，需要前瞻性、系统性地做好相应规划和制度建设，尽快实行十二年制义务教育制度，推进普通高校招生体制改革，创建具有中国特色的世界一流大学，深化普通高等教育宏观管理体制改革，并切实加快普通高校内部管理体制改革。

樊本富[④]认为：在高等教育系统中，尽管政治、经济和文化对其发展有着关键性的作用，但人口、资源和环境对高等教育可持续发展的作用同样不可替代。只有遵循高等教育可持续发展的规律和要求，处理好高等教育与人口、资源、环境三者的关系，科学、合理地利用生态环境，才能促进高等教育的可持续发展。

（4）关于不同类型高等教育和高校对其生态环境的适应与调控的研究。

这方面的成果主要集中在高等师范院校、地方高校、高职院校、高等农业教育等高等教育中的某些群体在发展过程中，与其所处生态环境的关系及对其所处生态环境的适应和调控等。张继华[⑤]提出：高等师范教育要获得持

[①] 徐德斌. 论高等教育的宏观生态平衡与可持续发展 [J]. 现代教育科学，2010（1）.
[②] 塞兴东，孙小伍. 试论我国高等教育生态环境 [J]. 黑龙江高教研究，2002（2）.
[③] 陈伟，顾昕. 人口政策与普通高等教育的发展 [J]. 高等教育研究，2010（3）.
[④] 樊本富. 生态环境与高等教育的发展——人口、资源、环境对高等教育的制约与适应 [J]. 江苏高教，2007（2）.
[⑤] 张继华. 高等师范教育要与社会生态环境协调发展 [J]. 中国高教研究，2006（12）.

续发展，必须适应社会生态环境的发展变化。树立引领整个国家教育发展的意识；适度缩小规模，拓展内涵发展空间；适应经济全球化趋势，增强驾驭市场能力；同时，政府要给予高等师范教育制度保障和政策支持。

在高等教育与生态环境的适应与调控方面的研究成果，从研究方法来看，大多侧重于实践性研究，注重对现实问题的分析和解决，既有涉及实证性研究的，如对高等教育生态承载力的评测，也有对高等教育相关的管理制度和政策的分析，并且几乎都会提出针对性的生态性的解决路径和发展策略。

总之，在高等教育生态学的研究方面，高等教育生态的一般性研究，内容涉及高等教育生态系统的内涵与外延、基本特征（包括结构、功能、发生与演替、承载力与生产力等）、分布、系统分析与评价等。高等教育对生态环境的适应和调控方面的研究内容主要包括：①关于高等教育系统生态承载力的研究；②关于高等教育与其生态环境之间关系的研究；③关于人口、资源等生态因子对高等教育生态系统影响的研究；④关于不同类型高等教育和高校对其生态环境的适应与调控的研究。

从研究方法上讲，目前主要有四大类。第一类方法是从"生态哲学"的层面反思和观照高等教育研究和实践中的现象和问题。第二类方法是以"生态化的思维"和"生态化理念"，审视高等教育的现状，探索高等教育发展的路径。第三类方法是以生态学的基本理论为依据，研究高等教育的结构、功能、运行和演化。第四类方法是运用生态承载力、生态足迹和生态位的理论和方法开展高等教育的规模、结构、效益与质量的实证性研究。

这些研究成果或是倡导"生态化"理念指导下的高等教育的理论研究和实践活动，或是将某个生态概念移植嫁接到高等教育的研究领域，或是应用某个生态学原理解决高等教育领域中某些方面的问题，从理论、内容、方法、实践等多个维度和层次推动了高等教育生态的理论研究和教育实践，均有相当的可取之处。并且运用生态学的原理和方法研究高等教育问题乃至研究教育问题，已经引起越来越多研究者的兴趣，研究成果也呈现逐年飞速递增的状况。但高等教育生态的研究目前仍处于起步阶段，尚有长足的可发展空间，就高等教育生态学的学科体系而言，其基本理论和方法的建构还有待完善。

生态学的理论与方法和高等教育学的理论与方法的衔接和契合也有待深入，许多研究成果徒有"生态"之名而无"生态"之实。相对于高等教育学的其他分支，基于生态学视域的研究成果，总量相对较少，研究的深度有待加强。目前虽然已有若干关于区域高等教育生态研究的成果，但是运用生态学的理论和方法研究青海省高等教育的现象和问题的成果尚未见到，运用生态承载力的理论和方法研究青海省高等教育规模发展的成果也未见到。

四、研究的重点和可能的创新

（一）研究的重点

本书的重点是基于生态学的视域，运用生态承载力的理论和方法，研究青海省高等教育规模的适度发展。围绕这一核心，测评和分析青海省高等教育系统生态承载力和规模的历年发展轨迹，预测和分析青海省高等教育系统生态承载力和规模的未来发展趋势，通过比较青海省高等教育系统供容支持力和承载压力之间的关系，评价青海省高等教育规模的发展状况，深入解析其影响因素，在此基础之上，梳理青海省高等教育系统生态承载力和规模发展的限制性因子，并分析其形成原因，结合各级政府出台的有关高等教育改革与发展的规划和政策，以及有关西部高等教育发展的专项规划和政策，有针对性地提出青海省高等教育规模适度发展的生态化路径。

（二）可能的创新

可能的创新有研究方法的创新和研究思维的创新。

一是研究方法的创新。主要体现在三个方面：（1）用生态学的理论和方法研究青海省高等教育，在目前已检索到的文献中尚未见到。基于生态承载力的方法研究高等教育规模适度发展的文献较少，以之研究青海省高等教育规模的研究成果尚未见到。（2）结合生态学和教育学的基本理论，提出教育生态系统稳定性和稳定、平衡性和平衡的理论，作为研究教育生态系统状况和特性的依据。（3）本书考虑到高等教育规模发展的多因素综合影响的复杂性以及高等教育本身的"生态性"，对青海省高等教育规模2013～2016年的发展轨迹和2020年的发展趋势进行了测评和分析，测评分析中兼用量化研究和定性分析进行综合研究，不同于目前大多数关于高等教育规模的研究成果中单纯使用定量分析或者定性分析其中之一的方法。目前高等教育规模的预测和分析的研究中，大多数研究成果是以劳动力需求、适龄人口的变化、人口规模的变化、成本和收益等为视角的，定量方法则主要采用时序分析法、学生流法和回归预测分析，相对而言本书则综合考虑了青海省高等教育系统内部的人力、物力、财力，与系统外的政治、经济、文化科技等环境因子等多种影响因素的共同作用和相互影响。另外在本书中非常注重分析政策、规划等因子对青海省高等教育规模发展的影响。在目前的有关研究成果中，对"依照我国国情，高等教育规模的发展在很大程度上受制于各级政府出台的有关高等教育的政策和规划的影响"的观点并无异议，但在实际研究中很少会对各级政府出台的有关高等教育的政策和规划的影响予以综合分析，有的甚至完全未予考虑。而在本书中，政策和规划因素的影响是作为重要指标进行定性分析的。

二是研究思维的创新。与传统教育学的研究视域以及教育学领域的其他交叉学科的研究视域不同，在基于生态学视域的教育学研究中，研究的思维方式远比具体的研究方法更为重要，基于生态学视域的研究，尤其注重的是研究对象的不同层次构成之间和同一层次构成之间的整体联系、动态平衡和协同发展，用以梳理较为错综复杂的关系，解释较为复杂的由多种因素综合作用形成的现象，解决理论和现实中的较为复杂的因多种作用结果造成的问题。在本书中，对青海省高等教育规模适度发展的研究，就是以"整体的""系统的""发展的"和"动态的"视角，着眼于青海省高等教育系统内部不同因素之间，以及高等教育系统与区域社会发展之间的"整体联系""动态平衡"和"协同发展"。

五、研究设计

（一）研究对象

研究对象是青海省高等学校的在校生规模，包括普通本专科院校和成人高等学校的在校生人数。2013年青海省的高等学校有普通本专科院校9所和成人高等学校2所，共11所院校。在校生人数为66320人。2014年青海省的高等学校有普通本专科院校12所和成人高等学校2所，共14所院校；其中本科院校4所，专科院校8所，专科院校均为高等职业学校；成人高等学校2所。在校生人数70492人。2015年，青海省高等学校的数量和类型与2014年的相同，在校生人数为74359人。2016年，青海省高等学校的数量和类型仍未有变化，在校生人数为77528人。

（二）研究内容

围绕运用生态承载力的理论和方法研究青海省高等教育规模的适度发展，研究的内容包括通过测评和分析生态承载力，考察青海省高等教育系统2013~2016年的规模发展轨迹，预测青海省高等教育未来（以2020年为时间节点）的规模发展趋势，分析青海省高等教育系统生态承载力和规模发展的限制性因子及其形成原因，探索青海省高等教育规模适度发展的生态化路径。

（三）研究思路

研究的基本思路为：首先，对青海省高等教育系统2013~2016年的生态承载力和规模的发展状况进行考察。其次，预测和分析青海省高等教育生态承载力和规模的未来发展趋势（以2020年为时间节点）。最后，在总结青海省高等教育系统生态承载力和规模的历史发展轨迹及未来发展趋势的基础上，分析青海省高等教育系统生态承载力和规模发展的限制性因子及其形成原因，结合各级政府出台的有关高等教育改革与发展的规划和政策，以及有关西部高等教育发展的专项规划和政策，有针对性地提出青海省高等教育规模适度发展的生态化路径（见图1-1）。

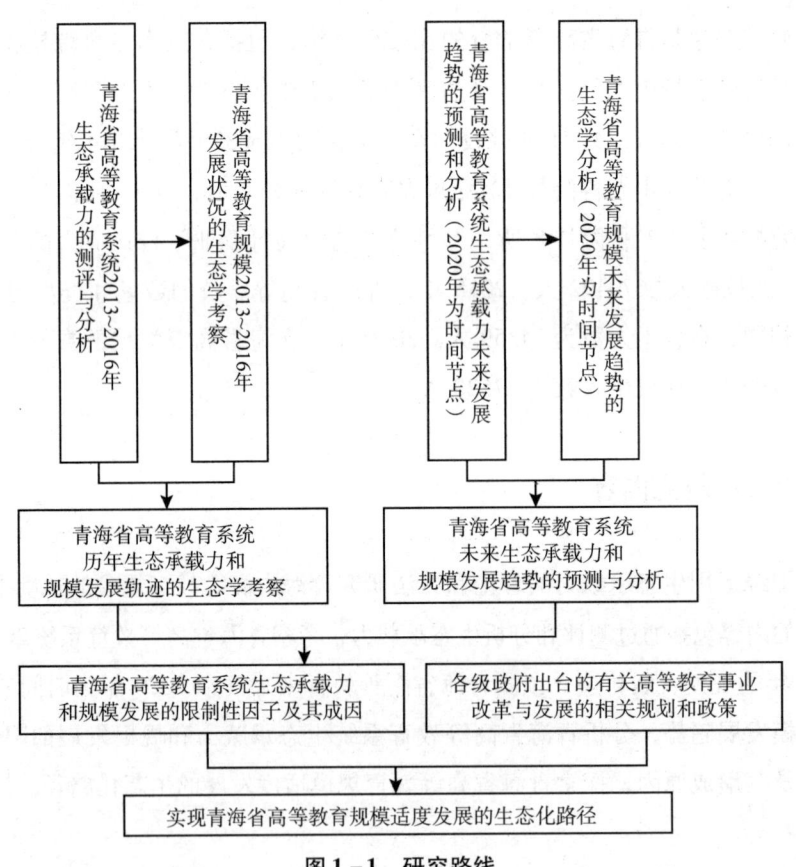

图1-1 研究路线

（四）研究方法

在本书中，主要运用生态承载力的理论和方法，有机结合定量分析和定性分析，研究青海省高等教育规模的适度发展。测评和分析不同时期青海省高等教育系统生态承载力的状况和规模发展的状况。在此基础上，分析青海省高等教育系统生态承载力和规模发展的限制性因子及其形成原因，探索青海省高等教育规模生态化发展的路径。

测评青海省高等教育系统生态承载力和规模发展状况的基本程序为：首先对青海省高等教育生态承载力的生态弹性度、资源—环境承载力、承载压力度三个模块的指标分别进行测评和分析，其中生态弹性度和资源—环境的承载力表示青海省高等教育系统客观承载力的大小，自我调节、自我修复和抗压能力的能力，供容能力的大小；承载压力度表示青海省高等教育系统中被承载对象的压力大小。通过分析生态弹性指数、承载指数和压力指数的测评数据，综合评价青海省高等教育的生态承载力（见图1-2）。

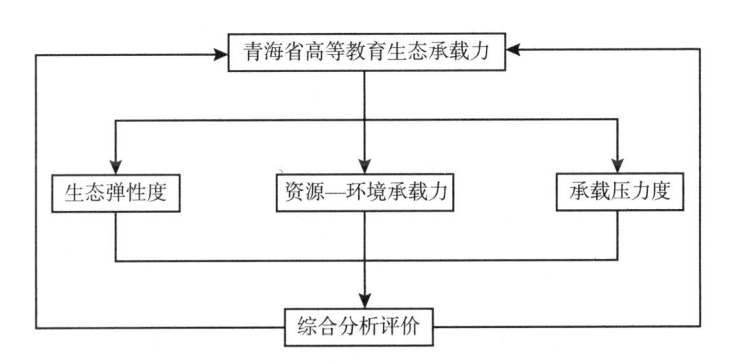

图1-2 青海省高等教育生态承载力综合评价模式

然后通过分析客观承载力和承载压力的关系，判断青海省高等教育系统的承载状况是满载、或超载、或低载、或适度，确定青海省高等教育规模和青海省高等教育系统生态承载力的适应情况，从而对青海省高等教育规模的发展状况作出评估。

通过对青海省高等教育系统历年（2013～2016年）的生态承载力和规模发展状况的测评和分析，以及对青海省高等教育系统未来的生态承载力和规模发展趋势的预测和分析，可以从"整体上""动态"把握青海省高等教育规模的发展轨迹，更加科学深入地解析青海省高等教育系统生态承载力和规模的限制性因子及成因，结合各级政府出台的有关高等教育改革与发展的规划和政策，以及有关西部高等教育发展的专项规划和政策，有针对性地提出青海省高等教育规模适度发展的生态化路径。

第二章
青海省高等教育规模发展研究的理论框架

基于生态学视域研究青海省高等教育规模适度发展的理论框架主要包括四个部分的内容：一是基于生态学视域研究青海省高等教育规模适度发展的核心概念。二是基于生态学视域研究青海省高等教育规模适度发展的理论基础。三是基于生态学视域研究青海省高等教育规模适度发展的逻辑基础。四是青海省高等教育系统生态承载力与规模发展的测评体系。

一、生态学视域研究青海省高等教育规模适度发展的核心概念

基于生态学视域研究青海省高等教育规模适度发展所涉及的核心概念主要有：高等教育规模、生态系统、生态承载力和适度发展。

（一）高等教育规模

"规模"一词在《现代汉语词典》的解释为："事业、工程、运动、机构等所包含的范围。"

"高等教育规模"广义上指高等教育事业机构的大小程度，具体来说，可以指必要数量的学生、教师、管理人员、经费、仪器设备、图书资料、校

舍等使一所高校存在、运行和发展的要素的聚集程度。狭义上讲，高等教育规模通常指高等学校的学生规模，在本书中的高等教育规模指的是高等学校的在校生规模。

青海省高等教育就是指以青海省为地域范围，按照国家规定的设置标准和审批程序批准举办的，通过全国普通高等学校统一招生考试（统招生），招收普通高中毕业生为主要培养对象，实施高等教育的全日制大学、独立学院和职业技术学院、高等专科学校。在学校类型上，因为青海省目前尚无民办高校，因此，仅包括普通高等学校和成人高校。

（二）生态系统

"生态系统"是生态学中最重要的一个概念，这一概念最早由英国生态学家坦斯利（Tansley）于1935年提出的："生物与环境形成一个自然系统。正是这种系统构成了地球表面上各种大小和类型的基本单元，这就是生态系统。"研究的是生命系统和环境系统之间相互作用的规律和机理。后来经过众多生态学研究者数十年的不断发展与完善，生态系统所包括的类型已经广义化和多元化，除了包括生物学上的自然生态系统，还包括社会生态系统和教育生态系统等人工生态系统，乃至包括任何自组织的动态开放系统。在现代生态学视域下，生态系统是指在一定时间和空间内，生命体与其生存环境以及生命体与生命体之间通过物质循环、能量流动和信息交换，互相作用、互相依存而形成的一个不可分割的整体，该整体是一个生态学功能单位，这个生态学功能单位就是生态系统。"生态系统"不仅指一种"研究对象"和"研究方法"，而且已经发展成为一种思维模式和系统理论。教育生态系统就是一个以教育为中心，对教育的产生、存在和发展起制约和调控作用的多元环境体系。即一个由与教育相关的不同的构成成分、不同组织层次按照一定的方式，相互联系、动态整合，并发挥各自功能的复杂有机整体。而高等教育生态系统就是高等教育系统的各要素与其复合生态环境相互作用，共同构成的在各种要素之间、各要素与环境之间存在物质循环、能量流动、信息传递的复杂系统。该系统的性质是人工生态系统,具有制控性,在运行过程中具有反馈功能。

(三) 生态承载力

"生态承载力"是1921年帕克(Park)和伯吉斯(Burgess)在《人类生态学》杂志上提出的,意指"某一特定环境条件下,某种个体存在数量的最高极限"。承载力的阈值决定了生命体发展规模的极限。生态承载力的理论和方法随着生态学的发展已经扩展融通到人口学、管理学、经济学、社会学和教育学等社会科学领域。

对于某一区域而言,生态承载力主要表示的是该区域生态系统的承载功能,特别是对人类活动的承载能力。以生态承载力为标尺,生态系统可分为资源子系统、环境子系统和社会子系统。生态承载力取决于生态系统的支持部分和生态承载力的压力部分的关系,生态系统的支持部分,是指生态系统的自我维持与自我调节能力,以及资源与环境子系统的供容能力。生态系统的自我维持与自我调节能力是指生态系统的弹性大小,资源与环境子系统的供容能力则分别指资源和环境承载能力的大小;生态承载力的压力部分,是指生态系统内社会经济子系统的发展能力,亦即生态系统可维持的社会经济规模和具有一定生活水平的人口数量。生态承载力的阈值就是可维持的社会经济活动强度的极值和维持一定质量水平的人口数量的极值,取决于生态系统自我维持、自我调节能力的极限和资源与环境子系统供容能力的极限。虽然生态系统具有一定的自我维持和自我调节能力,但是如果系统受到的来自外部的压力超过系统的可调节能力或可承载能力范围时,系统的平衡就会被破坏,系统会出现剧烈变化乃至发生逆向演化,严重时甚至会崩溃。因此,只有人类活动给予生态系统的压力在承载阈值内,也就是限定在生态系统的弹性范围内,才能实现生态系统的正向演化,实现可持续发展。

高等教育系统的生态承载力就是高等教育生态系统自我维持调节的能力,以及教育资源与环境子系统承载一定高等教育发展规模及相应质量的能力。

"高等教育的发展应按照自身规律,以长期、持续、稳定地保持其数量、质量、结构、效益的协调发展为目标,以最大限度地与高等教育生态资源供给能力和社会经济持续发展相适应为准则来选择高等教育的发展道路。①"其中高等教育规模是高等教育发展的重要指标。在保证办学质量的前提下,高等教育规模受到教育资源供给能力和发展环境支持能力——高等教育系统生态承载力的限制,在生态承载力的阈值范围内,教育的质量和数量会得到保证,系统会维持平衡,呈现平稳发展。如果超出生态承载力的极限,系统的平衡会被破坏,质量会下降,系统会出现恶性变化乃至逆向演化,严重时甚至会导致系统崩溃。

高等教育系统生态承载力具有客观性(高等教育系统的生态承载力是客观存在的、相对稳定的)、可变性(高等教育系统的生态承载力是可变的,其稳定性是相对意义的稳定)和多层次性(高等教育系统的生态承载力体现在多个水平层次上,不同层次水平的生态承载力也不相同)②的特点。

(四) 适度发展

从哲学角度来看,度是表征事物保持自己质与量的限度、幅度、范围。它是和事物特定的质相统一的数量界限。任何事物都同时具有质和量两方面的规定性,都是质和量的统一体。一方面,质是量的基础,量总是一定质的量,质规定着量的活动范围;另一方面,质又以一定的量作为必要的条件,质总是一定量的质。度就是质和量的对立统一,是使事物保持特定质的量的界限。适度表示程度适当,符合客观事物质量互变规律。高等教育的适度发展就是高等教育规模的发展符合客观条件和客观规律。

从经济学的角度来看,适度发展就是指高等教育的发展要与经济的发展水平和经济的发展速度相协调,满足投入和产出、供给与需求之间的均衡。高等教育的适度发展就是高等教育的发展规模和速度应当与区域社会和区域经济发展相适应,如果发展过快会超出社会的承受力,最终造成高等教育发

---

①② 贺祖斌. 高等教育系统的生态承载力研究 [J]. 高等教育研究,2005 (2): 15.

展的后继乏力，如果发展过慢会难以满足社会和经济发展的需要，不能充分发挥高等教育的社会服务功能，最终影响到社会和经济的发展规模和发展速度。

　　本书基于生态学的视域，运用生态承载力的相关理论和研究方法研究高等教育规模的适度发展，适度发展就是生态化发展。研究的前提是高等教育与其所处的复和生态环境构成一个相互联系、相互作用的共同体——高等教育生态系统，适度发展（生态化发展）的生态学内涵就是指高等教育的规模在质量和数量上与高等教育系统的供容能力相适应，既不会超出高等教育系统的供容能力，造成系统超载，影响高等教育的质量；也不会数量过低，造成系统低载，浪费高等教育资源，超载和低载都会损害系统的承载支撑力，引发高等教育系统的生态危机，导致高等教育系统的逆向演化甚至退化。适度发展（生态化发展）是在高等教育系统的生态承载力范围内，在保证一定教育质量的前提下，既充分利用高等教育资源，又能促进系统生态承载力的提高，既保持系统的动态平衡，又有充足的发展持续力，推动整个高等教育生态系统的正向演化，充分发挥高等教育生态系统的共生效应，实现高等教育的可持续发展。

　　因此，基于生态学视域青海省高等教育规模的适度发展（青海省高等教育规模的生态化发展）就是指青海省高等教育的规模在保证一定教育质量的前提下，在校生数量与青海省高等教育系统的供容能力相适应，既不会超出青海省高等教育系统的供容能力，造成系统超载乃至严重超载，损害系统的承载支撑力，影响青海省高等教育的质量，导致青海省高等教育系统的逆向演化甚至退化；也不会因数量过少，造成系统低载，浪费高等教育资源，损害系统的承载支撑力，引起青海省高等教育系统的生态危机，导致逆向演化甚至退化。而是在青海省高等教育系统的生态承载力范围内，在保证一定教育质量的前提下，既充分利用高等教育资源，实现青海省高等教育资源配置效率的最大化，又能促进系统生态承载力的提高，保证系统的动态平衡和持续、稳定、协调的发展，推动青海省高等教育生态系统的正向演化。发挥青海省高等教育系统的共生效应，实现青海省高等教育当前与长远，需要与可能，局部与整体，效益与效率，规模、结构、质量与效益之间的动态平衡，实现青海省高等教育系统与个人、社会和国家之间的协同发展，总而言之就是实现青海省高等教育的可持续发展。

二、生态学视域研究高等教育规模适度发展的理论基础

支撑开展生态学视域研究高等教育规模适度发展的理论基础主要有教育生态学的理论，社会和教育系统论和控制论，教育适应社会发展理论，教育需求供给理论。

（一）教育生态学的理论

教育生态学最早由美国哥伦比亚师范学院院长劳伦斯·克雷明（Lawrence Cremin）于1976年在其著作《公共教育》（Public Education）中提出来的，国际教育成就评价协会主席托斯顿·胡森（Torsten Husen）对其给予了高度评价，认为是对发展跨学科研究和开拓教育科学新领域的重要贡献[①]。

教育生态学是教育学和生态学彼此交融相互渗透形成的交叉学科。是"依据生态学的原理，特别是生态系统、生态平衡、协同进化等原理和机制，研究各种教育现象及其成因，进而掌握教育发展规律，揭示教育的发展趋势和方向。"是"研究教育与其周围生态环境（包括自然的、社会的、规范的、生理心理的）之间相互作用的规律和机理的[②]"学科。教育生态学的方法就是"把各种教育机构与结构置于彼此联系，以及与维持它们并受它们影响的更广泛的社会之间的联系中，加以审视"。基于此，根据教育生态学的观点思考教育问题，要坚持"全面地思考""联系地思考""公开地思考"[③] 三种思考方式。教育生态学研究的目的在于"通过分析各种教育生态环境因素与教育事业发展之间复杂的、动态的关系，揭示教育发展的规律和生态机制，探索优化教育生态环境的途径和方法[④]"。与本书相关的教育生态学理论主要

[①②] 吴鼎福，诸文蔚. 教育生态学 [M]. 南京：江苏教育出版社，2000.
[③④] 范国睿. 教育生态学 [M]. 北京：人民教育出版社，2000.

有教育生态系统理论，教育生态系统的稳定性和稳定、平衡性和平衡理论与高等教育生态承载力理论。

1. 教育生态系统理论

教育生态系统就是一个以教育为中心，对教育的产生、存在和发展起制约和调控作用的多元环境体系。即一个由与教育相关的不同的构成成分、不同组织层次按照一定的方式，相互联系、动态整合，并发挥各自功能的复杂有机整体。在教育生态系统中，学生和资源等构成其输入的重要资源，毕业生、文化、科技、服务社会等构成其输出的重要资源；自然环境、社会环境和精神环境构成的复合生态环境是其基本的生态环境；具有主体性的人及其活动是其最关键的内容。吴鼎福[1]按照层次分析法，将教育生态粗分为宏观教育生态和微观教育生态，细分为三个层次：教育的个体生态、教育的群体生态和教育的生态系统生态。各层次之间相互关联，共同形成更高一层次的生态系统。

在教育生态系统中，教育生态系统内部的生态主体和生态环境的生态因子之间，生态主体和生态主体之间，子系统和母系统之间，子系统和子系统之间，以及教育生态系统与其他生态系统之间都存在彼此依存、相互作用、互为因果的整体性联系，都处在"平衡——不平衡——新的平衡"的不断运动、变化和发展的"动态平衡"之中。当彼此之间呈现相依共存、互利共赢和协同发展的关系时就是共生的关系，共生是教育生态系统发展的源动力和发展机制。"共生"一词源于生命科学领域，原指两个或两个以上的生物体生活在一起，彼此依赖、互利共赢的相互关系。共生是促进个体的适应进化和生态系统的正向演进的基本源动力之一。伴随着生态学研究领域的扩展，共生的概念和理论也被广泛应用于人类社会，如同日本学者尾关周二指出的——共生应包括自然界的共生，人类社会的共生，以及人类社会与自然界的共生三个方面[2]。国内也有学者认为："共生是人类之间、自然之间，以及

---

[1] 吴鼎福，诸文蔚. 教育生态学 [M]. 南京：江苏教育出版社，2000.
[2] [日] 尾关周二. 共生的理念与现代 [J]. 哲学动态，2003（6）：32-36.

人类与自然之间形成的一种相互依存、和谐、统一的命运关系。①"并且"共生理论的本质是互依、互惠、协同、合作,……共生原理揭示了生命世界发展的动力源泉和发展机制"。"教育"是"人的生存系统从微观的联合到宏观的共同进化所不可或缺的一种重要的共生机制"②。在教育生态系统中,共生的重要动因是教育生态系统内的不同共生单元之间、不同共生单元与教育生态系统之间存在的相互促进、相互激发的作用,正是这种作用推动着教育生态系统中不同共生单元及教育生态系统的适应和持续发展。因此,共生不仅是教育生态系统发展的源动力,而且是教育生态系统的发展机制。共生既是一种自然和社会的客观存在,也是社会和教育发展的基本模式;既是教育存在与发展的价值旨归,也是教育教学行为和目的之所在。是自我与他者的统一,目的和方法的统一,价值与目的统一,是合目的性与合规律性的统一③。

教育生态系统的主要特征有:

①是一个以生命体为主体,在一定时空中,呈现整体联系的特征,复杂而有序的层级系统。

②是一个动态的系统。

③具有一定的负荷力或承载力。

④具有明确功能和服务性能。

⑤在一定限度内,具有自我维持功能与自我调控功能。

⑥是一个自组织系统,具有耗散结构特征。

高等教育系统的各要素与其复合生态环境相互作用,共同构成了各种要素之间、各要素与环境之间存在物质循环、能量流动、信息传递的复杂系统。该系统的性质是人工生态系统,具有可控性,在运行过程中具有反馈功能。

高等教育生态系统,除了具有教育生态系统的主要特征之外,还具有以下特征④:

①是一个具有生态演替的系统。高等教育系统有发生、形成和发展过程,

---

① 吴飞驰. 关于共生概念的思考 [J]. 哲学动态, 2000 (6): 21-24.
② 项贤明. 论人文系统中的教育 [J]. 教育研究, 2001, 9: 14-22.
③ 郭辉. 师生主体间关系的生态学解析 [J]. 当代教育与文化, 2017, 9 (2): 10.
④ 贺祖斌. 高等教育系统的生态学阐释 [J]. 黑龙江高教研究, 2012 (12): 3-4.

具有内在的动态变化的能力。高等教育系统过去、现在和未来始终处于不断发展、进化和演变之中，即生态演替变化。

②是一个具有生态区域性特征的系统。高等教育系统的存在和发展是与一定的地区特性及空间结构相联系的，是高等教育与复合生态环境之间相互作用，适应环境的结果，高等教育生态系统的结构和功能反映一定的生态区域特性。

③是一个复杂有序相对稳定的系统。高等教育系统是一类多极、多要素系统，其各级各类子系统或分系统都包括众多的要素及其复杂的相互关系，这种多极、多要素之间的关系决定了它的复杂性。另外，高等教育系统是功能单元，存在能量的流动、物质的交换和信息的传递，具有明确的功能。

④是一个具有自我调节功能的系统。高等教育系统属于能量开放系统，并在能量的不断输入和输出的条件下保持下去，其表现形式是人（教育者和受教育者）和物（办学设施和办学条件）。其自动调节功能主要表现在高等教育的发展与社会需要的调节、同类高等学校的分布调节、不同类高等学校的数量调节。

⑤是一个以人为中心的系统。高等教育系统中的人（教育者和受教育者）具有突出的社会属性，不但能够通过生物生态适应和文化生态适应两个方面去适应环境，而且能够用通过高等教育所获得的文化能动地利用和改造环境，把自然环境改造成新的生存环境——人工环境。因为，在高等教育系统中占主导地位的是人（教育者和受教育者），人是整个系统的核心要素。因此，高等教育系统是以人（教育者和受教育者）为中心的生态系统，人对生态系统的决策与管理往往决定其生态系统的状况与质量。

2. 教育生态系统的稳定性和稳定、平衡性和平衡理论

根据生态学的基本理论，教育生态系统的稳定性和稳定、平衡性和平衡理论主要包括以下三个方面的内容：

①一个教育生态系统的稳定性的高低与系统的复杂性成正相关关系。在一个教育生态系统中，种类的多样性、结构的复杂性、关系的复杂性以及生

态主体数量的多少与生态系统的稳定性之间是正相关的关系，越是种类单一、数量少，生态结构简单、生态关系简单的教育生态系统的稳定性就越低、越脆弱，该生态系统的自我调节能力和抵抗外来压力的能力也越低，当受到外部环境的冲击力或压力时也就越容易导致生态失衡，引发生态危机，导致生态退化。

②一个教育生态系统的稳定性是相对的。一是同一个教育生态系统不同时期的稳定性具有相对性。二是同一时期不同教育生态系统之间的稳定性具有相对性，是不同教育生态系统的稳定性相互比较的结果，例如教育生态系统 A 相对教育生态系统 B 而言稳定性强，但相对教育生态系统 C 可能稳定性就差，是脆弱的。

③教育生态系统的稳定性、平衡性、稳定和平衡之间的关系。稳定性和平衡性是教育生态系统的特性，与系统种类的数量及多元性、系统的复杂性密切相关，是相对的；稳定和平衡是教育生态系统在某一时空的状态，是多种作用力相互作用的最终结果，是绝对的。稳定性和平衡性成正相关关系，一个教育生态系统的稳定性高则平衡性好，该系统是不脆弱的；一个教育生态系统的稳定性低则平衡性差，该系统是脆弱的。平衡和稳定之间也是正相关关系，当一个教育生态系统处于平衡状态时，该生态系统是稳定的；当一个教育生态系统处于不平衡状态时，该生态系统是不稳定的。稳定性和平衡性与稳定和平衡有内在联系但并非正相关的关系。当教育生态系统处于平衡状态时，系统是稳定的，但不意味着该教育生态系统的稳定性高和平衡性好，当教育生态系统处于不平衡状态时，系统是不稳定的，但不意味着该教育生态系统的稳定性就低和平衡性就差。稳定和平衡是生态系统的状态，是绝对的；稳定性和平衡性是教育生态系统的特性，是相对的。

具体到高等教育生态系统的稳定性包括以下三个方面：

①一个高等教育生态系统稳定性的高低与系统的复杂性成正相关关系。高等教育办学主体的多样性、办学方式的多元性、教育结构的复杂性，生态关系的复杂性以及数量的多少与高等教育生态系统的稳定性之间是正相关关系，越是种类单一、数量少、结构简单、关系简单的高等教育生态系统稳定

性就越低、越脆弱,该高等教育生态系统的自我调节能力和抵抗外来压力的能力也越低,当受到外部环境的冲击力或压力时也就越容易导致该高等教育系统的生态失衡,引发该高等教育系统的生态危机,导致该高等教育系统的生态退化。

②一个高等教育生态系统的稳定性是相对的。一是同一个高等教育生态系统不同时期的稳定性具有相对性。二是同一时期不同高等教育生态系统之间的稳定性具有相对性,是不同高等教育生态系统的稳定性相互比较的结果,例如A省高等教育生态系统相对B省高等教育生态系统而言稳定性高,但相对C省高等教育生态系统可能稳定性就低、是脆弱的。

③高等教育生态系统的稳定性、平衡性、稳定和平衡之间的关系。稳定性和平衡性是高等教育生态系统的特性,与高等教育生态系统种类的数量及多元性、系统的复杂性密切相关,是相对的;稳定和平衡是高等教育生态系统在某一时空的状态,是多种作用力相互作用的最终结果,是绝对的。同样,高等教育生态系统的稳定性和平衡性成正相关关系,平衡和稳定之间也是正相关关系。高等教育生态系统的稳定性和平衡性与稳定和平衡有内在联系但并非正相关关系。当一个高等教育生态系统处于平衡状态时,该高等教育生态系统是稳定的,但不意味着该高等教育生态系统的稳定性高和平衡性好,当一个高等教育生态系统处于不平衡状态时,该高等教育生态系统是不稳定的,但不意味着该高等教育生态系统的稳定性就低和平衡性就差。稳定和平衡是一个高等教育生态系统的状态,是绝对的;稳定性和平衡性是一个高等教育生态系统的特性,是相对的。

3. 高等教育生态承载力理论

(1) 高等教育生态承载力的内涵。[①]

高等教育生态承载力是指高等教育系统自我维持、自我调节的能力,以及教育资源与环境子系统承载一定高等教育发展规模及相应质量的能力。

高等教育的发展受到高等教育系统的教育资源(资金投入、师资、设施

---

① 贺祖斌. 高等教育系统的生态承载力研究 [J]. 高等教育研究, 2005 (2): 14-17.

等办学条件、生源质量和学术氛围等）供给能力和高等教育发展环境（政治、经济、文化及其对高等教育的需求等）的支持能力的限制。当高等教育的规模发展超出一定教育资源的承受能力，其资源供给和再生能力就会受到破坏，系统将会失去平衡，教育质量也将难以维持。同样，高等教育的规模发展如果缺乏与其生存环境相应的财力投入、政策支持和文化发展需求的外在推动力，也很难实现均衡持续地发展，其质量也将受到影响。总而言之，高等教育要维持一定质量和规模的发展，必须要有相应的教育资源和办学环境支持，这就是高等教育系统能够维系平衡的生态承载力。

高等教育生态承载力具有客观性、可变性和多层次性等特征。①高等教育生态承载力的客观性。高等教育生态承载力是客观存在的。在社会一定经济文化发展的制约下，无论是高等教育系统的自我调节功能与弹性限度，还是高等教育资源的供给能力与环境的容纳能力都是一定的，并大体与一定的社会经济文化环境相适应。高等教育系统的生态承载力是客观存在的，也是相对稳定的。生态承载力的客观存在性是高等教育系统的固有属性，这种固有属性一方面为它抵抗外力的干扰破坏提供了条件，另一方面为它向更高层次的发展奠定了基础。②高等教育生态承载力是可变的，其稳定性是相对意义的稳定。如果对系统作用的强度超过了系统的自我调节能力，系统可能会进入到更高一级的状态也可能会崩溃。③高等教育生态承载力具有多层次性。高等教育生态承载力体现在多个水平层次上，既可以表现在系统内各单元的生态系统水平上，也可以表现在不同区域、不同类型的高等教育以及专科、本科、研究生等各种层次高等教育的生态系统水平上。同样，在不同层次水平上的生态承载力也不尽相同。

（2）高等教育生态承载力的构成。

高等教育生态承载力的基础条件是高等教育资源承载力，高等教育生态承载力的约束条件是高等教育环境承载力，高等教育生态承载力的支持条件是生态弹性力。

①高等教育生态承载力的基础条件——高等教育资源承载力。

高等教育资源是高等教育系统发生发展的基本条件，也是高等教育系统与社会系统进行物质、能量、信息交换的基本内容。广义的高等教育资源承载力是指一定质量和规模的高等教育所需的人力、物力、财力、空间、信息等资源。其中，人力资源构成高等教育系统的主体，它包括教育者和受教育者。其质量是影响高等教育系统健康发展的重要因素。高等学校教育的物力资源，在很大程度上是财力资源的物化，同时又是构成高等学校及其课堂中的物质环境的组成部分。狭义的高等教育资源承载力主要指高等教育办学资源承载力，即高等教育系统中一定的资金、人力与物力投入。其中，影响较大的因素为教育的财政投入、高校的基础设施和设备、高校师资的配备。高等教育的规模发展势必影响投入高等教育系统的教育资源，从而影响教育质量。

高等教育资源承载力的大小直接取决于对资源的利用方式与手段。根据对资源利用的不同方式，高等教育资源承载力可分为最大资源承载力和适度资源承载力。最大资源承载力是指在一定质量和规模内通过各种手段可以达到的资源承载上限的能力。"最大资源承载力"虽达到了最大资源效应，但在一定程度上损害了高等教育的生态承载力。适度资源承载力是指在不危害生态系统的前提条件下，一定质量和规模的资源承载能力。"适度资源承载力"兼顾了高等教育的系统效应及其发展的可持续性，注重整体生态承载力的提高，而非片面追求单一要素承载力的提高。

②高等教育生态承载力的约束条件——高等教育环境承载力。

高等教育环境承载力是指一定时期政治、经济、文化水平为保证一定的质量和规模的高等教育所提供的能力。它是支撑高等教育发展的外部环境。当高等教育的发展与外部环境的承载力相适应时，能够促进其政治、经济、文化水平的发展，反之可能会打破高等教育系统与其环境的生态平衡。因此，环境承载力是高等教育生态承载力的约束条件。

高等教育环境承载力体现在政治环境承载力、经济环境承载力和文化环境承载力三个方面。政治环境承载力体现在高等教育的管理体制与运行机制、高等教育政策的制定与执行两个方面。我国目前的高等教育是"两级管理，以省级统筹为主"的管理模式，即中央统一领导、中央和省级政府两级管理、以省级政府为主的高等教育管理体制，这种管理体制及其运行机制具有可以适应经济体制的形成和发展，并且运行高效的优点，对于调动各部门、各地区发展高等教育的积极性起到了很好的推动作用，有利于提升高等教育的政治环境承载力。高等教育政策中最重要的因素是投资政策和评估制度，作为政策导向，引导着高等学校的决策和行动，是构成高等教育政治环境承载力的环境条件之一。

经济环境承载力是实现高等教育可持续发展的关键因素。经济环境承载力体现在"经济发展水平"和"对高等教育投入"两个方面。经济对高等教育的发展具有基础性作用，为高等教育发展提供相应的财力、物力等物质条件的支持；高等教育发展的速度与规模取决于经济发展对高等教育的需求和容量。我国目前的教育经费筹措机制是"以财政拨款为主，多渠道筹措为辅"，良好的高等教育经费筹措机制，有利于提高经济环境承载力，对高等教育的经费投入渠道越多，就越有利于提升经济环境承载力。

文化环境承载力是指各种精神文化条件状况的总和。教育与文化之间联系密切，彼此依存，相互影响。张应强教授认为："高等教育作为一种传承、创造高深文化的人类实践活动，它在体现为文化的遗传和再生机制的同时，也受到文化的强烈制约与影响。"潘懋元教授在谈到文化对高等教育的改革与发展的影响时说："它不仅在高等教育的外部和内部起直接的制约作用，而且又介于高等教育的外部和内部关系之间，起着沟通教育的内外部关系的桥梁作用。"因此，文化与高等教育之间存在更深层次的本质联系，文化环境承载力制约着高等教育的发展。

③高等教育生态承载力的支持条件——生态弹性力。

高等教育生态弹性力是指高等教育生态系统的可自我维持、自我调节及其抵抗系统外的各种压力与冲击的能力大小。高等教育生态弹性力是高等教育生存与发展的基础，具有自我维持和自我调节的功能，能够维持系统所需的相对稳定的环境。当高等教育系统受到来自系统内外的压力和冲击力时，如果压力和冲击力在其弹性限度内，高等教育系统在偏离原来状态后可恢复到原有状态。如果压力和冲击力超出其弹性限度，系统就会发生质的变化甚至导致系统崩溃。

高等教育生态弹性力包括系统的弹性强度和系统的弹性限度两个方面。系统的弹性强度是指系统弹性力的大小，取决于高等教育系统的师资水平、实验设施、生源质量等。不同类型和不同地域的高等学校，其系统的弹性强度各有不同。高等教育系统的弹性强度对衡量不同类型、不同区域高等教育的实际或潜在承载能力，判定其自我维持能力与稳定性，以及确定不同类型和不同区域高等教育的发展方向，指导区域高等教育的可持续发展具有极其重要的意义。系统的弹性限度是指系统的弹性范围。弹性限度大小主要反映特定高等教育系统缓冲与调节能力的大小。生态弹性限度的变化是在同一状态或同一层次间的波动，其变化是正常的，可逆转的；而生态弹性强度的变化则是系统从一种状态转向另一种状态，其变化往往是间断的、不可逆转的。研究高等教育的生态弹性力必须兼顾其类型或地域的高等教育系统的弹性强度和弹性限度。

总之，生态承载力是衡量高等教育发展规模和发展速度的重要指标，通过提高办学资源和环境承载力可以提升高等教育生态承载力，但同时应兼顾高等教育生态弹性力的变化，寻求资源和环境利用与生态系统的阈值之间的动态平衡点，使之既能提高高等教育系统的生态承载力，又能够保持高等教育生态系统的动态平衡，最终达到实现高等教育系统可持续发展的目的。

（二）社会和教育系统论、控制论

20世纪40年代，自然科学、工程技术、社会科学和思维科学相互渗透与融合汇通，美国数学家克劳德·艾尔伍德·香农（Claude Elwood Shannon，1916~2001）创立了一般信息论，美籍奥地利理论生物学家和哲学家路德维希·冯·贝塔朗菲（Ludwig Von Bertalanffy，1901~1972）创立了系统论，美国应用数学家诺伯特·维纳（Norbert Wiener，1894~1964）创立了控制论，由于信息论、系统论和控制论具有高度的抽象性、广泛的综合性和普遍的适用性，因此，在人文社会科学领域和自然科学领域都得到了广泛的应用。

信息论为掌握系统的各种信息的流动与交换，以便正确地认识并有效地控制系统,提供一般方法论的指导。

系统论是研究系统的模式、性能、行为和规律的一门科学,它为人们认识各种系统的组成、结构、性能、行为和发展规律提供一般方法论的指导。系统由若干相互联系的基本要素构成,是具有确定的特性和功能的有机整体。系统论的系统就是指"一些相互关联和相互作用的变量或成分的一个'集',它们在概念上形成一个功能整体,这个整体的作用,一般总要达到某种目的。"系统论有狭义系统论与广义系统论,狭义系统论着重对系统本身进行分析研究;而广义系统论则是对一类相关的系统科学进行分析研究,主要包括三个方面的内容:一是系统的科学、数学系统论;二是系统技术,涉及控制论、信息论、运筹学和系统工程等领域;三是系统哲学,包括系统的本体论、认识论、价值论等方面的内容。

系统论的显著特点是整体性、综合性和最佳化。社会和教育的系统论就是把教育放在系统中,从整体的角度综合分析其应有的功能,实现其功能分配的最佳化,系统中各组成部分的功能分配都是从整体出发,平衡协调、综合分配、统筹安排。各组成部分各尽其能、各司其职、协同合作,使系统按预定的目标稳定运行,充分发挥系统的整体功能。如果其中某一个或者某些组成部分的功能分配不合理,过高或者过低都会破坏系统的平衡,影响系统整体功能的发挥。因此,需要对整个系统进行合理控制。

控制论则为人们有效地控制和管理系统提供了一般方法论的指导,它是数学、自动控制、电子技术、数理逻辑、生物科学等学科和技术相互渗透而形成的综合性科学。控制论的核心是控制作用,是为了克服系统的基础不稳定性,使系统能稳定地保持或达到所需的状态,而对系统施加的作用。正如维纳所说:"一个闭合系统,总是存在着组织程度降低的自然趋势,即存在着熵增加的趋势。"控制作用的目的是使系统按预定目的稳定地运转。控制论的相关理论有反馈理论、黑箱理论等。其中反馈理论是控制论中适用范围最广的理论,反馈是控制论中最重要的基本概念之一,反馈是系统的基本特征,在控制系统内,信息的传递是双向的,反馈就是施控系统的信息(给定信息)作用于被控系统对象后,其作用结果的真实信息再传输回施控系统,并根据这一传输回来的信息调控施控系统信息的再输出,从而影响信息再传输的这种过程。根据系统作用结果来调整系统活动的方法称之为反馈方法。用这种方法控制系统会产生两种不同的效果——正反馈和负反馈,正反馈是指系统的给定信息与真实信息的差异倾向于加剧系统正在进行的偏离目标的运动,使系统趋向于不稳定状态,乃至破坏稳定状态的反馈效果;负反馈是指系统的给定信息与真实信息的差异倾向于反抗系统正在偏离目标的运动,使系统趋向于稳定状态的反馈效果。在控制系统中一般用负反馈来调节和控制系统作合乎目的的运动。维纳首先把反馈概念和方法推广运用到系统控制、人类学、社会学及哲学等学科中。

教育系统论是教育学理论和系统论相结合产生的理论,是系统理论在教育上的应用,是系统理论科学的诸多学科之一。系统理论科学基于世界的复杂性和多元化,确立了复杂性方法论,复杂性方法论又可分为整体性原则和动态性原则。与传统的思维方式和分析方法有很大不同,注重事物的整体性、联系性和互动性。

冯忠良教授在《教育的系统论观点及经验传递说》一文中谈到教育的系统本性时指出:"教育作为一种独特的社会系统而存在,在于它是从人类个体社会化需要出发,通过社会经验传递造就人才的一种人际系统。[1]"认为教育系统有如下特点:①教育系统是一种人际系统,由人与人之间的交往而构成;②教育系统中,人际交往的内容在于传递经验(社会生活经验),教育系统中作为传递对象的经验有知识、技能和行为规范三种;③教育系统是通过社会经验的传递来造就人的一种特殊系统;④教育的根本目的在于促进人类个体的社会化。同时,他提出教育系统的基本结构由"经验的传授者及其传授活动""经验的接受者及其接受活动"和"经验及其媒体"三个要素构成,三个要素之间是相互制约的关系,教受制于学,学受教于导;学与教受制于教材,教材必须依据于学与教。教育作为经验传递系统,其结构具有独特性,是使教育系统保持稳定性和连续性的内在依据,是教育系统形成的根本规律。关于教育与社会经济、政治、文化系统的关系,冯忠良认为:①教

---

[1] 冯忠良. 教育的系统论观点及经验传递说 [J]. 北京师范大学学报, 1989 (5): 66-74.

育系统并非是与社会整体和构成社会生活的其他子系统相脱离的孤立系统或封闭系统。教育与整个人类社会的关系是部分与整体，要素与系统整体之间的联系，是子系统与母系统之间的关系。②教育与社会整体系统的关系仅是教育与社会环境系统问题之一，此外，还存在同一社会形态中的教育与经济、政治与文化系统之间的关系问题。③从系统论观点来看，教育与经济、政治、文化均为社会生活整体系统的构成要素。教育与经济、政治、文化的关系是开放系统与其环境要素之间的联系。教育是一种开放系统，它与经济、政治、文化这些环境之间存在着各种各样的物质与能量的交换，不是彼此孤立存在，而是有千丝万缕的联系。一方面教育系统必须从经济、政治与文化系统中获取各种自身存在与发展及完成人才造就职能的各种物质与能量要素。另一方面，教育系统通过人才的造就，又为经济、政治与文化系统的存在与发展，输送必不可少的物质与能量要素。教育既要适应经济、政治与文化发展的要求，又对经济、政治与文化的发展具有反作用。④教育的经济、政治与文化功能是无可否认的。但必须指出，教育的这些功能是由其通过经验传递来造就人才这一根本功能派生出来的。不能把教育看作是经济、政治与文化的附属部分，从而不恰当地以经济、政治与文化发展的规律强加于教育，以经济、政治与文化规律的研究代替教育规律的探索。

　　教育控制论是控制论与教育学理论相结合的产物，是控制论在教育学中的应用，是运用控制论的思想和方法研究教育过程，主要是分析和研究教育现象中控制系统的问题而形成的一套理论。控制论中的系统观、信息观、反馈观和最优化观等观点对教育学影响较大。教育控制论认为教育是一种可控的社会现象，具有系统性、有序性和反馈性等可控系统的特点，因此，教育可以被视为一个可控系统，教育控制论的研究对象就是对教育系统的控制过程，控制的目的在于使教育效果尽可能实现最优化。教育控制论的内容可以分为教育系统的控制、教学控制论和教育管理的控制三个大的部分，其中教育系统的控制又可分为教育系统的规划、计划与控制，教育信息过程的控制两个方面的内容。教学控制论又可分为教学过程中的信息变化及作用，教学信息过程的调节与控制两个方面的内容。教育管理的控制又可分为教育体系的总体结构和总体规划，以及学校管理的控制两个方面的内容。在教学控制方面，主要是教与学之间的信息反馈过程。调控的基本原则是教学的动态平衡。通过对教学反馈信息的定性和定量分析，调节信息的传输，获得最优化的教学效果。在教育管理的控制方面，分析自然系统和社会系统对教育系统的影响，以及教育系统内部各要素对教育系统整体的影响，通过控制教育系统内外部的影响因素和影响方式，实现教育管理的最优化。

教育系统设计在选择控制方式时有分散控制和集中控制两种。分散控制的优点是机动性好，受其他系统影响少，事故率小，缺点是不利于取得总体最佳化的效果。集中控制的优点是容易使共同的质量标准得到坚持，容易达成总体的最优化，缺点是距离现场较远，信息处理任务重，系统惯性很不灵便。二者各有优缺点，并无优劣之分，至于具体选择何种控制方式，需要根据实际情况权衡。

（三）教育适应社会发展理论

正如法国教育家埃米尔·涂尔干在其《教育社会学》中所说的："无论在这里或那里，教育首先是在满足一些社会需要[①]"，"社会是教育指导自己行动所必须依据的方位标"，教育在于使人系统地实现社会化，教育的本质决定了教育对社会的依存性和教育对社会的服务性。潘懋元教授也指出："教育必定要受一定社会的经济、政治、文化所制约，并为一定社会的经济与社会发展服务。这是一条教育的外部关系的基本规律，而客观规律是不以人们的意志为转移的。"因此，教育的发展必须与社会的发展相适应。高等教育的改革与发展更是要与社会发展相适应。高等教育对社会的适应具有能动性、多维性、互动性、协同性、动态性等特点，最终达到高等教育可持续发展的目的。

关于教育适应社会的基本方式，潘懋元教授[②]认为存在主动适应和被动

---

① 张人杰. 国外教育社会学基本文选（修订版）[M]. 上海：华东师范大学出版社，2009：9.
② 潘懋元. 高等教育主动适应经济和社会的理论思考 [J]. 教育评论，1989（1）.

适应两种基本方式,并且:"被动适应是一种盲目的适应,并不是按照教育的客观规律办教育;主动适应是一种自觉的适应,只有主动适应,才能遵循与运用教育规律办教育。"对于教育如何主动适应社会,特别是高等教育如何主动适应社会,潘懋元教授指出:"第一,一定社会的经济、政治、文化发展过程中,往往存在积极面与消极面,尤其是在改革的探索过程中,很难避免出现某些偏差。教育主动适应经济与社会的发展需求,指的是对积极面的适应,不是不加判别被动地去适应一切,包括不利于社会进步的消极的、落后的、错误的、偏差的东西。所谓'主动',就有个主体判断与选择的作用。……高等教育应当发挥它的主体判断与选择的作用,趋利避害。力求主动适应而不是被动适应。……第二,教育主动适应经济与社会的发展,当然,首先是适应经济的发展,但不只是适应经济的发展,还必须与政治的改革、文化的发展相适应。教育的效益,也不只是经济的效益,还有政治的、文化的以及伦理道德的社会效益。"并且,"教育不是经济,也不是政治,甚至也不是一般的文化。教育有它自身的价值、特点和规律。不能以经济问题、政治问题的研究来代替教育问题的研究,不能生硬套用经济规律来解释或解决教育问题,不能以商品市场运行机制来作为教育运行机制。……办教育不仅要遵循教育的外部关系的客观规律,还必须按教育自身的内部规律办事。""教育的外部关系的规律与教育自身的内部规律,是相互作用于教育活动的。一般来说,教育的内部规律受教育的外部规律所制约,而教育的外部规律必须通过教育的内部规律起作用。"

教育部时任副部长杜玉波在 2014 年 8 月 5 日《人民日报》中发表的《适应经济社会发展需要高等教育亟待转变发展方式》[①] 一文中指出:"当前,深化高等教育综合改革的一项重要任务就是要通过转变发展方式,着力解决高等教育的规模、结构、质量、效益不够协调的问题,促进高等教育更好地适应经济社会发展的需要。这不仅对推动高等教育事业科学发展,而且对推动我国经济转型升级都具有极为重要的意义。"

"作为社会的子系统,教育不可能离开一定的社会环境和社会条件而存

---

① 杜玉波. 适应经济社会发展需要高等教育亟待转变发展方式 [N]. 人民日报, 2014 – 08 – 05.

在。同时，教育的一切活动都要适应社会发展，为社会发展服务，这是教育发展的外部规律。与基础教育相比，高等教育的社会属性更为明显，这是因为高等教育与知识特别是高级专门知识和科学技术有着天然的联系，在知识与经济结合更加紧密的时代，在科学技术成为第一生产力的时代，高等教育必然成为推动社会经济发展的重要力量。……为经济转型升级提供高层次人才和高水平科研的支撑，是大学最重要的历史使命和战略任务。"

并且，"适应经济社会发展需要，必须要推动高等教育结构的战略性调整。……本质上就是根据国家和区域经济社会发展的战略需求，倒逼高等教育体制机制的深层次改革。""高等职业教育要大力发展，以培养高技能人才为重点。……本科教育要稳定规模，以培养应用型、复合型人才为重点。……研究生教育要从严从紧、保持稳定，以培养高层次创新型人才为重点。发展方式要从注重规模发展向注重质量提升转变……"

"适应经济社会发展需要，关键要创新高等教育人才培养机制……就是要在科学的人才培养理念指引下，通过深化教育教学改革，激发高校人才培养的潜力和活力，特别是通过创新应用型、复合型、技能型人才的培养机制，着力突破实践能力这个薄弱环节，同时要处理好人才培养系统的内外部关系，合理配置资源，健全人才培养质量的保障机制。……首先，要把更新人才培养理念作为基本前提。……其次，要把深化教育教学改革作为主要手段。……再次，要把构建协同育人机制作为重要突破口。……最后，要把改进人才培养质量评价作为重要保障。"

（四）教育供给需求理论

教育是一种培养人的活动，但是其产品具有商品属性，因此教育存在供给与需求的问题，教育供求问题是教育与经济关系的重要理论问题。教育需求是指社会、企业和个人对教育机会有支付能力的需要。教育需求反映了社会发展和个体发展对教育的要求，包括社会政治、经济、文化发展对教育所提供的人才数量的多寡、质量的高低、规格种类的匹配及文化的传承、知识的演进、技术的更新等方面的要求，以及个人职业、成就的需要对教育发展所提供的受教育机会的要求。按照需求的主体，教育需求可以划分为三类：个人对教育的需求、生产单位对教育的需求和国家对教育的需求。教育供给是指一定社会为了培养各种熟练劳动力和专门人才，促进经济、社会和个体的发展，而由各级各类教育机构提供给学生受教育的机会。教育供给分为"广义"和"狭义"两种类型，广义的教育供给包括正规教育机构和许多非正规教育机构所提供的教育机会。狭义的教育供给仅指正规教育机构提供的教育机会。

教育机会供给量的形成受制于多种因素：劳动力需求状况、社会经济发展水平、国家政策的保障情况、政治形势的稳定程度、政治法律制度、决策层的认知、教育投资体制、教育的单位成本、师资状况，以及政府和社会对教育的重视程度等。教育供求既存在数量上的矛盾，也存在结构上的矛盾，因而调节教育供求矛盾的目标，既要调节数量均衡，也要兼顾结构均衡，二者的调节对策也不尽相同。

作为高等教育来说，高等教育首先是一项社会公益事业，1998年10月联合国教科文组织在巴黎召开的首次世界教育大会形成共识："不能直接或间接地减少高等教育公共经费，也不能将大部分沉重负担转嫁给家庭，这只能加重接受高等教育的不平等。"但是高等教育毕竟存在着生产和消费互相制约和促进的关系，而且高等教育并非义务教育，市场经济规律及其运作方式基本上也是适用高等教育的。

高等教育兼具投资与消费的双重属性，高等教育的投资需求是需求主体基于未来职业和未来收入的能力，或劳动者职业适应能力的目的而形成的对高等教育有支付能力的需要。高等教育的消费需求是指需求主体出于心理和精神的，或意识形态和伦理规范等方面的原因而产生的对高等教育有支付能力的需要。高等教育供给是指在现有市场情况下，高等教育投资者的主观意愿和客观条件的综合作用下，可以提供的教育机会。高等教育机构所能提供的教育机会供给量，取决于两个因素：一个是社会和个人投入教育资源的多少，另一个是单位教育成本的大小。当社会和个人投入教育资源的量一定的时候，单位教育成本越高，教育供给就越少；单位教育成本越低，教育供给就越多。当单位教育成本一定的时候，投入教育的资源越多，教育供给就越多；投入教育的资源越少，教育供给就越少。

高等教育作为一种社会生产行为，有三个主体：教育机会/人才供给者、教育机会需求者和教育人才需求者。存在两类供求关系：一类是教育系统和社会各个部门之间的供求关系，前者为人才供给部门，后者为人才需求与使用部门，即教育人才供给者与教育人才需求者之间的供需关系。另一类是教育机会供给者和教育机会需求者之间的供需关系。高等教育需求是指个人、用人单位和国家对教育有支付能力的需要。

要实现高等教育的供需平衡，教育供给必须与教育机会需求者和教育人才需求者两方面的需求相适应，即高等教育机构所提供的教育机会同时符合求学者的个人需求和国家经济社会发展对各种人才的需求，提高教育供给效率，使有限的教育资源发挥最大的效益，只有效益抵消或超出成本时，才能实现高等教育的供需平衡和良性发展。否则，如果教育供给不符合社会需求，会造成人力资源的浪费或者"过度教育（overeducation）"，其现实表现就是毕业生无法就业或者是"委屈就业（discontent employment）"，导致供需失衡和教育浪费。如果教育需求不足，远超过提供的教育机会，包括教育消费需求不足和投资需求不足，既可表现为有支付能力但不愿购买，也可表现为有需要却无能力支付，也会导致供需失衡，形成教育浪费。

高等教育活动并非纯粹的经济活动，高等教育供给和需求在很大程度上受到政府公共政策的引导，同时也受到市场机制自由调节的影响，在大多数情况下，是二者相互结合的产物，是二者相互作用的结果。个人和社会的高等教育需求是复杂的、多元的，既可能是一致的、也可能是矛盾的，为了提高高等教育的供给效率，高等教育供给仅仅消极地适应和满足教育需求是不够的，还应积极主动地适应和引导高等教育需求。作为高等教育主管部门和高等学校，合理把握高等教育需求的现状和发展趋势，适时调整高等教育的规模、层次和科类结构，科学引导高等教育的需求，才能实现高等教育供给与需求的动态平衡和高度协调。

三、生态学视域研究青海省高等教育规模发展的逻辑基础

在本书中，生态学视域研究青海省高等教育规模发展的逻辑基础被概括为"一个前提"和"两对关系"。"一个前提"是指基于生态学视域研究青海省高等教育规模发展的前提是青海省高等教育系统符合生态系统的基本特征，是一个生态系统。"两对关系"分别指青海省高等教育生态系统的动态平衡与规模发展之间的关系、青海省高等教育系统的生态承载力与规模发展之间的关系。

（一）青海省高等教育系统是一个生态系统

基于生态学视域研究青海省高等教育规模发展的前提是青海省高等教育系统符合生态系统的基本特征，是一个生态系统，可以运用生态学的理论和方法开展研究。否则，之后所有的研究将会成为无源之水，无本之木。青海省高等教育系统的各要素与青海省的自然环境、社会复合生态环境相互作用，共同构成了各种要素之间、各要素与环境之间存在物质循环、能量流动、信息传递的复杂系统。根据现代生态学对"生态系统"的界定和对"高等教育生态系统"的认识[1]，青海省高等教育系统符合生态系统的基本特征，可被视为一个生态系统，是一个以青海省高等教育为中心，对青海省高等教育的产生、存在和发展起制约和调控作用的多元环境体系。是由与青海省高等教育相关的不同的构成成分、不同组织层次按照一定的方式，相互联系、动态整合，并发挥各自功能的一个复杂有机的整体。正如法国思想家莫兰在其《社会学思考》一书中谈到的："局部系统是典型的开放系统，与地方社会不断在交流，地方社会也是开放的社会，也在不断地与上一级的社会交流，如

---

[1] 贺祖斌. 高等教育系统的生态学阐释 [J]. 黑龙江高教研究，2012（12）：3-4.

此等等。因此，局部研究的对象既是一个个别的、特殊的对象，也是一个缩影、一张全息照片中的像素点。研究者的任务就在于既说明这两个特点，又不至于使两个特点混淆。因此，局部研究是要很好的战略，要有新的方法，而且，如果这种研究想要成为科学，那它必须是艺术。①"青海省高等教育系统不是一个孤立的、静止的存在，而是一个与不同层次和不同种类的系统相互之间整体联系的开放系统：青海省高等教育系统内部各要素之间存在复杂的、有机的、有序的关联性；青海省高等教育系统与其内部不同层次的系统：大学课堂生态系统、高等学校生态系统等相互之间存在复杂的、有机的、有序的关联性；青海省高等教育系统与其外部的青海省基础教育系统、青海省教育系统、国家高等教育系统、青海省社会生态系统、国家社会生态系统等多个层级的系统之间也存在复杂的、有机的、有序的关联性。

在青海省高等教育生态系统中，以青海省高等学校的教师和学生为主的具有主体性的人及以教学为主的活动成为其最核心的内容，大学生、资源等构成其输入的重要资源，毕业生、文化、科技、服务社会等构成其输出的重要资源，青海省的自然环境、社会环境和精神环境构成青海省高等教育的复合生态环境。青海省高等教育系统是个开放的、联系的、自组织的系统（见图 2-1）。

青海省高等教育生态系统具有如下特征：①是一个动态演变的系统。青海省高等教育系统始终处于不断发展、演变之中。②是一个整体联系的系统。青海省高等教育生态系统与其他生态系统之间，青海省高等教育生态系统的子系统之间，生态主体与生态因子之间，生态主体与生态主体之间是互依共生、协同互动的整体联系的关系。③是一个具有自我维持和自我调控功能的系统。但是这种调控是有限度的，超过限度，调控也就失去作用。④是一个以从事高等教育的教师和接受高等教育的学生为中心的系统。⑤承载力受资源状况和环境条件的影响。承载力反映了资源状况和环境条件所允许的青海省高等教育发展的最大规模。

---

① 莫兰. 社会学思考 [M]. 上海：上海人民出版社，2001：164.

图 2－1　青海省高等教育生态系统

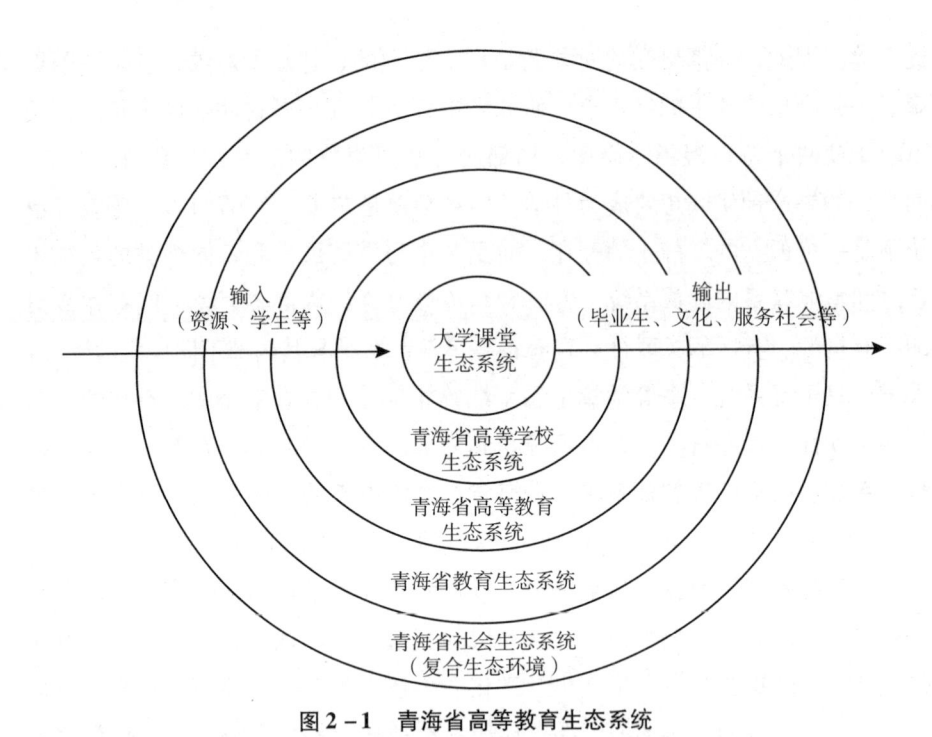

（由内至外：大学课堂生态系统；青海省高等学校生态系统；青海省高等教育生态系统；青海省教育生态系统；青海省社会生态系统（复合生态环境）。输入（资源、学生等）→ 输出（毕业生、文化、服务社会等））

（二）青海省高等教育系统的动态平衡与规模发展的关系

生态学视域下青海省高等教育系统发展运行的核心法则是"动态平衡"，其最终目的是实现可持续发展。青海省高等教育系统内部诸要素之间，系统内部和外部环境之间，与其他不同层级的系统之间是彼此联系、相互作用、互依共生、互为因果的关系。并且这种联系和作用是动态的，当各种动态的、交互的联系处于高度适应、协调和统一的状态时，青海省高等教育生态系统处于动态平衡且有发展持续力的状态，此时的青海省高等教育规模发展是最适度的。并且这一平衡是运动和平衡的统一，运动是一切事物最根本的属性，已有的平衡总会由于系统内某一部分或者某些部分发生变化而引发不平衡，然后通过人为干预机制及系统的自我调节，使系统进入新的适应、协调和统一的稳定状态，从而建构起一个新的平衡。系统始终处于"平衡——不平衡——新的平衡——新的不平衡——又一个新的平衡"的变化运动发展之中。

在这一动态反复的平衡变化过程中,系统结构愈加趋于合理,系统功能更加高效,生态效益更为理想,即青海省高等教育实现可持续发展。与之相应,青海省高等教育规模的发展也必然在"适度——不适应——新的适度——新的不适应"中变化反复,当出现不适应时,如果能够适当地通过人为干预机制调控规模,推动规模向最适度方向发展,则有利于青海省高等教育系统新的平衡的建构。具体来说就是有利于青海省高等教育系统结构的合理化,有利于青海省高等教育系统功能发挥的最优化,有利于青海省高等教育系统质量提升的最大化,有利于青海省高等教育效益增长的持续化,有利于青海省高等教育系统共生效应的实现。反之,如果青海省高等教育规模的发展不能适应青海省高等教育系统所处环境的变化,则会影响到青海省高等教育系统的整体调控和自适应,损害生态承载力,造成青海省高等教育的生态失衡,影响到青海省高等教育结构的合理性、功能的发挥、质量的提升和效益的增长,从而无法实现青海省高等教育的可持续发展。

(三) 青海省高等教育系统的生态承载力与规模的关系

贺祖斌在其《高等教育生态论》[①] 一书中对高等教育生态承载力定义为:"高等教育的自我维持、自我调节能力,以及教育资源和环境子系统对具有相应质量标准的发展规模所能承载的供容能力。"

对青海省高等教育系统来说,其生态承载力就是指在一定的办学条件下,青海省的高等学校可培养合格人才的最大容量的能力。也就是说在一定办学条件下,在保证毕业生质量,维持青海省高等教育系统平衡的前提下,青海省高等学校能够容纳最大数量学生的能力,与其最直接对应的就是青海省高等教育系统的生态承载力所能承受的最大在校生规模,也就是高等教育系统生态承载力处于满载状态时的在校生规模。当高等教育系统生态承载力处在满载的状态时,教育质量可以保证,教育资源得到最大限度地利用,但因为此时处于高等教育系统平衡的临界状态,高等教育系统的规模已经饱和,缺

---

① 贺祖斌. 高等教育生态论 [M]. 桂林:广西师范大学出版社,2005:8.

乏发展持续力,再无发展的余地,规模如果继续扩张(无论动因是什么),虽然教育资源可以得到最大限度地使用,但是会影响教育质量,会影响高等教育系统的共生效应,影响其未来发展。

在保证一定质量的前提下,当青海省高等学校的在校生规模使青海省高等教育系统的生态承载状况为适度承载,能够保证高等教育系统有发展持续力时的规模即为"适度发展规模",此时,高等教育系统的规模状况处于适度饱和状态,教育质量可以得到保障,教育资源得到适度使用,青海省高等教育系统有充足的发展持续力,青海省高等教育系统的共生效应得以发挥,青海省高等教育系统的可持续发展得以实现。

青海省高等教育规模的增长是有限度的,受到青海省高等教育系统的教育资源供给能力和青海省高等教育发展环境的支持能力的限制。如果青海省高等教育规模的增长超出青海省高等教育系统的教育资源供给能力和青海省高等教育发展环境的支持能力,就会造成青海省高等教育系统生态承载力的超载乃至严重超载,使青海省高等教育系统的规模处于过饱和状态,将会不同程度地破坏教育资源和资金的供给能力,影响教育质量,严重时会导致青海省高等教育生态系统的失衡,阻碍青海省高等教育系统的可持续发展;反过来,如果青海省高等教育规模的增长远小于青海省高等教育系统的教育资源供给能力和青海省高等教育发展环境的支持能力,将会造成教育资源和财政资金的浪费,如果青海省高等教育系统的生态承载状况长期处于低载状态,规模状况长期处于低饱和状态,也会损害青海省高等教育生态承载力的发展,从长远利益来看同样不利于青海省高等教育系统实现可持续发展(见图2-2)。

总之,青海省高等教育生态承载力的阈值决定了在不破坏青海省高等教育系统生态平衡、保证教育质量前提下的青海省高等教育规模发展的极限。也就是说,青海省高等教育的发展规模不能超过青海省高等教育系统生态承载能力所能支持的最大承载规模。如果发展规模超出了青海省高等教育系统的最大承载规模,会损害青海省高等教育系统的生态承载能力,导致青海省高等教育生态系统的失衡,产生诸多教育问题,并由此引发的一系列社会问题,不仅

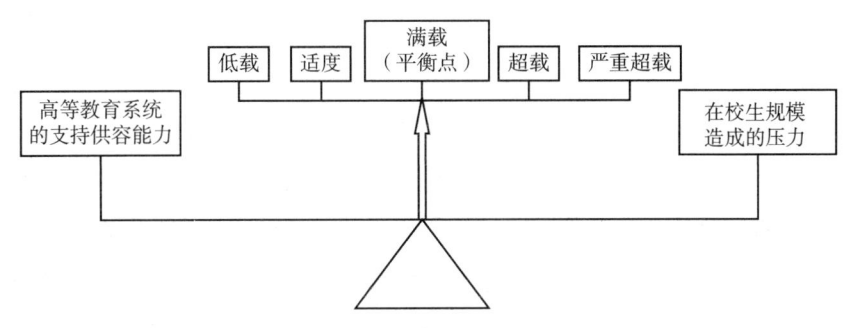

高等教育系统生态承载力情况判断
（支持供容能力与在校生规模造成压力之间关系）

图 2-2　高等教育系统生态承载力与规模的关系

会使青海省高等教育系统出现生态危机，引发生态退化，阻碍其可持续发展，甚至可能引起青海省整个区域社会生态系统的失衡，导致区域社会的生态危机，对青海省整个教育、社会、经济和文化的发展产生负面影响。

四、青海省高等教育系统生态承载力与规模发展测评体系

青海省高等教育生态承载力与规模发展的测评体系，分为测评的基本原理和测评的基本方法两个部分。

（一）青海省高等教育系统生态承载力测评的基本原理

对青海省高等教育系统某一时期生态承载力的测评分析是为了从生态学视域把握青海省高等教育系统该时期的生态承载状况和规模发展状况，通过对该时期二者"实然"和"应然"的状况及成因的分析，为进一步研究青海省高等教育规模的适度发展奠定基础。

根据贺祖斌对高等教育生态承载力的研究[①]，青海省高等教育生态承载力

---

① 贺祖斌. 高等教育系统的生态承载力研究 [J]. 高等教育研究，2005 (2).

主要包括：青海省高等教育资源承载力、青海省高等教育环境承载力和青海省高等教育生态弹性力。其中青海省高等教育资源承载力是青海省高等教育生态承载力的基础条件，青海省高等教育环境承载力是青海省高等教育生态承载力的约束条件，青海省高等教育生态弹性力是青海省高等教育生态承载力的支持条件。

青海省高等教育资源承载力指一定质量和规模的青海省高等教育所需要的人力、物力、财力等资源，在本书中特指青海省高等教育办学资源的承载力，其中人力资源是青海省高等教育系统的主体——教职工和学生，尤其是专任教师资源；物力资源是指青海省高等学校的基础设施和仪器设备等；财力资源是指青海省高等教育的资金投入。青海省高等教育资源承载力不仅取决于人力、物力和财力的基本状况，更取决于资源的使用方式。青海省高等教育资源承载力的极限，即青海省高等教育最大资源承载力，是在一定质量和规模内的最大资源效应。在极限状态时，青海省高等教育系统虽然对资源的利用达到最大限度的资源效应，但其发展缺乏持续力，会损坏青海省高等教育系统的生态承载力。而青海省高等教育的"适度资源承载力"则是兼顾青海省高等教育系统效益和可持续发展的"适度"状态时的承载力。

青海省高等教育环境承载力是青海省高等教育发展的环境条件，指政治、经济、文化等为保证一定质量和规模的青海省高等教育的承载力。当青海省高等教育发展与其相适应时，会促进政治、经济、文化的发展。否则会引起青海省高等教育生态的失衡。青海省高等教育环境承载力主要包括政治环境承载力、经济环境承载力和文化环境承载力。政治环境承载力体现在青海省高等教育的管理体制、运行机制，以及相关高等教育的政策和规划。对青海省高等教育的发展有决定性作用。经济环境承载力体现在青海省的经济发展水平以及对青海省高等教育的投入，青海省高等教育的发展速度和规模取决于经济发展对高等教育的需求和容量，同时经济环境承载力的大小意味着为青海省高等教育发展提供财力和物力的支持能力，经济环境承载力对青海省高等教育的发展具有基础性支撑作用。文化环境承载力与青海省高等教育系统之间是相互作用、相互影响、相互依存的共生关系。

青海省高等教育的生态弹性力是指青海省高等教育生态系统自我维持、

自我调节、抵抗系统外的各种压力和冲击的能力。是青海省高等教育生存与发展的基础,包括青海省高等教育的弹性强度——师资水平、设备状况、生源质量等,和青海省高等教育的弹性限度——青海省高等教育系统的弹性范围。当青海省高等教育系统承受的系统外的压力和冲击超出其限度时,系统就会失衡乃至崩溃。

青海省高等教育生态承载力的测算和评价方法是首先对青海省高等教育生态承载力的生态弹性度、资源—环境承载力、承载压力度三个模块的指标分别进行分析评价,然后根据这三个模块指标体系的计算分析结果,综合评价青海省高等教育的生态承载力。并通过综合分析这三个模块指标体系的计算分析结果之间的关系,评价青海省高等教育规模的发展状况。

(二) 青海省高等教育系统生态承载力测评的基本方法

青海省高等教育系统生态承载力的测评分析是通过确定青海省高等教育系统的生态弹性度、资源—环境承载力和承载压力度三个模块的指标及其关系来进行的,在评测这三个模块的指标的计算分析结果的基础上,综合评价青海省高等教育系统的生态承载状况与规模的发展状况。青海省高等教育系统生态承载力测评方法包括测评指标体系的构建,测评指标权重的确定,生态承载力的测算模型,生态承载力的综合评价,承载规模状况的评价五个部分的内容。

1. 测评指标体系的构建

青海省高等教育系统生态承载力测评指标体系的构建,依据贺祖斌提出的"高等教育系统生态承载力评价指标体系[①]"中的评价指标体系,并参考了教育部《普通高等学校基本办学条件指标(试行)》中的考核指标,构建了"青海省高等教育系统生态承载力评价指标体系"(见图2-3),体系共分为生态弹性度、资源—环境承载力、承载压力度三个模块的递阶层次结构,每个层次含有多个评价指标。评价指标的选择根据评价目标和系统特点确定,

---

① 贺祖斌,林盟初. 高等教育系统生态承载力调控模型研究 [J]. 广西师范大学学报(哲学社会科学版),2012 (4):62–64.

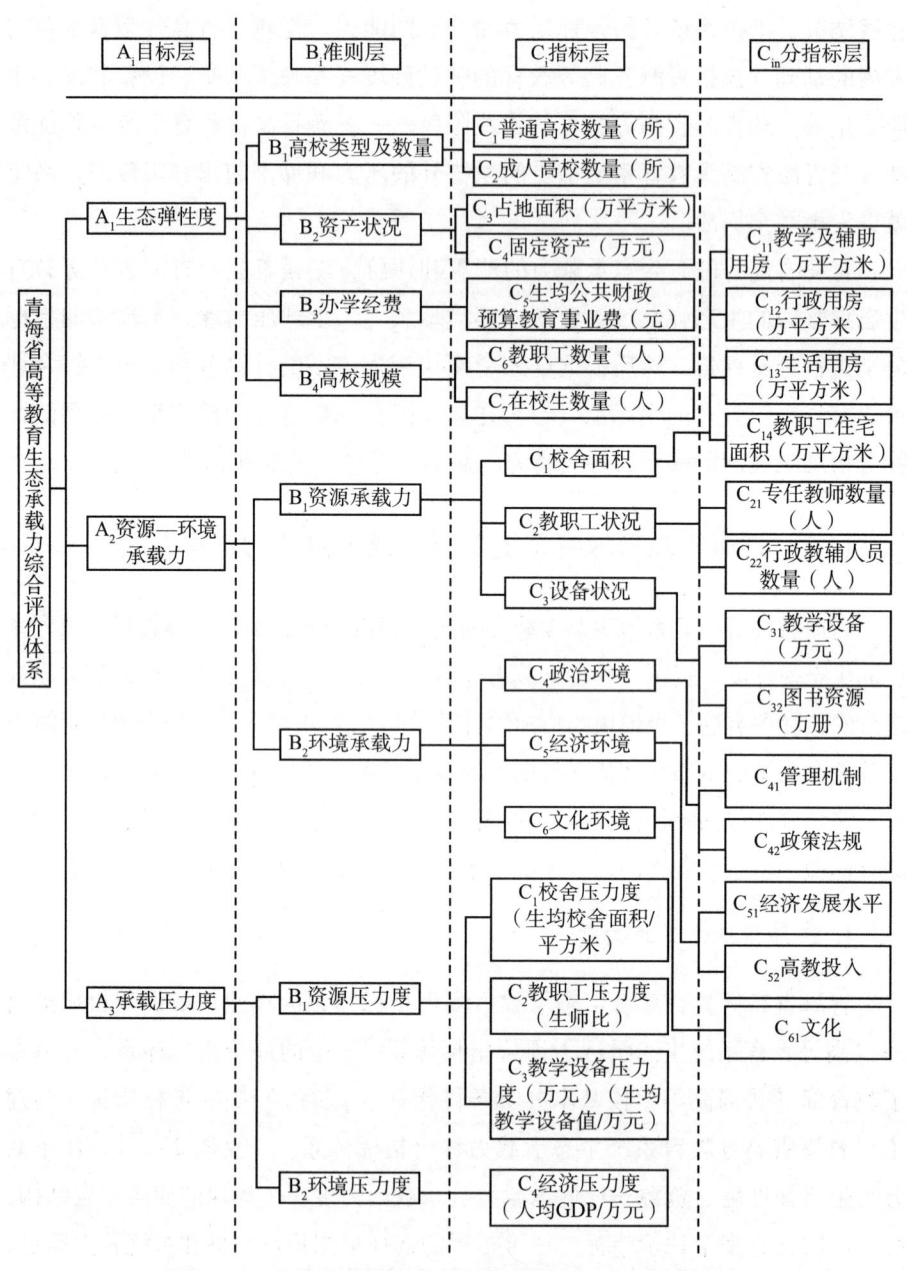

图 2-3 青海省高等教育系统生态承载力评价指标体系

通过对这些指标数值的测算和分析,确定青海省高等教育系统生态承载力和规模发展的状况。

(1)生态弹性度指标体系的构建。

对青海省高等教育系统生态弹性度有决定性影响的因素有3个:办学经费、资产状况及高校规模,其中办学经费是大学发展的首要因素,资产状况和高校规模是决定高等教育系统稳定性的关键因素。

青海省高等教育系统生态弹性度的指标体系,按照层次分析法,分为目标层、准则层和指标层(见表2-1)。

表2-1　　　青海省高等教育系统生态弹性度的指标体系

目标层(A)	准则层(B)	指标层(C)
青海省高等教育生态弹性度(A)	高校类型及其数量(B_1)	普通高校数量(所)(C_1)
		成人高校数量(所)(C_2)
	资产状况(B_2)	占地面积(万平方米)(C_3)
		固定资产(万元)(C_4)
	办学经费(B_3)	生均公共财政预算教育事业费(元)(C_5)
	高校规模(B_4)	教职工数量(人)(C_6)
		在校学生数量(人)(C_7)

评价目标(目标层:A)为青海省高等教育系统的生态弹性度。

评价准则(准则层:B)为影响青海省高等教育生态系统弹性度的主要因素:高等学校类型及其数量(B_1)、资产情况(B_2)、办学经费(B_3)、高校规模(B_4)。

评价指标(指标层:C)为各准则层的指标特性和承载力意义。高等学校类型及其数量(B_1)的指标为:普通高校数量(C_1)和成人高校数量(C_2);资产情况(B_2)的指标为:占地面积(C_3)和固定资产(C_4);办学经费(B_3)的指标为生均公共财政预算教育事业费(C_5);高校规模(B_4)的指标为:教职工人数(C_6)和在校学生人数(C_7)。

(2)资源—环境承载力指标体系的构建。

青海省高等教育的资源—环境承载力由青海省高等教育资源承载力和青

海省高等教育环境承载力构成。青海省高等教育资源承载力评价体系的构成，按照层次分析法，分为目标层、准则层和指标层（见表2-2）。

表2-2　　　青海省高等教育系统资源—环境承载力的指标体系

目标层（A）	准则层（B）	指标层（C_i）	分指标层（C_{in}）
资源—环境承载力（A）	资源承载力（B_1）	校舍面积（C_1）	教学及辅助用房（万平方米）（C_{11}）
			行政用房（万平方米）（C_{12}）
			生活用房（万平方米）（C_{13}）
			教职工住宅面积（万平方米）（C_{14}）
		教职工状况（C_2）	专任教师数量（人）（C_{21}）
			行政教辅人员数量（人）（C_{22}）
		设备状况（C_3）	教学设备（万元）（C_{31}）
			图书资源（万册）（C_{32}）
	环境承载力（B_2）	政治环境（C_4）	管理机制（C_{41}）
			政策法规（C_{42}）
		经济环境（C_5）	经济发展水平（C_{51}）
			高教投入（C_{52}）
		文化环境（C_6）	文化（C_{61}）

评价目标（目标层：A）为青海省高等教育系统的资源—环境承载力。

评价准则（准则层：B）为青海省高等教育系统的资源承载力（B_1）和青海省高等教育系统的环境承载力（B_2）。

其中评价准则层青海省高等教育系统资源承载力（B_1）的体系为：

评价指标（指标层：C_i）为各准则层的指标特性和承载力意义。青海省高等教育系统资源承载力的指标为校舍面积（C_1）、教职工状况（C_2）、设备状况（C_3）。青海省高等教育系统环境承载力的指标为政治环境（C_4）、经济环境（C_5）、文化科学环境（C_6）。

评价分指标（分指标层：C_{in}）为指标层对象的具体化。校舍面积（C_1）的分指标为：教学及辅助用房（C_{11}），行政用房（C_{12}），生活用房（C_{13}），教职工住宅面积（C_{14}）。教职工状况（C_2）的分指标为专任教师人数（C_{21}），行政教辅人数（C_{22}）；设备状况（C_3）的分指标为教学设备（C_{31}），图书资源（C_{32}）。

评价准则层青海省高等教育系统环境承载力（B_2）的体系为：

评价指标（指标层：C_i）为各准则层的指标特性和承载力意义。青海省高等教育系统环境承载力的指标层为政治环境（C_4）、经济环境（C_5）、文化环境（C_6）。

评价分指标（分指标层：C_{in}）为指标层对象的具体化。政治环境（C_4）的分指标为：管理机制（C_{41}）和政策法规（C_{42}）；经济环境（C_5）的分指标为：经济发展水平（C_{51}）和高教投入（C_{52}）；文化环境（C_6）的分指标为：文化（C_{61}）。

（3）承载压力度指标体系的构建。

承载压力度按照层次分析法，分为目标层、准则层和指标层（见表2-3）。

表2-3　青海省高等教育系统承载压力度测评指标体系

目标层（A）	准则层（B）	指标层（C）
承载压力度（A）	资源压力度（B_1）	校舍压力度（生均校舍面积/平方米）（C_1）
		教职工压力度（生师比）（C_2）
		教学设备压力度（生均教学设备值/万元）（C_3）
	环境压力度（B_2）	经济压力度（人均GDP/万元）（C_4）

评价目标（目标层：A）为青海省高等教育系统的承载压力度。

评价准则（准则层：B）为影响青海省高等教育生态系统承载压力度的主要因素：资源压力度（B_1）、环境压力度（B_2）。

评价指标（指标层：C）为各准则层的指标特性和承载力意义。资源压力度（B_1）的指标为：校舍压力度（C_1）、教职工压力度（C_2）、教学设备压力度（C_3）。环境压力度（B_2）的指标为：经济压力度（C_4）、政治压力度（C_5）、文化压力度（C_6），因政治环境和文化环境缺少适切的指标数据，无法进行定量分析，并且我国的政治环境和文化环境均有利于高等教育的发展,因此在实际测算中仅考虑青海省的经济环境,测算经济压力度。其中,校舍压力度(C_1)对应数据为生均校舍面积,教职工压力度(C_2)对应数据为生师比,教学设备压力度(C_3)对应数据为生均教学仪器设备值。经济压力度(C_4)对应数据为人均GDP。

2. 测评指标权重的确定

各评价指标的权重应用层次分析法进行测定,层次分析法虽然有一定的局限性,如在建立层次结构和构造判断矩阵时,人的主观选择、判断对结果影响极大,其结果较为粗略。但毋庸置疑的是,层次分析法在把复杂系统简化为有序的递阶层次结构方面有着独树一帜的优越性。而且层次分析法还具有适用范围广、方法简洁、系统性强等优点。对青海省高等教育系统生态承载力评价指标的权重确定来说,层次分析法的局限性带来的影响可以忽略不计。在本书中,在熟知青海省高等教育的教育学专家、生态学专家和高等教育管理者的指导下,运用层次分析法确定"青海省高等教育系统生态承载力评价指标体系"中各评价指标的权重值,每个评价指标都有一个权重,指标的权重值根据评价指标在同层次中各指标的相对重要程度来确定。每个层次各指标的权重值之和等于1。然后,建构供同一层次的分指标间两两比较的判断矩阵。再由判断矩阵计算被比较分指标的相对权重,两个指标的重要性差异越大,则标度值越大。标度值根据"层次分析法的标度值含义表"进行确定(见表2-4),在进行层次单排序及一致性检验后,可以得到层次总排序,计算出各层分指标的组合权重。

表2-4　　　　　　　　层次分析法的标度值含义

指标 i 与指标 j 比较	标度值 A_{ij}	标度值 A_{ji}
同等重要	1	1
稍重要	3	1/3
明显重要	5	1/5
强烈重要	7	1/7

续表

指标 i 与指标 j 比较	标度值 A_{ij}	标度值 A_{ji}
极端重要	9	1/9
无法判断	0	0

利用这一方法建立含多个指标的判断矩阵。为了计算反映多个因素间重要性关系的综合权重，先按列归一化，即：

$$A_{ij}^* = \frac{A_{ij}}{\sum_{j=1}^{n} A_{ij}}$$

可以计算出归一化的结果矩阵，再按行计算综合权重，即：

$$\omega_i = \frac{\sum_{i=1}^{n} A_{ij}^*}{n}$$

这样，通过每次两个分指标之间的简单对比代替多个分指标之间的对比，然后再转换成多个分指标之间的关系，可以克服多指标比较带来的困惑和偏颇，得到各分指标的权重。

用层次分析法分别对青海省高等教育系统生态承载力评价体系的生态弹性度、资源—环境承载力、承载压力度三个模块的各层级指标的权重值进行确定，最后可得出青海省高等教育系统生态承载力评价指标体系中各级指标的权重值（见图2-4）。所得权重值与张兰芳在《广西高等教育系统生态承载力调控模型及其应用》中专家学者用层次分析法测算讨论得到的各级指标权重值基本相同，这与我国高等教育管理体制的同质性有关，也与两省同属西部，高等教育发展的社会经济环境相近有关。青海省高等教育系统生态承载力综合评价体系的生态弹性度、资源—环境承载力和承载压力度三个模块的各层级指标权重值得到了由青海省从事高等教育研究的专家、青海省教育厅主管高等教育的领导和青海省某高校校长等组成的专家组的认可，生态承载力的研究设计和计算方法也得到了云南大学、陕西师范大学、西北师范大学和青海师范大学等高校中从事教育学原理、教育科学研究方法、高等教育学、教育生态和生态学研究的有关专家的指导和认可，认为研究设计是合理的，计算方法是科学的。

青海省高等教育生态承载力综合评价体系

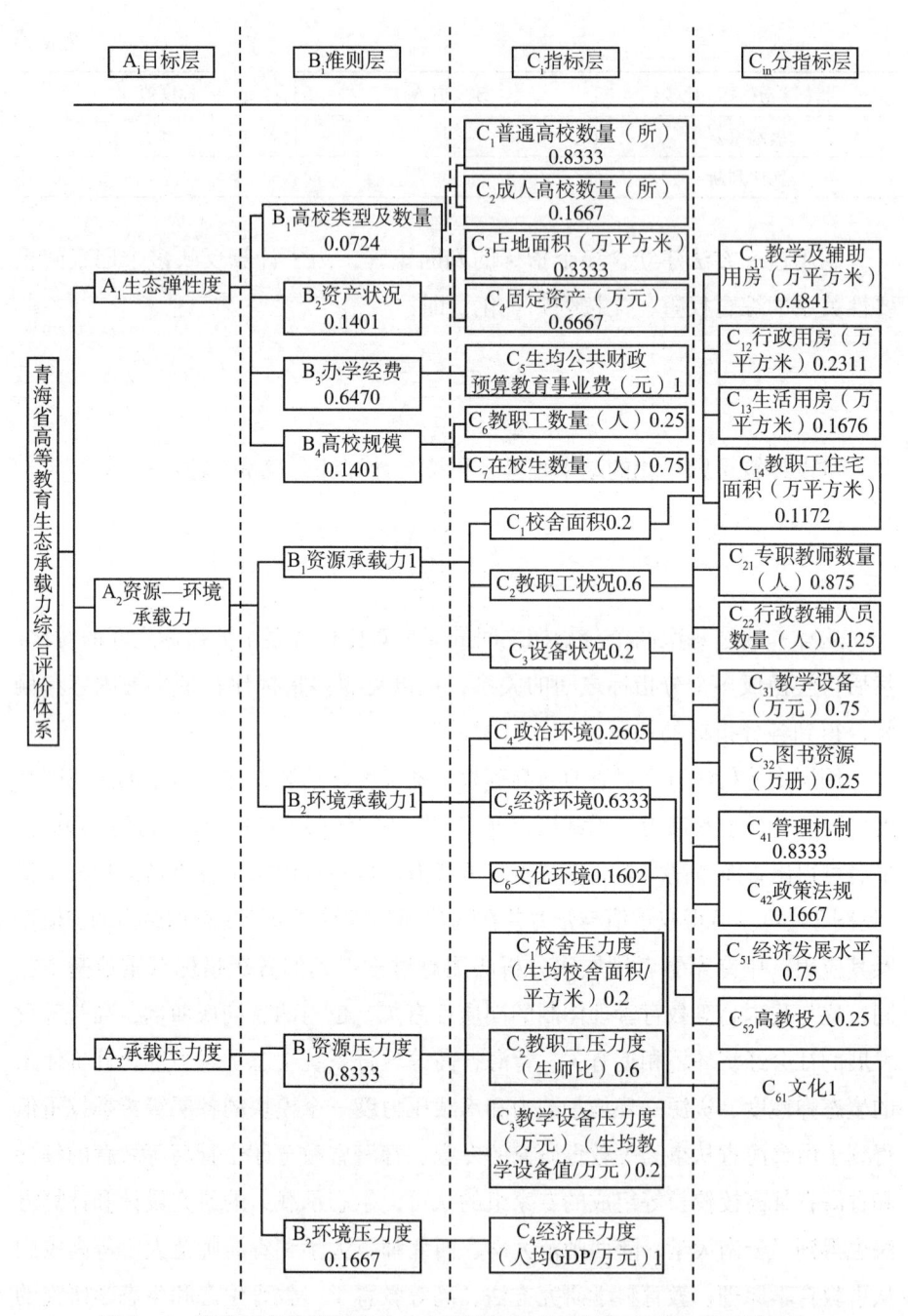

A₁ 目标层 | **B₁ 准则层** | **C 指标层** | **Cᵢₙ 分指标层**

A₁ 生态弹性度

- B₁ 高校类型及数量 0.0724
  - C₁ 普通高校数量（所）0.8333
  - C₂ 成人高校数量（所）0.1667
- B₂ 资产状况 0.1401
  - C₃ 占地面积（万平方米）0.3333
    - C₁₁ 教学及辅助用房（万平方米）0.4841
    - C₁₂ 行政用房（万平方米）0.2311
    - C₁₃ 生活用房（万平方米）0.1676
    - C₁₄ 教职工住宅面积（万平方米）0.1172
  - C₄ 固定资产（万元）0.6667
- B₃ 办学经费 0.6470
  - C₅ 生均公共财政预算教育事业费（元）1
- B₄ 高校规模 0.1401
  - C₆ 教职工数量（人）0.25
  - C₇ 在校生数量（人）0.75

A₂ 资源—环境承载力

- B₁ 资源承载力 1
  - C₁ 校舍面积 0.2
  - C₂ 教职工状况 0.6
    - C₂₁ 专职教师数量（人）0.875
    - C₂₂ 行政教辅人员数量（人）0.125
  - C₃ 设备状况 0.2
    - C₃₁ 教学设备（万元）0.75
    - C₃₂ 图书资源（万册）0.25
- B₂ 环境承载力 1
  - C₄ 政治环境 0.2605
    - C₄₁ 管理机制 0.8333
    - C₄₂ 政策法规 0.1667
  - C₅ 经济环境 0.6333
    - C₅₁ 经济发展水平 0.75
    - C₅₂ 高教投入 0.25
  - C₆ 文化环境 0.1602
    - C₆₁ 文化 1

A₃ 承载压力度

- B₁ 资源压力度 0.8333
  - C₁ 校舍压力度（生均校舍面积/平方米）0.2
  - C₂ 教职工压力度（生师比）0.6
  - C₃ 教学设备压力度（万元）（生均教学设备值/万元）0.2
- B₂ 环境压力度 0.1667
  - C₄ 经济压力度（人均GDP/万元）1

图 2-4　青海省高等教育系统生态承载力评价指标体系各级指标权重值

3. 生态承载力的测算模型

青海省高等教育系统生态承载力的测算根据生态学中生态承载力的基本原理和基本方法，同时参考了贺祖斌等提出的"高等教育系统生态承载力调控模型①"，测算模型包括青海省高等教育系统的生态弹性度、青海省高等教育系统的资源—环境承载力和青海省高等教育系统的承载压力度三个模块的指标，其中生态弹性度和资源—环境承载力反映青海省高等教育系统的供容支持能力，承载压力度反映青海省高等教育系统所承受的压力。二者之间的比例关系（承载饱和度）可以反映青海省高等教育系统的承载强度（见图 2-5）。

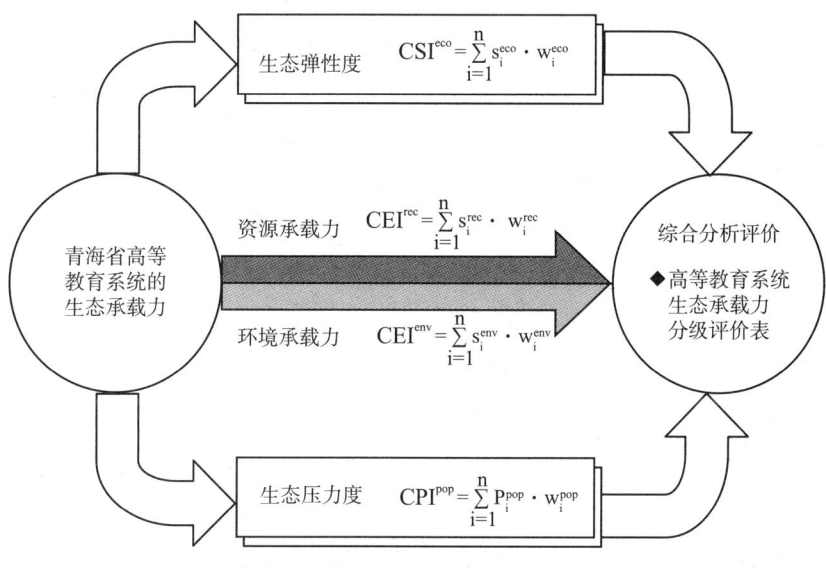

生态弹性度 $CSI^{eco} = \sum_{i=1}^{n} s_i^{eco} \cdot w_i^{eco}$

资源承载力 $CEI^{rec} = \sum_{i=1}^{n} s_i^{rec} \cdot w_i^{rec}$

环境承载力 $CEI^{env} = \sum_{i=1}^{n} s_i^{env} \cdot w_i^{env}$

生态压力度 $CPI^{pop} = \sum_{i=1}^{n} P_i^{pop} \cdot w_i^{pop}$

青海省高等教育系统的生态承载力 → 综合分析评价 ◆高等教育系统生态承载力分级评价表

图 2-5 青海省高等教育系统生态承载力的测算和评价

（1）青海省高等教育系统生态弹性度的测算。

在青海省高等教育生态系统中，生态弹性力是青海省高等教育系统的支

---

① 贺祖斌，林盟初. 高等教育系统生态承载力调控模型研究 [J]. 广西师范学院学报（哲学社会科学版），2012（4）：62-64.

持条件，测算要素为高校类型及其数量、资产状况、办学经费和高校规模。

青海省高等教育系统的生态弹性度用以下公式进行计算：

$$CSI^{eco} = \sum_{i=1}^{n} s_i^{eco} \cdot w_i^{eco}$$

式中：CSI^{eco}——生态弹性度；

s_i^{eco}——生态系统特征要素；

$n = 1, 2, 3, 4$，分别代表高校类型及其数量、资产状况、办学经费、高校规模等要素；

w_i^{eco}——要素 i 相对应的权重值。

（2）青海省高等教育系统资源—环境承载力的测算。

在青海省高等教育生态系统中，资源—环境承载力由资源承载力和环境承载力构成。资源承载力是青海省高等教育系统的基础条件，要素为影响高等教育发展的主要资源：师资、教学条件设施（含教学科研仪器设备、图书资源）、校舍等。环境承载力是青海省高等教育系统的约束条件，要素为政治环境承载力、经济环境承载力和文化科技环境承载力。

①青海省高等教育系统资源—环境承载力用以下公式进行计算：

$$CEI^{rec} = \sum_{i=1}^{n} s_i^{rec} \cdot w_i^{rec}$$

式中：CEI^{rec}——资源—环境承载指数；

s_i^{rec}——资源、环境的组成要素；

$n = 1, 2, 3$，分别代表师资水平、教学条件设施状况、校舍状况等要素；

w_i^{rec}——要素 i 的相应权重值。

②青海省高等教育环境承载力中的政治环境承载力、经济环境承载力和文化环境承载力对青海省高等教育的规模有重要影响，理论上讲，高等教育环境承载指数应当表达为：

$$CEI^{env} = \sum_{i=1}^{n} s_i^{env} \cdot w_i^{env}$$

式中：s_i^{env}——环境组成要素；

$n = 1, 2, 3$，分别代表政治、经济、文化；

w_i^{env}——要素 i 的相应权重。

但该公式重点在于从理论层面表明环境承载力的构成及要素之间的生态关系。当前我国的政治环境承载力和文化环境承载力均处于有利于青海省高等教育系统发展的稳定状态，经济环境承载力也对青海省高等教育系统的发展有稳定保障，并且政治环境承载力、经济环境承载力和文化环境承载力的影响在本书中同其他人文社会科学的研究一样，缺少适切的指征数据而不适宜开展量化分析，因此，环境承载力部分仅作定性分析而不作定量计算。

（3）青海省高等教育系统承载压力度的测算。

青海省高等教育系统所承受的压力有多种，但是所起作用和影响最大的是在校生数量和教育质量，因此，青海省高等教育系统的压力度可通过承载的在校生数量和相应的教育质量来反映。在校生人数越多，压力越大；教育质量要求越高，压力也越大。在高等教育系统中，在校生是被承载的对象，因此以在校生数量压力度为评价准则，具体来说就是在校生数量对资源和环境的压力度为评价准则，承载压力度主要包括资源压力度和环境压力度，二者又具体用校舍压力度、师资压力度、教学仪器设备压力度和经济压力度作为指征。青海省高等教育系统的承载压力度用以下公式进行计算：

$$CPI^{pop} = \sum_{i=1}^{n} p_i^{pop} \cdot w_i^{pop}$$

式中：CPI^{pop}——以在校生数量表示的压力指数；

p_i^{pop}——不同类型的在校生数量；

w_i^{pop}——相应类型的在校生的教学质量权重值。

4. 青海省高等教育系统生态承载力的综合评价

根据对青海省高等教育系统的生态弹性度、资源—环境承载力及承载压力度三个模块的指标体系计算分析的结果，综合评价青海省高等教育系统生态承载力的状况。评价标准参照贺祖斌《高等教育系统的生态承载力研究》[①]

---

① 贺祖斌. 高等教育系统的生态承载力研究 [J]. 高等教育研究，2005（2）.

中的"高等教育系统生态承载力分级评价表"(见表2-5)。

表2-5　　　　　　　高等教育系统生态承载力分级评价表

标准	<20	21~40	41~60	61~80	>80
生态弹性度	弱稳定	不稳定	中等稳定	较稳定	很稳定
资源—环境承载力	弱承载	低承载	中等承载	较高承载	高承载
承载压力度	弱压	低压	中压	较高压	高压

资料来源：贺祖斌. 高等教育系统的生态承载力研究［J］. 高等教育研究, 2005 (2).

生态弹性度的评价根据计算结果可分为弱稳定、不稳定、中等稳定、较稳定、很稳定五种；资源—环境承载力的评价根据计算结果可分为弱承载、低承载、中等承载、较高承载、高承载五种；承载压力度的评价根据计算结果可分为弱压、低压、中压、较高压、高压五种。

根据青海省高等教育系统生态承载力的生态弹性度、资源—环境承载力和承载压力度三个模块的指标值和对应标准值（参考值），进行计算，可以得出各指标的分值，再按照各指标的权重，可以得出三个模块的准则层的综合分值，再把三个模块准则层的综合分值分别代入相应的承载指数模型计算，可以分别测得青海省高等教育系统的生态弹性度、资源—环境承载力和承载压力度三个模块的数值，然后根据"高等教育系统生态承载力分级评价表"对这三个模块的所测数值进行相应的分级评价，从而对青海省高等教育系统生态承载力作出综合评价。

5. 承载规模状况的评价

通过分析青海省高等教育系统承载力指数和压力指数的关系可以判断青海省高等教育生态系统承载状况是满载、或超载、或低载、或适度。判断承载状况的基本依据是青海省高等教育系统的承载饱和度，承载饱和度可以体现承载对象压力和承载供容支持力之间的关系。青海省高等教育系统承载饱和度的测算方法为反映青海省高等教育生态系统中相应压力要素的压力指数和反映青海省高等教育生态系统中供容支持要素的承载供容支持力指数之间的比值，可用如下公式表示并进行测算：

$$CCPS = CCP/CCS$$

式中：CCPS——承载饱和度；

CCP——承载压力指数，表示相应压力要素的压力大小；

CCS——承载供容支持力指数，表示承载供容支持要素的供容支持能力大小。

当 CCPS 等于 1 时，表示青海省高等教育系统承载对象压力与承载供容支持力是相同的，此时青海省高等教育系统的生态承载状况为满载状态，青海省高等教育规模的发展状况为饱和状态。

当 CCPS 大于 1 时，表示青海省高等教育系统承载对象压力比承载供容支持力大，此时青海省高等教育系统的生态承载状况为超载状态，青海省高等教育规模的发展状况为过饱和状态。

当 CCPS 远大于 1 时，表示青海省高等教育系统承载对象压力远大于承载供容支持力，此时青海省高等教育系统的生态承载状况为严重超载，青海省高等教育规模的发展状况为严重过饱和状态。

当 CCPS 远小于 1 时，表示青海省高等教育系统承载对象压力远小于承载供容支持力，此时青海省高等教育系统的生态承载状况为低载状态，青海省高等教育规模的发展状况为严重不饱和状态。

当 CCPS 略小于 1 时，表示青海省高等教育系统承载对象压力略小于承载供容支持力，此时青海省高等教育系统的生态承载力未达到最大承载值，能实现教育资源的系统效应，系统发展具有充足的持续力，可以保证一定教育质量，此时的承载状况为适度承载状态，规模发展状况为适度饱和状态，此时的在校生规模即为"适度承载规模"。适度承载规模有利于青海省高等教育系统生态承载力的发展，有利于实现青海省高等教育系统的正向演化，能够推动青海省高等教育系统实现共生效应和可持续发展。也就是实现了青海省高等教育规模的生态化发展。

需要强调的是，基于生态学的视域，对于规模"适度"（亦即"生态化发展")的判断是且只能是在区域范围内的判断,不是也不可能是以某一精准数字作为绝对的判断标准和严格分界线的"绝对的"判断,所测数据仅具"相对意义",表示发展状态和发展趋势。因此,所得CCPS的数值需要在数学分析的基础上结合对青海省高等教育规模其他影响因子作用的分析进行定性分析,以保证测评的科学性和合理性。

第三章
青海省高等教育系统历年生态承载力和规模发展的生态学考察

对青海省高等教育系统历年生态承载力和规模发展的生态学考察，有助于理性认识青海省高等教育规模发展的历史背景和现实基础，也有助于更好地预测未来的发展趋势。过去的发展状况是现实发展状况的基础，现实的发展状况是历史发展的结果，同样也是未来发展的基础，未来的发展是现实发展状况的结果，也是历史发展状况的延续，通过"历史考察"和"发展预测"可以从动态发展、整体联系的角度，"整体""系统""动态""发展"地考察青海省高等教育不同时期的生态承载力和规模发展状况及其发展轨迹，理性剖析发展过程中青海省高等教育系统生态承载力和规模发展的限制性因子，为研究青海省高等教育规模的生态化发展提供基本依据。

全国高等学校自1998年扩招以来将近20年了，在校生规模经历了跨越式的发展，基本上实现了大学教育从"精英教育"向"大众教育"的转变，但是值得注意的是，基于生态学的视域，这一发展是在政府通过政策引导和行政手段的强力推进下完成的，并非高等教育生态系统、社会生态系统"自然"演化的结果，在扩招初期，高等教育系统的承载能力并未为扩招做好充分的准备，学校数量、办学经费、资产状况、设备状况、校舍面积、教职工规模、专任教师数量、教学仪器设备、图书资源等的办学、教学基本条件的发展速度没有跟上学生规模的扩张速度，不能够满足教学需要，因此高等教育系统生态承载状况相对不断扩招的在校生规模出现了满负荷的"满载"甚至超负荷的"过载",以致教学质量在一定程度上受到影响也在意料之中,甚至是必然的。随着教育资源不足和需求日益增加的矛盾越来越突出,针对在扩招过程中出现的各种问题,各级各地政府也相应出台了一系列政策,采取了一系列行之有效的措施,通过行政手段和经济手段,甚至是法律手段进行干预和调控,因此,在这种高等教育发展的大环境下,与青海省高等教育规模迅速扩张的发展轨迹相对应的是青海省高等教育系统承载力和承受压力的剧烈变化。

1997~2014年,青海省高等学校的布局结构进行了大规模的调整:原青海省农林学校、原青海财经职业技术学院、原青海省农林科学院、原青海省畜牧兽医科学院、原青海畜牧兽医学院、原青海医学院等并入青海大学;原青海省师范高等专科学校、原西宁铁路司机学校先后并入青海民族学院;原青海省教育学院、原青海民族师范高等专科学校、原青海大学水利中专部、原青海银行学校等先后并入青海师范大学。在此期间,还陆续组建了青海省警官高等职业技术学院等5所高职院校。截至2014年,全省共有高等学校14所。包括普通高校12所,成人高校2所。普通高校中本科院校4所(含独立学院1所),高职院校8所。但无民办高校。2015年和2016年全省高等学校的类型及其数量均无变化,也就是说,到2014年青海省高等教育在经历了以规模扩张为主线的跨越式发展之后,布局结构调整基本完成。虽然有各种不足之处,但是客观上确实深化了青海省高等教育的教育教学改革,增强了青海省高等教育的科技创新和成果转化能力,为青海省地方经济社会发展提供了人才支撑、智力支持和科技成果,提升了青海省的科技创新能力,满足了青海省的居民对高等教育的需求,同时也在一定程度上拉动了内需、促进了教育消费。

对青海省高等教育系统历年生态承载力和规模发展进行生态学考察,主要是通过测评青海省高等教育系统2013~2016年的生态弹性度、资源—环境承载力和承载压力度三个模块指标体系的指数,评价相应年度生态承载力和规模发展的状况,并描绘出该时间段青海省高等教育规模的发展轨迹。2013~2014年是青海省高等教育布局调整基本完成的阶段，青海省高等教育系统趋于相对稳定的状态；2015年是《国家教育事业发展"十二五"规划》和《青海省"十二五"教育改革和发展规划》的收官之年，也是《国家中长期教育改革和发展规划纲要（2010~2020年）》实施的中点之年，对该时期青海省高等教育规模的状况进行分析，有助于继往开来，既是对"十二五"期间青海省高等教育发展的回顾和反思，也对《国家教育事业发展"十三五"规划》和《青海省"十三五"教育改革和发展规划》的实施，以及在2020年之前所余的时间中更好地完成《国家中长期教育改革和发展规划纲要（2010~2020年）》中部署的任务具有非常现实的参考意义。2016年是《国家教育事业发展"十三五"规划》和《青海省"十三五"教育改革和发展规划》的启动之年，并且该年度青海省和全国的高等教育事业的相关统计数据是目前的最新数据，反映着全国和青海省高等教育发展的最新状况。因此在本书中对2013~2016年的数据进行测评分析，是符合研究客观要求、满足研究客观条件，也是最具实践意义的选择。

对青海省高等教育2013~2016年规模发展的生态学考察，包括对青海省高等教育2013~2016年生态承载状况的考察和规模发展的考察两个部分。考察的方法：基于2013~2016年青海省和全国高等教育发展状况的相关数据，通过测算青海省高等教育系统的生态弹性度、资源—环境承载力指数及承载压力度三个模块的指标体系，测评分析对应年度的青海省高等教育系统生态承载力的状况，评价该年度青海省高等教育系统发展规模的状况，并对其影响因素进行生态学分析。

一、青海省高等教育系统2013年生态承载力和规模发展的生态学考察

根据青海省和全国高等教育2013年发展状况的相关数据，通过测评青海省高等教育系统的生态弹性度、资源—环境承载力指数及承载压力度三个模

块的指标体系,考察青海省高等教育系统 2013 年生态承载力和规模发展的状况。

(一) 青海省高等教育 2013 年的基本情况

根据青海省教育厅《2013 年全省教育事业发展统计公报》[①],青海省教育厅编纂的《2013 年青海省教育事业发展简明统计分析》,教育部、国家统计局和财政部发布的《2013 年全国教育经费执行情况统计报告》提供的数据,2013 年青海省高等教育的基本情况 (见表 3-1) 如下:

表 3-1　　　　　青海省高等教育 2013 年的基本情况

类别	项目	数值
高校类型及数量	普通高校数量 (所)	9
	成人高校数量 (所)	2
	合计 (所)	11
高校规模	在校学生人数 普通高校在校生数 (人)	53495
	在校学生人数 成人高校在校生数 (人)	12825
	在校学生人数 合计 (人)	66320
	教职工人数 总数	7115
	教职工人数 专任教师数量 (人)	3951
	教职工人数 行政及教辅人数 (人)	1624
资产状况	占地面积 (万平方米)	395.432
	固定资产 (万元)	181555.68
办学经费	生均公共财政预算教育事业费 (元)	16504.51

---

① 青海省教育厅.2013 年全省教育事业发展统计公报 [EB/OL]. http://www.qhedu.gov.cn/zwgk/jyfz/201404/t20140410_14127.html, 2014-04-10/2017-03-20.

续表

类别	项目	数值
校舍面积	教学及辅助用房（万平方米）	82.3438
	行政用房（万平方米）	7.9996
	生活用房（万平方米）	53.8121
	教职工住宅面积（万平方米）	18.6705
	校舍建筑面积（万平方米）	164.0042
教学设备及图书	仪器设备值（万元）	56335.22
	图书资源（万册）	484.58

数据来源：青海省教育厅发布的《2013年青海省教育事业发展统计公报》；青海省教育厅编纂的《2013年青海省教育事业发展简明统计分析》；教育部、国家统计局和财政部发布的《2013年全国教育经费执行情况统计报告》。

青海省2013年共有高等学校11所，其中：普通高校9所，成人高校2所。普通高校中本科院校4所（含独立学院1所），高职院校5所。

2013年青海省高等教育的毛入学率达到33.37%，较上年提高1.78%。高校研究生招生1052人，较上年增加72人，增长7.35%；普通本专科招生15432人，较上年增加284人，增长1.87%；成人本专科招生5751人，较上年增加114人，增长2.02%。普通高校中普通本科招生8998人，占普通本专科招生数的58.31%，较上年增长1.38%；普通专科招生6434人，占普通本专科生的41.69%，较上年降低1.38%。成人本科招生2908人，较上年减少61人；专科招生1405人，较上年减少330人。成人高校中成人专科招生1438人，较上年增加505人，增长54.13%。

2013年青海省高等教育的在校生总规模66320人，较上年增加2192人，增长3.42%。各类在校生中：研究生2820人，较上年增加241人，增长9.34%，其中：博士研究生43人，较上年增加11人，增长34.38%；普通本专科在校生5067人，较上年增加2007人，增长4.12%；成人本专科在校生12825人，较上年减少56人，减少0.43%。

2013年青海省高等学校的教职工7115人，较上年增加186人；专任教师

3951 人，较上年增加 73 人。其中：普通高校教职工 6851 人，专任教师 3785 人，专任教师占教职工的 55.25%，较上年降低 0.49%；成人高校教职工 264 人，专任教师 166 人，专任教师占教职工的 62.88%，较上年增长 1.19%。

2013 年青海省高等教育的固定资产 181555.68 万元，占地面积 395.432 万平方米，校舍建筑面积 164.0042 万平方米，仪器设备值 56335.22 万元，图书资源 484.58 万册，生均公共财政预算教育事业费 16504.51 元。

（二）青海省高等教育系统 2013 年生态承载力的测评

对青海省高等教育系统 2013 年生态承载力的测评，从以下四个维度进行：一是对青海省高等教育系统 2013 年生态弹性度的测评；二是对青海省高等教育系统 2013 年资源—环境承载力的测评；三是对青海省高等教育系统 2013 年承载压力度的测评；四是对青海省高等教育系统 2013 年生态承载力的整体评价。

1. 青海省高等教育系统 2013 年生态弹性度的测评

青海省高等教育系统 2013 年生态弹性度考察的测算方法是将"青海省高等教育系统 2013 年生态弹性度的指标体系测评指标体系（见表 3-2）"中的指标数据及其标准值，结合各分指标的权重，分别代入高等教育生态弹性度的测算表达式：

$$CSI^{eco} = \sum_{i=1}^{n} s_i^{eco} \cdot w_i^{eco}$$

式中：CSI^{eco}——生态弹性度；

s_i^{eco}——生态系统特征要素；

$n = 1, 2, 3, 4$，分别代表高校类型及其数量、资产状况、办学经费、高校规模等要素；

w_i^{eco}——要素 i 相对应的权重值。

表3-2　青海省高等教育系统2013年生态弹性度的测评指标体系

目标层（A）	准则层（B）	指标层（C）	数值
青海省高等教育生态弹性度（A）	高校类型及其数量（B_1）	普通高校数量（所）（C_1）	9
		成人高校数量（所）（C_2）	2
	资产状况（B_2）	占地面积（万平方米）（C_3）	395.432
		固定资产（万元）（C_4）	181555.68
	办学经费（B_3）	生均公共财政预算教育事业费（元）	16504.51
	高校规模（B_4）	教职工数量（人）（C_6）	7115
		在校学生数量（人）（C_7）	66320

数据来源：青海省教育厅发布的《2013年青海省教育事业发展统计公报》；青海省教育厅编纂的《2013年青海省教育事业发展简明统计分析》；教育部、国家统计局和财政部发布的《2013年全国教育经费执行情况统计报告》。

得出各分指标的分值，测出青海省高等教育系统2013年的生态弹性度。测算结果为青海省高等教育系统2013年的生态弹性度为71.08（见表3-3）。对照"高等教育系统生态承载力分级评价表"对其状态进行评价，评价结果为"较稳定"。说明2013年相对全国各省（不包括港澳台地区）高等教育的平均水平，青海省高等教育生态系统自我维持、自我调节、抵抗系统外的各种压力和冲击的能力在较好水平。

2. 青海省高等教育系统2013年资源—环境承载力的测评

青海省高等教育系统2013年的资源—环境承载力的考察测评包括对青海省高等教育2013年资源承载力的测评和对青海省高等教育2013年环境承载力的测评。

（1）青海省高等教育系统2013年资源承载力的测评。

青海省高等教育系统2013年资源承载力的考察测算方法是将"青海省高等教育系统2013年资源—环境承载力的指标体系（见表3-4）"中的指标数据及其标准值，结合各分指标的权重，分别代入资源承载力的计算公式进行测算：

表 3 - 3 青海省高等教育系统 2013 年生态弹性度的测算

准则层名称	权重 W_2	指标层名称	权重 W_1	青海省数值 S_1	全国数值 S	全国各省（不包括香港澳门地区）均值 S_0	指标层分值 $f_0 = S_1/S_0 \times 100$	指标层综合分值 $f_1 = f_0 \times W_1$	准则层综合分值 $F_0 = \sum f_1$	综合分值 $F_1 = F_0 \times W_2$
高校类型及数量	0.0724	普通高校数量（所）	0.8333	9	2491	80	11.25	9.37	12.71	0.92
		成人高校数量（所）	0.1667	2	297	10	20.00	3.33		
资产状况	0.1401	占地面积（万平方米）	0.3333	395.43	169912.86	5481.06	7.21	2.40	4.88	0.68
		固定资产（万元）	0.6667	181555.68	151608742.91	4890604.61	3.71	2.48		
办学经费	0.647	生均公共财政预算教育事业费（元）	1	16504.51	15591.72	—	105.85	105.85	105.85	68.49
高校规模	0.1401	教职工人数（人）	0.25	7115	2352683	75893	9.38	2.34	7.05	0.99
		在校学生数（人）	0.75	66320	32738821	1056091	6.28	4.71		
青海省高等教育生态弹性度分值 $(CSI = \sum F_1)$										71.08

数据来源：①教育部发展规划司编纂的《2013 年全国教育事业发展简明统计分析》（全国的统计数据中不包含台湾地区、香港特别行政区和澳门特别行政区的数据）；
②教育部、国家统计局和财政部发布的《2013 年全国教育经费执行情况统计报告》；
③青海省教育厅编纂的《2013 年青海省教育事业发展简明统计分析》。

$$CEI^{rec} = \sum_{i=1}^{n} s_i^{rec} \cdot w_i^{rec}$$

式中：CEI^{rec}——资源承载指数；

s_i^{rec}——资源组成要素；

n＝1，2，3，分别代表师资水平、教学条件设施状况、校舍状况；

w_i^{rec}——要素 i 的相应权重。

表 3－4 青海省高等教育系统 2013 年资源—环境承载力的测评指标体系

目标层（A）	准则层（B）	指标层（C_i）	分指标层（C_{in}）	数值
资源—环境承载力（A）	资源承载力（B_1）	校舍面积（C_1）	教学及辅助用房（万平方米）（C_{11}）	82.3438
			行政用房（万平方米）（C_{12}）	7.9996
			生活用房（万平方米）（C_{13}）	53.8121
			教职工住宅面积（万平方米）（C_{14}）	18.6705
		教职工状况（C_2）	专任教师数量（人）（C_{21}）	3951
			行政教辅人数（人）（C_{22}）	1624
		设备状况（C_3）	教学设备（万元）（C_{31}）	56335.22
			图书资源（万册）（C_{32}）	484.58
	环境承载力（B_2）	政治环境（C_4）	管理机制（C_{41}）	
			政策法规（C_{42}）	
		经济环境（C_5）	经济发展水平（C_{51}）	
			高教投入（C_{52}）	
		文化环境（C_6）	文化（C_{61}）	

数据来源：青海省教育厅编纂的《2013 年青海省教育事业发展简明统计分析》。

（2）青海省高等教育系统 2013 年环境承载力的测评。

青海省高等教育的复合生态环境由青海省的自然环境、社会环境和精神环境构成，环境承载指数可以表达为：

$$CEI^{env} = \sum_{i=1}^{n} s_i^{env} \cdot w_i^{env}$$

式中：CEI^{env}——环境承载指数；

s_i^{env}——环境组成要素；

n＝1，2，3，分别代表政治、经济、文化；

w_i^{env}——要素 i 的相应权重。

其中社会环境中的政治环境承载力、精神环境中的文化环境承载力对青海省高等教育的规模有重要影响，但二者在本书中因缺少指征式数据，另外环境承载指数对青海省高等教育生态承载力的分析意义主要在于表明理论层面的关系和定性分析的意义。因此，对环境承载力不做量化分析，仅进行定性分析。我国当前大背景下的管理机制、政策法规和主流文化是趋同、稳定的且有利于青海高等教育系统的发展的。区域经济对区域高等教育的发展起着非常重要而明显的作用。政府财政对青海省高等教育的资金投入逐年增长，在对青海省高等教育系统的支持上是稳定且有保障的。

经过测算，得出青海省高等教育系统资源—环境承载力的值，2013 年的资源—环境承载力的值为 7.36（见表 3-5），对照"高等教育系统生态承载力分级评价表"对其状态进行评价，评价结果为"弱承载"，说明 2013 年相对全国各省（不包括港澳台地区）高等教育的平均水平，青海省高等教育系统的客观资源承载能力弱小。

3. 青海省高等教育系统 2013 年承载压力度的测评

青海省高等教育 2013 年承载压力度的测算指标体系中，校舍压力度（C_1）对应数据为生均校舍面积，教职工压力度（C_2）对应数据为生师比，教学设备压力度（C_3）对应数据为生均教学仪器设备值。经济压力度（C_4）对应数据为人均 GDP。因管理机制、政策法规和文化科技不易量化，且我国的政治和文化均十分有利于高等教育的发展，因此二者在本评价指标体系中仅表明理论层面的关系和进行定性分析的意义，在实际测算中仅考虑青海省的经济情况，测算经济压力度。

将青海省高等教育系统 2013 年承载力压力度测评指标体系的相关数据（见表 3-6）代入高等教育系统承载压力指数表达模式，进行计算：

表 3-5 青海省高等教育系统 2013 年资源承载力的测算

准则层		指标层						指标层综合分值 $f_1 = f_0 \times W_1$	准则层综合分值 $F_0 = \sum f_1$	综合分值 $F_1 = F_0 \times W_2$
名称	权重 W_2	名称	权重 W_1	青海省数值 S_1	全国数值 S	全国各省（不包括港澳台地区）均值 S_0	指标层分值 $f_0 = S_1/S_0 \times 100$			
校舍面积	0.2	教学及辅助用房（万平方米）	0.4841	82.34	34345.21	1107.91	7.43	3.60	6.62	1.32
		行政用房（万平方米）	0.2311	8.00	4561.03	147.13	5.44	1.26		
		生活用房（万平方米）	0.1676	53.81	27938.75	901.25	5.97	1.00		
		教职工住宅面积（万平方米）	0.1172	18.67	8858.87	285.77	6.53	0.77		
教职工状况	0.6	专任教师数量（人）	0.875	3951	1530501	49371	8.00	7.00	8.18	4.91
		行政教辅人数（人）	0.125	1624	535370	17270	9.40	1.18		
设备状况	0.2	教学设备值（万元）	0.75	56335.22	3283062.33	1059052.43	5.32	3.99	5.66	1.13
		图书资源（万册）	0.25	484.58	225393.87	7270.77	6.66	1.67		
青海省高等教育资源承载力分值 $(POP = \sum F_1)$										7.36

数据来源：①教育部发展规划司编纂的《2013 年全国教育事业发展简明统计分析》（全国的统计数据中不包含台湾地区、香港特别行政区和澳门特别行政区的数据）；
②青海省教育厅编纂的《2013 年青海省教育事业发展简明统计分析》。

$$CPI^{pop} = \sum_{i=1}^{n} p_i^{pop} \cdot w_i^{pop}$$

其中：CPI^{pop}——以学生数量表示的压力指数；

p_i^{pop}——不同类型的学生数量；

w_i^{pop}——相应类型学生的教学质量权重值。

表 3–6　青海省高等教育系统 2013 年承载压力度的测评指标体系

目标层（A）	准则层（B）	指标层（C）	数值
承载压力度（A）	资源压力度（B_1）	校舍压力度（生均校舍面积/平方米）（C_1）	27.25
		教职工压力度（生师比）（C_2）	15.61
		教学设备压力度（生均教学设备值/万元）（C_3）	0.8595
	环境压力度（B_2）	经济压力度（人均 GDP/万元）（C_4）	3.67

数据来源：青海省教育厅编纂的《2013 年青海省教育事业发展简明统计分析》。

经计算，可以得到青海省高等教育系统承载压力度 2013 年的值为 82.29（见表 3–7）。对照"高等教育系统生态承载力分级评价表"对其状态进行评价，评价结果为"高压"。说明 2013 年相对全国各省（不包括港澳台地区）高等教育的平均水平，青海省高等教育系统在校舍状况、教职工规模、教学设备和经济方面承受的压力很大。

4. 青海省高等教育系统 2013 年生态承载力的评价

根据以上对 2013 年青海省高等教育系统生态弹性度、教育资源和环境承载力指数及教育承载压力度三项指标体系的测算数值，对 2013 年青海省高等教育系统的生态承载力作出如下综合评价：

（1）2013 年青海省高等教育系统自我维持、自我调节、抵抗系统外的各种压力和冲击的能力处于较好水平，青海省高等教育系统的生态弹性度处于较为稳定的状态。

表3-7 青海省高等教育系统2013年承载压力度的测算

准则层		指标层		权重 W_1	青海省数值 S_1	全国数值 S_0	指标层分值 $f_0 = $ 人数 $\times [1-(S_1/S_0)]/100$	指标层综合分值 $f_1 = f_0 W_1$	准则层综合分值 $F_0 = \sum f_1$	综合分值 $F_1 = F_0 \times W_2$
名称	权重 W_2	名称								
资源压力度	0.8333	校舍压力度/生均校舍面积（平方米）		0.2	27.25	28.25	23.57	4.71	78.46	65.38
		教职工压力度/生师比		0.6	15.61	17.53	72.90	43.74		
		教学设备压力度/生均教学设备值（万元）		0.2	0.8595	1.1096	150.06	30.01		
环境压力度	0.1667	经济压力度/人均GDP（万元）		1	3.67	4.33	101.46	101.46	101.46	16.91

青海省高等教育承载压力度分值
$$(CCP = \sum F_1)$$
82.29

数据来源：①教育部发展规划司编纂的《2013年全国教育事业发展简明统计分析》（全国的统计数据中不包含台湾地区，香港特别行政区和澳门特别行政区的数据）；
②青海省教育厅编纂的《2013年青海省教育事业发展简明统计分析》；
③国家统计局官网 http://www.stats.gov.cn/。

(2) 2013年青海省高等教育系统资源—环境承载力处在弱承载状态，客观资源承载能力弱小。但是政治环境（政策和规划、管理机制）、文化环境和经济环境（经济发展水平和高教投入）的状况均使青海省高等教育系统的环境承载力处在有利于高等教育发展的状态。

(3) 2013年青海省高等教育系统的承载压力度为"高压"。青海高等教育系统承受着强大的压力。

（三）青海省高等教育规模2013年发展状况的生态学考察

对青海省高等教育规模2013年发展状况的生态学考察，从以下三个方面开展：一是对青海省高等教育规模2013年发展状况的生态学评价；二是对青海省高等教育系统2013年生态承载力的分析；三是对青海省高等教育系统2013年最大承载规模的分析。

1. 青海省高等教育规模2013年发展状况的生态学评价

根据2013年青海省高等教育系统生态弹性度、资源承载力、承载压力度的测算结果（见表3-8），测算青海省高等教育系统的承载饱和度，分析三者之间的生态关系，进而对2013年青海省高等教育规模进行生态学评价。

表3-8　青海省高等教育系统2013年生态承载力的综合评价

指标	分值	状态
生态弹性度	71.08	较稳定
资源承载力	7.36	弱承载
承载压力度	82.29	高压

2013年青海省高等教育的承载饱和度的测算：将2013年的相应数据代入高等教育的承载饱和度的测算公式进行测算：

$$CCPS = CCP/CCS = 82.29/(71.08 + 7.36) = 82.29/78.44 = 1.049$$

饱和压力指数 CCPS = 1.049,略大于 1,基本接近 1,说明 2013 年青海省高等教育系统的支持供容能力和压力基本相当,承载状况为满载,在校生规模 66320 人已经达到 2013 年的办学条件下,在保证一定教育质量前提下的最大承载规模,规模状况已经达到饱和状态,可以实现资源的最大效益化,但发展持续力不足,无可发展余地。要实现青海省高等教育系统的可持续发展,要么改善办学条件,增强青海省高等教育系统的承载供容支持力;要么减少招生人数,控制在校生规模,减轻青海省高等教育系统的承载压力,或者双管齐下、双向调节。否则将会损害青海省高等教育的质量。影响青海省高等教育系统持续、稳定、协调地发展。

2. 青海省高等教育系统 2013 年生态承载力的考察

根据对 2013 年青海省高等教育系统生态弹性度、教育资源承载力指数、教育承载压力度三项指标体系以及承载饱和度的测算结果(见表 3-3、表 3-5、表 3-7),以及对该年青海省高等教育系统生态承载力的综合评价,分析 2013 年青海省高等教育系统生态承载力的影响因子及其形成原因,更好地实现对该年度青海省高等教育规模发展的生态学考察。

青海省高等教育系统 2013 年的生态弹性度为 71.08,生态承载力分级评价为"较稳定"状态,反映了 2013 年青海省高等教育生态系统具有较好的自我调节能力和对压力的自我抵抗能力,以及受到干扰后较好的自我修复能力。但是,2013 年青海省高等教育资源承载力为 7.36,为弱承载状态,资源—环境承载力弱小。而 2013 年青海省高等教育的承载压力度为 82.29,在"高压"状态,反映出该年度青海省高等教育系统承受的压力很大。

综合分析 2013 年青海省高等教育系统的生态承载力状况,从承载饱和指数上看,青海省高等教育的规模已达到当时条件下的最大承载规模,在保证一定质量标准的前提下,达到承载青海省高等教育发展规模所需的最大支持供容能力。规模状况达到最大饱和状态。以下从 2013 年青海省高等教育系统的生态弹性度、资源环境承载力和承载压力度三个模块,分析青海省高等教育系统2013年的生态承载力的状况及其对规模的影响。在分析的过程中，由于青海省高等学校数量少，因此在进行数据分析时，除了与全国各省（不包括港澳台地区）均值和生均值进行比较以外，大多数的指标还与全国各省（不包括港澳台地区）高等学校的校均值进行了比较，以期能够更为客观、全面地反映青海省高等教育系统2013年的生态承载力和规模的发展状况。

(1) 青海省高等教育系统2013年生态弹性度的分析。

青海省高等教育系统2013年的生态弹性度虽然处在较稳定状态，但是除了办学经费这一项为"很稳定"以外，青海省高等教育系统的高校类型及数量、资产状况、办学经费、高校规模均小于全国各省高等教育系统相应指标的平均水平。

①高校类型及数量。

2013年青海省高校类型单一，还没有民办高校，高校数量少，2013年仅有高等学校11所，全国各省高等学校数量的平均值为90所，青海省的高等学校数量仅为全国各省高等学校平均数量的12.22%。其中青海省普通高等学校的数量为9所，全国各省普通高等学校数量的省均值为80所，后者约为前者的9倍；青海省成人高校的数量为2所，全国各省成人高校的数量省均值为10所，后者为前者的5倍。高校类型和数量的生态承载力分级评价测算分值为12.71，对照"高等教育系统生态承载力分级评价表"，评价结果为"弱稳定"。

②资产状况。

资产状况和高校规模是决定高等教育系统生态承载力和规模发展的关键因素，资产状况包括占地面积和固定资产两项指标。

A. 占地面积。

2013年青海省高等学校的占地面积为395.43万平方米，全国各省高校占地面积的省均值为5481.06万平方米，二者相差5085.63万平方米，前者仅为后者的7.21%。而青海省高等学校的校均占地面积为35.95万平方米，全国各省高校的校均占地面积为60.90万平方米，青海省高等学校的校均占地面积比全国各省高校的校均占地面积少24.95万平方米，青海省高等学校的校均占地面积是全国各省高校的校均占地面积的59%。

B. 固定资产。

2013年青海省高等学校的固定资产为181555.68万元，全国各省高校固定资产的省均值为4890604.61万元，二者相差4709048.93万元，前者仅为后者的3.71%。2013年青海省高等学校的校均固定资产为16505.06万元，全国各省高校的校均固定资产值为54340.05万元，2013年青海省高等学校的校均固定资产值比全国各省高校的校均固定资产值低37834.99万元，仅为后者的30.37%。

青海省高等教育系统资产状况的生态承载力分级评价测算分值2013年为4.88，对照"高等教育系统生态承载力分级评价表"，评价结果为"弱稳定"。且属于极弱稳定的状态。

③办学经费。

办学经费是影响青海省高等教育系统生态弹性度的首要因素。2013年青海省高等教育的生均公共财政预算教育事业费为16504.51元，全国高等教育的生均公共财政预算教育事业费为15591.72元，前者高出后者912.79元，测算分值为105.85，对照"高等教育系统生态承载力分级评价表"，为"很稳定"。由于生均公共财政预算教育事业费在生态弹性度测算中所占权重较高，因此，虽然青海省高等教育的资源承载力较弱，但是仍能使2013年保持较高的生态弹性度数值，对承载状况的评价结果为满载而非超载，规模状况的评价结果为饱和而非过饱也起到重要作用。

④高校规模。

高校规模包括教职工人数和在校生人数。

A. 教职工人数。

2013年青海省高等学校的教职工人数为7115人，全国各省高等学校教职工人数的省均值为75893人，二者相差68778人，青海省高等学校校均教职工人数为647人，全国各省高等学校校均教职工人数为843人，二者相差196人，青海省高等学校校教职工均值为全国各省高等学校校均教职工人数的 76.75%。

B. 在校生人数。

2013年青海省高等学校的在校生人数为66320人，全国各省高等学校的在校生人数的省均值为1056091人，二者相差989771人，前者为后者的6.3%，青海省高等学校的校均在校生人数为6029人，全国各省高等学校的校均在校生人数为11734人，二者相差5705名学生，青海省高等学校在校生人数的校均值为全国各省高等学校在校生人数校均值的51.38%。

2013年高校规模的生态承载力分级评价测算分值为7.05，对照"高等教育系统生态承载力分级评价表"，评价结果为"弱稳定"。

（2）青海省高等教育系统2013年资源—环境承载力的分析。

青海省高等教育系统2013年资源—环境承载力为"弱承载"。对青海省高等教育系统2013年资源—环境承载力的分析包括对青海省高等教育系统2013年资源承载力的分析和对青海省高等教育系统2013年环境承载力的分析。

①青海省高等教育系统2013年资源承载力的分析。

青海省高等教育系统资源承载力的影响因素主要有：专任教师的人数、教学设备、教学及辅助用房、图书资源、行政用房、生活用房、行政教辅人数、教职工住宅面积。

A. 专任教师人数。

专任教师人数是影响资源承载力的重要因素。2013年青海省高等学校的专任教师人数为3951人，全国各省高等学校专任教师人数的省均值为49371人，二者相差45420人，青海省高等学校的专任教师人数为全国各省高等学校专任教师人数省均值的8.00%。2013年青海省高等学校专任教师人数的校均值为359人，全国各省高等学校专任教师人数的校均值为549人，二者相差190人，青海省高等学校专任教师人数的校均值为全国各省高等学校专任教师人数校均值的65.39%。

B. 教学设备。

教学设备也是影响资源承载力的重要因素。2013年青海省高等学校的教学设备值为 56335.22 万元，全国各省高等学校教学设备的省均值为 1059052.43 万元，二者相差 1002717.21 万元；2013 年青海省高等学校校均教学设备值为 5121.38 万元，全国各省高等学校的校均教学设备值为 11767.25 万元，二者相差 6645.87 万元，青海省高等学校校均教学设备值为全国各省高等学校校均教学设备值的 43.52%。

C. 教学及辅助用房。

教学及辅助用房对资源承载力的影响也很大。2013 年青海省高等学校的教学及辅助用房为 82.34 万平方米，全国各省高等学校教学及辅助用房的省均值为 1107.91 万平方米，二者相差 1025.57 万平方米，前者为后者的 7.43%；2013 年青海省高等学校校均教学及辅助用房为 7.49 万平方米，全国各省高等学校校均教学及辅助用房为 12.31 万平方米，二者的校均值相差 4.82 万平方米，前者为后者的 60.85%。

D. 图书资源。

图书资源对资源承载力的影响也很大，2013 年青海省高等学校的图书资源为 484.58 万册，全国各省高等学校图书资源的省均值为 7270.77 万册，二者相差 6786.19 万册，青海省高等学校的图书资源数为全国各省高等学校图书资源省均值的 6.66%；2013 年青海省高等学校的校均图书资源为 44.05 万册，全国各省高等学校的校均图书资源为 80.79 万册，二者相差 36.74 万册，前者为后者的 54.52%。

行政用房、生活用房、教职工住宅面积、行政教辅人数等影响因素对青海省高等教育系统资源承载力的影响小而不再做进一步分析。

②青海省高等教育系统 2013 年环境承载力的分析。

青海省高等教育的环境承载力是青海省高等教育生态承载力的约束条件，青海省高等教育环境承载力包括政治环境承载力（政策规划、管理机制）、经济环境承载力（经济发展水平、高教投入）和文化科技环境承载力，其中政治起着决定性的作用，经济、文化科技起着关键性作用。但是，由于缺少适切的指征数据无法进行定量分析，并且环境承载力是间接作用的承载力，对整个青海省高等教育系统承载力的影响是间接的，甚至是隐性的，因此在本书中只梳理理论层面的关系，做定性分析。从定性分析的角度来说，我国的管理机制、政策法规和文化科技处于稳定的、有利于高等教育发展的状态，各级政府出台的有关高等教育改革和发展的规划与政策，以及专门针对西部高等教育发展的规划和政策都对青海省高等教育发展起到促进和保障的作用。青海省的经济也呈现稳步增长的态势，即使是作为经济落后地区的青海省，对高等教育的投入也是逐年增长，是稳定而有保障的。

根据以上数据的分析，结合对青海省高等教育资源承载力的测算，青海省高等教育系统资源承载力2013年的生态承载力分级评价分值为7.36，对照"高等教育系统生态承载力分级评价表"，为"弱承载"。

(3) 青海省高等教育系统2013年承载压力度的分析。

青海高等教育系统2013年承载压力度达到"高压"。对青海省高等教育2013年承载压力度的分析包括对青海省高等教育2013年资源压力度的分析和对青海省高等教育2013年环境压力度的分析。

①青海省高等教育系统2013年资源压力度的分析。

青海省高等教育系统的承载压力度的影响因素有：教职工压力度（以生师比表示）、教学设备压力度（以生均教学设备值表示）和校舍压力度（以生均校舍面积表示）。环境压力度（经济压力度，以人均GDP表示）。

A. 教职工压力度。

教职工压力度（以生师比表示）是影响资源压力度的重要因素。2013年青海省高等学校的生师比为15.61，全国高等学校的生师比为17.53。所测青海省高等教育系统教职工压力度的生态承载力分级评价分值为72.90，对照"高等教育系统生态承载力分级评价表"，评价结果为"较高压"。

B. 教学设备压力度。

教学设备压力度（以生均教学设备值表示）对青海省高等教育系统的承载压力度有重要影响。2013年青海省高等学校的生均教学设备值为0.8595万元，全国生均教学设备值为1.1096万元。所测青海省高等教育系统教学设备压力度的生态承载力分级评价分值为150.06，对照"高等教育系统生态承载力分级评价表"，为"高压"。

C. 校舍压力度。

校舍压力度（以生均校舍面积表示）对青海省高等教育系统的承载压力度有很大影响。2013 年青海省高等学校的生均校舍面积为 27.25 平方米，全国高等学校的生均校舍面积为 28.25 平方米。所测青海省高等教育系统校舍压力度的生态承载力分级评价分值为 23.57，对照"高等教育系统生态承载力分级评价表"，为"低压"。

②青海省高等教育系统 2013 年环境压力度的分析。

环境压力度（经济压力度，以人均 GDP 表示），2013 年青海省人均地区生产总值为 3.67 万元，全国人均地区生产总值为 4.33 万元。所测青海省高等教育系统经济压力度（环境压力度）的生态承载力分级评价分值为 101.46，对照"高等教育系统生态承载力分级评价表"，为"高压"。

就青海省高等教育系统 2013 年的承载压力来看，测算的生态承载力分级评价数据表明教学设备压力度、教职工压力度和经济压力度数值较高，校舍压力度数值较低，说明 2013 年青海省高等教育系统在教学设备、师资方面亟须改善，在校舍方面压力较低，青海省高等教育的发展承受经济压力很大，这与青海省整体经济发展水平低是直接联系、相一致的。因此，青海省经济发展水平亟须提高。

3. 青海省高等教育系统 2013 年最大承载规模分析

基于生态承载力的理论和方法，在保证一定教育质量的前提下，测算青海省高等教育系统 2013 年的最大承载规模，即青海省高等教育保证教育质量前提下，2013 年在校生人数的最大承载规模，对于研究青海省高等教育规模发展有很直观的参考意义。青海省高等教育系统在一定条件下的最大承载规模，为青海省高等教育生态系统的承载压力度与供容支持指数相同，承受压力和供容支持力达到完全平衡状态时的在校生人数。

青海省高等教育系统 2013 年的承载饱和度为 1.049，约等于 1，也就是说青海省高等教育系统在 2013 年处于满载状态，此时的在校生人数 66320 人基本上就是 2013 年青海省高等教育系统的办学条件和教学条件下，在保证一定教育质量前提下的最大承载规模,当然该数据仅作为一个参照数值,其意义在于用于比较"应然最大规模"和"实然规模"差距的参考,并非"板上钉钉"的绝对标准。

二、青海省高等教育系统 2014 年生态承载力和规模发展的生态学考察

根据青海省和全国高等教育 2014 年发展状况的相关数据,通过测评青海省高等教育系统的生态弹性度、资源—环境承载力指数及承载压力度三个模块的指标体系,考察青海省高等教育系统 2014 年生态承载力和规模发展的状况。

(一)青海省高等教育 2014 年的基本情况

根据青海省教育厅《2014 年全省教育事业发展统计公报》[①],青海省教育厅编纂的《2014 年青海省教育事业发展简明统计分析》,教育部、国家统计局和财政部发布的《2014 年全国教育经费执行情况统计报告》提供的数据,2014 年青海省高等教育基本情况(见表 3-9)如下。

表 3-9　　青海省高等教育 2014 年的基本情况

类别	项目	数值
高校类型及数量	普通高校数量(所)	12
	成人高校数量(所)	2
	合计(所)	14

---

① 青海省教育厅.2014 年全省教育事业发展统计公报 [EB/OL].http://www.qhedu.gov.cn/zwgk/jyfz/201505/t20150504_19191.html,2015-05-04/2017-03-20.

续表

类别	项目		数值
高校规模	在校学生人数	普通高校在校生数（人）	56042
		成人高校在校生数（人）	14450
		合计（人）	70492
	教职工人数	总数	6445
		专任教师数量（人）	4096
		行政及教辅人数（人）	1500
资产状况	占地面积（万平方米）		438.3149
	固定资产（万元）		230933.21
办学经费	生均公共财政预算教育事业费（元）		13397.21
校舍面积	教学及辅助用房（万平方米）		81.8316
	行政用房（万平方米）		8.4049
	生活用房（万平方米）		59.3828
	教职工住宅面积（万平方米）		18.6705
	校舍建筑面积（万平方米）		170.3735
教学设备及图书	仪器设备值（万元）		64211.4
	图书资源（万册）		520.67

数据来源：青海省教育厅发布的《2014年青海省教育事业发展统计公报》；青海省教育厅编纂的《2014年青海省教育事业发展简明统计分析》；教育部、国家统计局和财政部发布的《2014年全国教育经费执行情况统计报告》。

青海省2014年共有高等学校14所，较上年增加3所。其中：普通高校12所，成人高校2所。普通高校中本科院校4所（含独立学院1所），高职院校8所。

2014年青海省高等教育的毛入学率达到35.54%，较上年提高2.17%。高校研究生招生1083人，较上年增加31人，增长2.95%；普通本专科招生15983人，较上年增加551人，增长3.57%；成人本专科招生7215人，较上年增加1464人，增长25.46%。普通高校中普通本科招生8800人，占普通本专科招生数的55.06%，较上年降低2.2%；普通专科招生7183人，占普通本专科生的 44.94%，较上年增加 3.25%。成人本科招生 3795 人，较上年增加 887 人；专科招生 1944 人，较上年增加 539 人。成人高校中成人专科招生 1476 人，较上年增加 38 人，增长 2.64%。

2014 年青海省高等教育的在校生总规模 70492 人，较上年增加 4172 人，增长 6.29%。各类在校生中：研究生 3035 人，较上年增加 215 人，增长 7.62%，其中：博士研究生 62 人，较上年增加 19 人，增长 44.19%；普通本专科在校生 52907 人，较上年增加 2232 人，增长 4.40%；成人本专科在校生 14550 人，较上年增加 1725 人，增长 13.45%。

2014 年青海省高等学校的教职工 6445 人，较上年减少 670 人；专任教师 4096 人，较上年增加 145 人。其中：普通高校教职工 6182 人，专任教师 3920 人，专任教师占教职工的 63.41%，较上年增加 8.61%；成人高校教职工 263 人，专任教师 176 人，专任教师占教职工的 66.92%，较上年增长 4.04%。

2014 年青海省高等教育的固定资产 230933.21 万元，占地面积 438.3149 万平方米，校舍建筑面积 170.3735 万平方米，仪器设备值 64211.4 万元，图书资源 520.67 万册，生均公共财政预算教育事业费 13397.21 元。

（二）青海省高等教育系统 2014 年生态承载力的测评

对青海省高等教育系统 2014 年生态承载力的测评，包括对青海省高等教育系统 2014 年生态弹性度、资源—环境承载力、承载压力度的测评，以及对青海省高等教育系统 2014 年生态承载力的整体性评价。

1. 青海省高等教育系统 2014 年生态弹性度的测评

青海省高等教育系统 2014 年生态弹性度考察的测算方法是将"青海省高等教育系统 2014 年生态弹性度的指标体系测评指标体系（见表 3 - 10）"中的指标数据及其标准值，结合各分指标的权重，分别代入高等教育生态弹性度的测算表达式：

$$CSI^{eco} = \sum_{i=1}^{n} s_i^{eco} \cdot w_i^{eco}$$

式中：CSI^{eco}——生态弹性度；

s_i^{eco}——生态系统特征要素；

$n=1,2,3,4$，分别代表高校类型及其数量、资产状况、办学经费、高校规模等要素；

w_i^{eco}——要素 i 相对应的权重值。

表3-10　青海省高等教育系统2014年生态弹性度的测评指标体系

目标层（A）	准则层（B）	指标层（C）	数值
青海省高等教育生态弹性度（A）	高校类型及其数量（B_1）	普通高校数量（所）（C_1）	12
		成人高校数量（所）（C_2）	2
	资产状况（B_2）	占地面积（万平方米）（C_3）	438.3149
		固定资产（万元）（C_4）	230933.21
	办学经费（B_3）	生均公共财政预算教育事业费（元）	13397.21
	高校规模（B_4）	教职工数量（人）（C_6）	6445
		在校学生数量（人）（C_7）	70492

数据来源：青海省教育厅发布的《2014年青海省教育事业发展统计公报》；青海省教育厅编纂的《2014年青海省教育事业发展简明统计分析》；教育部、国家统计局和财政部发布的《2014年全国教育经费执行情况统计报告》。

得出各分指标的分值，测出青海省高等教育系统2014年的生态弹性度。测算结果为青海省高等教育系统的2014年的生态弹性度为56.72（见表3-11）。对照"高等教育系统生态承载力分级评价表"进行分级评价，评价结果为"中等稳定"，接近"较稳定"。说明2014年相对全国各省高等教育的平均水平，青海省高等教育生态系统自我维持、自我调节、抵抗系统外的各种压力和冲击的能力为"中等水平"，接近较好水平，但相比2013年（71.08）有明显下降。

表3-11 青海省高等教育系统2014年生态弹性度的测算

准则层名称	权重 W_2	指标层名称	权重 W_1	青海省数值 S_1	全国数值 S	全国各省（不包括港澳台地区）均值 S_0	指标层分值 $f_0 = S_1/S_0 \times 100$	指标层综合分值 $f_1 = f_0 \times W_1$	准则层综合分值 $F_0 = \sum f_1$	综合分值 $F_1 = F_0 \times W_2$
高校类型及数量	0.0724	普通高校数量（所）	0.8333	12	2529	82	14.71	12.26	15.76	1.14
		成人高校数量（所）	0.1667	2	295	10	21.02	3.50		
资产状况	0.1401	占地面积（万平方米）	0.3333	438.31	172036.67	5549.57	7.90	2.63	5.54	0.78
		固定资产（万元）	0.6667	230933.21	164141267	5294879.58	4.36	2.91		
办学经费	0.647	生均公共财政预算教育事业费（元/生均）	1	13397.21	16102.72	—	83.20	83.20	83.20	53.83
高校规模	0.1401	教职工人数（人）	0.25	6445	2388643	77053	8.36	2.09	6.93	0.97
		在校学生数（人）	0.75	70492	33855906	1092126	6.45	4.84		
青海省高等教育生态弹性度分值（CSI = $\sum F_1$）									56.72	

数据来源：①教育部发展规划司编纂的《2014年全国教育事业发展简明统计分析》（全国的统计数据中不包含台湾地区、香港特别行政区和澳门特别行政区的数据）；
②教育部、国家统计局和财政部发布的《2014年全国教育经费执行情况统计报告》；
③青海省教育厅编纂的《2014年青海教育发展简明统计分析》。

2. 青海省高等教育系统2014年资源—环境承载力的测评

青海省高等教育系统2014年的资源—环境承载力的考察测评方法是分别对青海省高等教育2014年资源承载力和环境承载力进行测评。

（1）青海省高等教育系统2014年资源承载力的测评。

表3－12 青海省高等教育系统2014年资源—环境承载力的测评指标体系

目标层（A）	准则层（B）	指标层（C_i）	分指标层（C_{in}）	数值
资源—环境承载力（A）	资源承载力（B_1）	校舍面积（C_1）	教学及辅助用房（万平方米）（C_{11}）	81.8316
			行政用房（万平方米）（C_{12}）	8.4049
			生活用房（万平方米）（C_{13}）	59.3828
			教职工住宅面积（万平方米）（C_{14}）	18.6705
		教职工状况（C_2）	专任教师数量（人）（C_{21}）	4096
			行政教辅人数（人）（C_{22}）	1500
		设备状况（C_3）	教学设备（万元）（C_{31}）	64211.4
			图书资源（万册）（C_{32}）	520.67
	环境承载力（B_2）	政治环境（C_4）	管理机制（C_{41}）	
			政策法规（C_{42}）	
		经济环境（C_5）	经济发展水平（C_{51}）	
			高教投入（C_{52}）	
		文化环境（C_6）	文化（C_{61}）	

数据来源：青海省教育厅编纂的《2014年青海省教育事业发展简明统计分析》。

青海省高等教育系统2014年资源承载力的考察测算方法是将"青海省高等教育系统2014年资源—环境承载力的指标体系（见表3－12）"中的指标数据及其标准值，结合各分指标的权重，分别代入资源承载力的计算公式进行测算：

$$CEI^{rec} = \sum_{i=1}^{n} s_i^{rec} \cdot w_i^{rec}$$

式中：CEI^{rec}——资源承载指数；

s_i^{rec}——资源组成要素；

$n=1,2,3$，分别代表师资水平、教学条件设施状况、校舍状况；

w_i^{rec}——要素 i 的相应权重。

(2) 青海省高等教育系统 2014 年环境承载力的测评。

青海省高等教育的复合生态环境由青海省的自然环境、社会环境和精神环境构成，环境承载指数可以表达为：

$$CEI^{env} = \sum_{i=1}^{n} s_i^{env} \cdot w_i^{env}$$

式中：CEI^{env}——环境承载指数；

s_i^{env}——环境组成要素；

$n=1,2,3$，分别代表政治、经济、文化；

w_i^{env}——要素 i 的相应权重。

与 2013 年相同，社会环境中的政治环境承载力、精神环境中的文化环境承载力对青海省高等教育的规模有重要影响，但二者在本书中因缺少指征式数据，另外环境承载指数对青海省高等教育生态承载力的分析意义主要在于表明理论层面的关系和定性分析的意义。因此，对环境承载力不做量化分析，仅进行定性分析。我国当前大背景下的管理机制、政策法规和主流文化是趋同、稳定的且有利于青海高等教育系统的发展的。区域经济对区域高等教育的发展起着非常重要而明显的作用。政府财政对青海省高等教育的资金投入逐年增长，在对青海省高等教育系统的支持上是稳定且有保障的。

经过测算，得出青海省高等教育系统 2014 年的资源—环境承载力的值为 7.39（见表 3-13），处于弱承载状态，说明 2014 年相对全国各省高等教育的平均水平，青海省高等教育系统的承载稳定性低，承载力小。

第三章 | 青海省高等教育系统历年生态承载力和规模发展的生态学考察

表 3-13 青海省高等教育系统 2014 年资源承载力的测算

准则层 名称	权重 W_2	指标层 名称	权重 W_1	青海省 数值 S_1	全国 数值 S	全国各省（不包括港澳台地区）均值 S_0	指标层分值 $f_0 = S_1/S_0 \times 100$	指标层综合分值 $f_1 = f_0 \times W_1$	准则层综合分值 $F_0 = \sum f_1$	综合分值 $F_1 = F_0 \times W_2$
校舍面积	0.2	教学及辅助用房（万平方米）	0.4841	81.83	35218.48	1136.08	7.20	3.49	6.64	1.33
		行政用房（万平方米）	0.2311	8.40	4644.42	149.82	5.61	1.30		
		生活用房（万平方米）	0.1676	59.38	28934.16	933.36	6.36	1.07		
		教职工住宅面积（万平方米）	0.1172	18.67	8598.47	277.37	6.73	0.79		
教职工状况	0.6	专任教师数量（人）	0.875	4096	1566058	50518	8.11	7.09	8.17	4.90
		行政教辅人数（人）	0.125	1500	541477	17467	8.59	1.07		
设备状况	0.2	教学设备值（万元）	0.75	64211.40	36494627.24	1177246.04	5.45	4.09	5.81	1.16
		图书资源（万册）	0.25	520.67	234848.56	7575.76	6.87	1.72		

青海省高等教育资源承载力分值

$$(POP = \sum F_1) \qquad 7.39$$

数据来源：①教育部发展规划司编纂的《2014 年全国教育事业发展简明统计分析》（全国的统计数据中不包含台湾地区、香港特别行政区和澳门特别行政区的数据）；

②青海省教育厅编纂的《2014 年青海省教育事业发展简明统计分析》。

3. 青海省高等教育系统 2014 年承载压力度的测评

青海省高等教育 2014 年承载压力度的测算指标体系中，校舍压力度（C_1）对应数据为 2014 年的生均校舍面积，教职工压力度（C_2）对应数据为 2014 年的生师比，教学设备压力度（C_3）对应数据为 2014 年的生均教学仪器设备值。经济压力度（C_4）对应数据为 2014 年的人均 GDP。因管理机制、政策法规和文化科技缺少适切的指证数据进行量化分析，且我国的政治和文化均十分有利于高等教育的发展，因此二者在本评价指标体系中仅表明理论层面的关系和进行定性分析的意义，在实际测算中仅考虑青海省的经济情况，测算经济压力度。

将青海省高等教育系统 2014 年承载力压力度测评指标体系的相关数据（见表 3-14）代入高等教育系统承载压力指数表达模式，进行计算：

$$CPI^{pop} = \sum_{i=1}^{n} p_i^{pop} \cdot w_i^{pop}$$

其中：CPI^{pop}——以学生数量表示的压力指数；

p_i^{pop}——不同类型的学生数量；

w_i^{pop}——相应类型学生的教学质量权重值。

表 3-14 青海省高等教育系统 2014 年承载压力度的测评指标体系

目标层（A）	准则层（B）	指标层（C）	数值
承载压力度（A）	资源压力度（B_1）	校舍压力度（生均校舍面积/平方米）（C_1）	27.05
		教职工压力度（生师比）（C_2）	15.80
		教学设备压力度（生均教学设备值/万元）（C_3）	0.93485
	环境压力度（B_2）	经济压力度（人均 GDP/万元）（C_4）	4.00

数据来源：青海省教育厅编纂的《2014 年青海省教育事业发展简明统计分析》。

经计算，可以得到青海省高等教育系统 2014 年的承载压力度值为 82.37（见表 3-15）。对照"高等教育系统生态承载力分级表"，处于"高压"级别。说明 2014 年和 2013 年（82.29）相对全国高等教育的平均水平，青海省高等教育系统在校舍状况、教职工规模、教学设备和经济方面承受的压力很大，这两年青海高等教育系统承受着强大的压力。

表3-15 青海省高等教育系统2014年承载压力度的测算

准则层		指标层			青海省数值 S_1	全国数值 S_0	指标层分值 $f_0 = $ 人数 × $[1-(S_1/S_0)]/100$	指标层综合分值 $f_1 = f_0 W_1$	准则层综合分值 $F_0 = \sum f_1$	综合分值 $F_1 = F_0 \times W_2$
名称	权重 W_2	名称	权重 W_1							
资源压力度	0.8333	校舍压力度/生均校舍面积（平方米）	0.2		27.05	27.93	22.21	4.44	78.88	65.73
		教职工压力度/生师比	0.6		15.8	17.68	74.93	44.96		
		教学设备压力度（生均教学设备值（万元））	0.2		0.9348	1.1820	147.40	29.48		
环境压力度	0.1667	经济压力度/人均GDP（万元）	1		4.00	4.66	99.82	99.82	99.82	16.64

青海省高等教育承载压力度分值（$CCP = \sum F_1$） 82.37

数据来源：①教育部发展规划司编纂的《2014年全国教育事业发展简明统计分析》（全国的统计数据中不包含台湾地区、香港特别行政区和澳门特别行政区的数据）；
②青海省教育厅编纂的《2014年青海省教育事业发展简明统计分析》；
③国家统计局官网 http://www.stats.gov.cn/。

4. 青海省高等教育系统 2014 年生态承载力的评价

根据以上对 2014 年青海省高等教育生态弹性度、教育资源和环境承载力指数及教育承载压力度三项指标体系的测算数值，对 2014 年的青海省高等教育系统的生态承载力作出如下综合评价：

（1）2014 年青海省高等教育系统的自我维持、自我调节、抵抗系统外的各种压力和冲击的能力处于"中等水平"，相比 2013 年有所下降。但总的来说，青海省高等教育系统的生态弹性度处于较为稳定的状态，青海省高等教育系统自我维持、自我调节、抵抗系统外的各种压力和冲击的能力基本处于较好水平。

（2）2014 年青海省高等教育系统的资源—环境承载力处在弱承载状态，承载稳定性低，承载力小。但是政治环境（政策和规划、管理机制）、文化环境和经济环境（经济发展水平和高教投入）的状况均使青海省高等教育系统的环境承载力处在有利于高等教育发展的状态。

（3）2014 年青海省高等教育系统的承载压力度为"高压"。2013 年青海省高等教育系统的承载压力度也处于"高压"，说明这两年的青海高等教育系统承受着强大的压力。

（三）青海省高等教育 2014 年规模发展状况的生态学考察

对青海省高等教育规模 2014 年发展状况的生态学考察，主要从对青海省高等教育规模 2014 年发展状况的生态学评价、青海省高等教育系统 2014 年生态承载力的分析和青海省高等教育系统 2014 年最大承载规模的分析三个方面开展。

1. 青海省高等教育规模 2014 年发展状况的生态学评价

根据 2014 年青海省高等教育生态弹性度、资源承载力、承载压力度的测算结果（见表 3-16），测算青海省高等教育系统的承载饱和度，分析三者之间的生态关系，进而对 2014 年青海省高等教育规模进行生态学评价。

表 3-16　青海省高等教育系统 2014 年生态承载力的综合评价表

指标	分值	状态
生态弹性度	56.72	中等稳定
资源承载力	7.39	弱承载
承载压力度	82.37	高压

测算 2014 年青海省高等教育的承载饱和度，将 2014 年的相应数据代入高等教育的承载饱和度的测算公式进行测算：

$$CCPS = CCP/CCS = 82.37/(56.72 + 7.39) = 82.37/64.11 = 1.285$$

可以得出青海省高等教育的承载饱和度为 1.285，超过 1，即：

$$CCPS = 1.285 > 1$$

说明青海省高等教育系统所承受的压力已经明显超过其承载供容支持力的极限，青海省高等教育系统的生态承载状况为超载状态。在 2014 年的办学和教学条件下，在校生的规模 70492 人已经超过青海省高等教育系统的最大承载规模，生态承载力受到损害，教育质量开始受到负面影响，青海省高等教育的规模状况呈现过饱和状态，缺乏发展持续力，已毫无发展余地。青海省高等教育亟须通过改善办学条件、增强承载供容支持力或通过减少招生规模、减轻承载压力，抑或改善办学条件和减少招生规模同步进行、双向调节。如果不改善条件，并且继续扩大规模，就会严重损害青海省高等教育的教学质量，严重损害青海省高等教育生态承载力的发展，甚至引发青海省高等教育系统的生态危机，导致青海省高等教育系统出现生态退化。即使不再扩大规模，也要设法增强承载支撑力，方能使青海省高等教育系统实现其资源的适度利用，维持青海省高等教育生态系统的动态平衡，实现其可持续发展。

2. 青海省高等教育系统2014年生态承载力的考察

根据对2014年青海省高等教育系统生态弹性度、教育资源承载力指数、教育承载压力度三项指标体系以及承载饱和度的测算结果（见表3-11、表3-13、表3-15），以及对该年青海省高等教育系统生态承载力的综合评价，分析这该年青海省高等教育系统生态承载力的影响因子及其形成原因，透视青海省高等教育规模2013~2014年的发展轨迹及其蕴含其中的动因，更好地实现对青海省高等教育规模发展轨迹的生态学考察。

青海省高等教育2014年的生态弹性度为56.72，生态承载力分级评价为"中等稳定"状态，反映了2014年的青海省高等教育生态系统的自我调节能力和对压力的自我抵抗能力为中等水平，受到干扰后的自我修复能力为中等水平。但是，2014年青海省高等教育资源承载力为7.39，为弱承载状态，客观地说是极弱承载状态，承载的稳定性很低，承载力小。而2014年青海省高等教育的承载压力度为82.37，在"高压"级别，反映出2014年青海省高等教育系统承受的压力很大。

综合分析2013年和2014年青海省高等教育系统的生态承载力状况，从承载饱和指数上看，青海省高等教育的规模均已达到当时条件下的最大承载规模，其中2014年在校生人数70492人超过最大承载规模，在保证一定质量标准的前提下，承载青海省高等教育发展规模所需的支持供容能力，在2013年尚能支持在校生规模造成的压力，2014年已经开始呈现明显的支持不足，生态承载力受到损害，如果不设法增加承载支撑力或者降低承载压力，青海省高等教育生态系统会进一步恶化，无法实现可持续性发展，甚至可能出现退化。而在2013年承载状况处在满载的青海省高等教育系统，到2014年愈加严重变为超载，这就是因为在2013年青海省高等教育规模已经处于最大承载规模，青海省高等教育系统的承载支撑力和供容能力已经达到极限的情况下，直到2014年期间，既没有设法通过改善办学条件，增加承载支撑能力和供容能力，也没有通过减少招生人数，减轻承载压力，反而因招生规模的扩大，生均教育经费比2013年出现大幅度减少，教职工规模不增反减，在压力增加的同时，支持供容能力却有所减弱，给青海省高等教育系统雪上加霜，加上其他方面的作用，造成了2014年青海省高等教育系统的生态承载状况超载，规模状况过饱和的窘境。以下从2014年青海省高等教育系统的生态弹性度、资源环境承载力和承载压力度三个模块，分析青海省高等教育系统2014年的生态承载力和规模发展的状况及其影响因子。在分析的过程中，由于青海省高等学校数量少，因此在进行数据分析时，除了与全国各省均值和生均值进行比较以外，大多数的指标还与全国各省高等学校的校均值进行了比较，以期能够更为客观、全面地反映青海省高等教育系统2014年的生态承载力和规模的发展状况。

（1）青海省高等教育系统2014年生态弹性度的分析。

青海省高等教育系统2014年的生态弹性度处在中等稳定的状态，与2013年的情况相同，除了办学经费这一项指标为"很稳定"以外，青海省高等教育系统的高校类型及数量、资产状况、办学经费、高校规模均小于全国各省高等教育系统相应指标的平均水平。

①高校类型及数量。

2014年青海省高校类型仍然只有普通高等学校和成人高校，还没有民办高校，高校数量也少，2014年比2013年增加了3所，共有高等学校14所，全国各省高等学校数量的平均值为92所，青海省的高等学校数量为全国各省高等学校平均数量的15.22%。其中青海省普通高等学校的数量为12所，全国各省普通高等学校数量的省均值为82所，后者约为前者的7倍；青海省成人高校的数量为2所，全国各省成人高校的数量省均值为10所，后者为前者的5倍。高校类型和数量的生态承载力分级评价测算分值为15.76，对照"高等教育系统生态承载力分级评价表"，评价结果为"弱稳定"。

②资产状况。

资产状况和高校规模是决定高等教育系统稳定性的关键因素，资产状况包括占地面积和固定资产两项指标。

A. 占地面积。

2014年青海省高等学校的占地面积为438.31万平方米，全国各省高等学校占地面积的省均值为5549.57万平方米，二者相差5111.26万平方米，前者仅为后者的7.90%；而青海省高等学校的校均占地面积为31.31万平方米，全国各省高校的校均占地面积为60.32万平方米，青海省高等学校的校均占地面积是全国各省高校校均占地面积的51.91%。

2014年青海省高等学校的占地面积总数虽然比2013年的值要大，但是由于2014年青海省高等学校数量增加了2所，因此，2014年的青海省高等学校的校均占地面积比2013年的值小。全国各省高校的占地面积也出现了类似情况，但是在数值变化上不如青海省的数值变化明显。

B. 固定资产。

2014年青海省高等学校的固定资产为230933.21万元，全国各省高校固定资产的省均值为5294879.58万元，二者相差5063946.37万元，前者仅为后者的4.36%。2014年青海省高等学校的校均固定资产值为16495.23万元，全国各省高校的校均固定资产值为57553.04万元，2014年青海省高等学校的校均固定资产值比全国各省高校的校均固定资产值低41057.81万元，仅为后者的28.66%。

2014年青海省高等学校的固定资产总额比2013年有明显的增加，但是2014年青海省高等学校的校均固定资产值不增反而略减，主要原因也是2014年青海省高等学校数量增加了2所，并且在全国各省高等学校2014年的校均固定资产值比2013年增加的背景下，青海省高等学校的固定资产值与全国各省高等学校固定资产的省均值差距增大了，青海省高等学校固定资产值的校均值与全国各省高等学校固定资产值的校均值差距也加大了。

2013~2014年，青海省高等学校的占地面积和固定资产虽有增长，但是资产状况和全国各省高等学校资产的省均值相比，还有很大的差距，特别是与全国各省高等学校固定资产的校均值差距加大，造成这一结果的原因，一方面是青海省2014年高等学校增加了2所，相对于以前的11所，增加了18.18%，而全国各省2014年平均比2013年增加高等学校2所，仅增加了2.22%。另一方面青海省高等学校占地面积小、固定资产少，青海省高等学校校均占地面积仅为全国各省高等学校校均占地面积的50%~60%。青海省高等学校校均固定资产仅为全国各省高等学校校均固定资产的30%左右。

2014年青海省高等教育系统资产状况的生态承载力分级评价测算分值为5.54，对照"高等教育系统生态承载力分级评价表"，评价结果为"弱稳定"。且属于极弱稳定的状态。

③办学经费。

办学经费是影响青海省高等教育系统生态弹性度的首要因素。2014年青海省的生均公共财政预算教育事业费为13397.21元，全国的生均公共财政预算教育事业费为16102.72元，二者相差2705.51元，前者是后者的83.20%。测算分值为83.2（见表3-11），对照"高等教育系统生态承载力分级评价表"，为"很稳定"。

④高校规模。

高校规模包括教职工人数和在校生人数。

A. 教职工人数。

2014年青海省高等学校的教职工人数为6445人，全国各省高等学校教职工人数的省均值为77053人，二者相差70608人，青海省高等学校校均教职工人数为460人，全国各省高等学校校均教职工人数为838人，二者相差378人，青海省高等学校校教职工均值为全国各省高等学校校均教职工人数的54.89%。

2014年青海省高等学校教职工总人数比2013年减少670人。而与此同时，全国各省高等学校的省均教职工人数和全国各省高等学校的校均教职工人数都比2013年增加了。

B. 在校生人数。

2014年青海省高等学校的在校生人数为70492人，全国各省高等学校的在校生人数的省均值为1092126人，二者相差1021634人，前者为后者的6.45%，青海省高等学校的校均在校生人数为5035人，全国各省高等学校的校均在校生人数为11870人，二者相差6835名学生，青海省高等学校在校生人数的校均值为全国各省高等学校在校生人数校均值的42.42%。

无论是从在校生规模的省均值还是校均值来看，青海省高等学校的在校生人数相比全国的相应数值都低，但是相对于校均占地面积仅为全国各省高等学校校均占地面积的50%~60%，校均固定资产仅为全国各省高等学校校均固定资产约30%，校均教职工人数为全国各省高等学校校均教职工人数的55%~77%的情况而言，压力仍然不小。

在2014年在校生规模增加了4172人情况下，青海省高等学校的教职工人数不增反减，在双重负性影响下，损害了青海省高等教育系统的生态弹性度，损害了青海省高等教育生态系统的自我调节能力和对压力的自我抵抗能力，以及受到干扰后的自我修复能力。也是造成2014年青海省高等教育系统的生态承载状态超载、在校生规模超过最大承载规模、青海省高等教育系统的规模状态处于过饱和的重要原因之一。

2014年高校规模的生态承载力分级评价测算分值为6.93，对照"高等教育系统生态承载力分级评价表"，评价结果为"弱稳定"。

青海省高等教育的办学经费变化较大，以生均公共财政预算教育事业费作为指征数值，2013年青海省生均教育事业费为16504.51万元，全国生均教育事业费为15591.72万元，青海省生均教育事业费是全国生均教育事业费的1.06倍，但是到2014年，青海省生均教育事业费骤降为13397.21万元，全国生均教育事业费继续增长为16102.72万元，青海省生均教育事业费为全国生均教育事业费的83.20%。当然，从宏观上看，在国家政策和财政拨款对青海省高等教育大力支持的背景下，青海省高等教育的办学经费总额是逐年增长的，也是因为如此，青海省高等教育弹性度尚能维持在较稳定和中等稳定的程度。但是占地面积、固定资产等资产状况和高校规模均处于"弱稳定"状态。造成这一现象，既是因为青海省高等教育系统原有基础薄弱、发展落后、物质资源积累不足，也是因为办学模式单一，经费来源单一，高校数量少，另外青海省整体经济发展水平落后也是重要原因。但不管怎样，在生态弹性度整体评价"较稳定"和"中等稳定"的情况下，如果不能在继续增加办学经费的基础上，大力改善资产等状况，必然会制约青海省高等教育系统生态弹性度的提高，不利于青海省自我调节能力、抗压能力和自我修复能力的提高。

(2) 青海省高等教育系统 2014 年资源—环境承载力的分析。

青海省高等教育系统 2014 年资源—环境承载力为"弱承载"状态,承载力弱小。对青海省高等教育系统 2014 年资源—环境承载力状况的分析包括对青海省高等教育系统资源承载力状况和环境承载力状况的分析两个部分。

①青海省高等教育系统 2014 年资源承载力的分析。

青海省高等教育系统的资源承载力的影响因素主要有:专任教师的人数、教学设备、教学及辅助用房、图书资源、行政用房、生活用房、行政教辅人数、教职工住宅面积。

A. 专任教师人数。

专任教师的人数是影响资源承载力的重要因素。2014 年青海省高等学校的专任教师人数为 4096 人,全国各省高等学校专任教师人数的省均值为 50518 人,二者相差 46422 人,青海省高等学校专任教师人数为全国各省高等学校专任教师人数省均值的 8.11%。2014 年青海省高等学校专任教师人数的校均值为 293 人,全国各省高等学校专任教师人数的校均值为 549 人,二者相差 256 人,青海省高等学校专任教师人数的校均值为全国各省高等学校专任教师人数校均值的 53.37%。

从总量上看,2014 年青海省高等学校的教职工人数比 2013 年有所减少,但是 2014 年青海省高等学校的专任教师人数比 2013 年有所增加。虽然专任教师人数增加,但是,2014 年青海省高校专任教师人数的校均值与全国各省高校专任教师的校均值的比例同 2013 年相比有所下降。

B. 教学设备。

教学设备也是影响资源承载力的重要因素。2014 年青海省高等学校的教学设备值为 64211.40 万元,全国各省高等学校教学设备值的省均值为 1177246.04 万元,二者相差 1113034.64 万元;2014 年青海省高等学校校均教学设备值为 4586.53 万元,全国各省高等学校校均教学设备值为 12796.15 万元,二者相差 8209.62 万元,青海省高等学校校均教学设备值为全国各省高等学校校均教学设备值的 35.84%。

2014 年青海省高等学校的教学设备值总数相比 2013 年虽然有所增加,

但是由于高等学校数量的增加，校均教学设备值同比2013年有所减少。

C. 教学及辅助用房。

教学及辅助用房对资源承载力的影响也很大。2014年青海省高等学校的教学及辅助用房为81.83万平方米，全国各省高等学校教学及辅助用房的省均值为1136.08万平方米，二者相差1054.25万平方米，前者为后者的7.20%；2014年青海省高等学校校均教学及辅助用房为5.85万平方米，全国各省高等学校的校均教学及辅助用房为12.35万平方米，二者的相差6.50万平方米，前者为后者的47.37%。

在全国各省高等学校2014年的省均值和校均值都比2013年有所增加的背景下，青海省高等学校2014年的教学及辅助用房同比2013年有所减少。

D. 图书资源。

图书资源对资源承载力的影响也很大，2014年青海省高等学校的图书资源为520.67万册，全国各省高等学校图书资源的省均值为7575.76万册，二者相差7055.09万册，前者为后者的6.87%；2014年青海省高等学校的校均图书资源为37.19万册，全国各省高等学校的校均图书资源为82.35万册，二者相差45.16万册，青海省高等学校图书资源的校均值为全国各省高等学校图书资源校均值的45.16%。

2014年青海省高等学校的图书资源的总量比2013年稳步增长，但2014年的校均值低于2013年的校均值，并且与全国各省高等学校图书资源的省均值和校均值的差距都在拉大，说明青海省高等学校的图书资源建设需要加强。

行政用房、生活用房、教职工住宅面积、行政教辅人数等影响因素对青海省高等教育系统资源承载力的影响小。

②青海省高等教育系统2014年环境承载力的分析。

青海省高等教育的环境承载力是青海省高等教育生态承载力的约束条件，青海省高等教育环境承载力包括政治环境承载力（政策规划、管理机制）、经济环境承载力（经济发展水平、高教投入）和文化环境承载力，其中政治起着决定性的作用，经济和文化起着关键性作用。但是，由于缺少适切的指征数据无法进行定量分析，并且环境承载力是间接作用的承载力，对整个青海省高等教育系统承载力的影响是间接的，甚至是隐性的，因此在本书中只梳理理论层面的关系，做定性分析，从定性分析的角度来看，我国的管理机制、政策法规和文化科技处于稳定的、有利于高等教育发展的状态，各级政府出台的有关高等教育改革和发展的规划和政策，以及专门针对西部高等教育发展的规划和政策都对青海省高等教育发展起到促进和保障的作用。青海省的经济也呈现稳步增长的态势，即使是作为经济落后地区的青海省，对高等教育的投入也是逐年增长，是稳定而有保障的。

根据以上数据的分析，结合对青海省高等教育资源承载力的测算，青海省高等教育系统资源承载力2014年的总分值为7.16，对照"高等教育系统生态承载力分级评价表"，为"弱承载"。分析各影响因子可知：造成青海省高等教育系统资源承载力呈现弱承载的原因主要有教学设备严重不足、教学及辅助用房面积的缺少、专任教师数量不足、图书资源匮乏。教学设备严重不足是造成青海省高等教育资源承载力小的重要原因，青海省高等学校的省均和校均教学设备值均远低于全国各省高等学校的省均和校均教学设备值，教学设备的不足说明现有教学设施不能够满足现有在校生的教学学习的需要。教学及辅助用房面积的缺少，说明教学活动场地至少在数量上是不足的，对青海省高等教育资源承载力的负影响也较大，加上专任教师数量不足、图书资源匮乏，这些因素共同造成了青海省高等教育资源承载力低的结果。除此之外，青海省高等教育生态环境的整体脆弱也是造成青海省高等教育资源—环境承载力低的重要原因，虽然有政府多项政策的倾斜和各种形式的相关支持，但是要想改善长期处在脆弱状态的区域经济生态和区域社会生态毕竟是需要长期的不懈努力和更多的政策、资金支持。

（3）青海省高等教育系统2014年承载压力度的分析。

青海高等教育系统2014年承受较大的压力，承载压力度达到"高压"级别。对青海省高等教育2014年承载压力度的分析包括对2014年青海省高等教育资源压力度的分析和对环境压力度的分析。

①青海省高等教育系统2014年资源压力度分析。

青海省高等教育系统的承载压力度的影响因素有：教职工压力度（以生

师比表示）、教学设备压力度（以生均教学设备值表示）和校舍压力度（以生均校舍面积表示）。环境压力度（经济压力度，以人均GDP表示）。

A. 教职工压力度。

教职工压力度（以生师比表示）是影响资源压力度的重要因素。2014年青海省高等学校的生师比为15.8，全国高等学校的生师比为17.68。所测教职工压力度的生态承载力分级评价分值为74.93，对照"高等教育系统生态承载力分级评价表"，评价结果为"较高压"。

2014年青海省高等教育系统承受的教职工压力度情况与2013年相似，教职工压力度的分级评价为"较高压"。

B. 教学设备压力度。

教学设备压力度（以生均教学设备值表示）对青海省高等教育系统的承载压力度有重要影响。2014年青海省高等学校的生均教学设备值为0.93万元，全国高等学校的生均教学设备值为1.18万元。所测教学设备压力度的生态承载力分级评价分值为147.40，对照"高等教育系统生态承载力分级评价表"，评价结果为"高压"。

2014年青海省高等教育系统承受的教学设备压力度情况与2013年相似，教学设备压力度的分级评价均为"高压"。

C. 校舍压力度。

校舍压力度（以生均校舍面积表示）对青海省高等教育系统的承载压力度有很大影响。2014年青海省高等学校的生均校舍面积为27.05平方米，全国高等学校的生均校舍面积为27.93平方米。所测校舍压力度的生态承载力分级评价分值为22.21，对照"高等教育系统生态承载力分级评价表"，评价结果为"低压"。

2014年青海省高等教育系统承受的校舍压力度情况与2013年相似，校舍压力度的分级评价均为"低压"。

②青海省高等教育系统2014年环境压力度分析。

环境压力度（经济压力度，以人均GDP表示），2014年青海省人均GDP为4.00万元，全国人均GDP为4.66万元。所测生态承载力分级评价分值为

99.82，对照"高等教育系统生态承载力分级评价表"，评价结果为"高压"。

2014年青海省高等教育系统承受的经济压力度情况与2013年相似，经济压力度的分级评价均为"高压"。

就青海省高等教育系统2013年和2014年的承载压力来看，测算的生态承载力分级评价数据表明教学设备压力度、教职工压力度和经济压力度数值较高，校舍压力度数值较低，说明2013年和2014年青海省高等教育系统在教学设备、师资方面亟需改善，在校舍方面压力较低，青海省高等教育的发展承受经济压力很大，这与青海省整体经济发展水平低是直接联系、相一致的。因此，青海省经济发展水平亟须提高。

总而言之，基于生态承载力的理论和方法，通过对青海省高等教育系统2013年和2014年的生态承载力及规模发展的考察，可以得出如下结论：2013～2014年，就青海省高等教育系统生态承载力的支持能力而言，青海省高等教育生态系统自我维持、自我调节、抵抗系统外的各种压力和冲击的能力在中等水平或较好水平，这与政府重视青海省高等教育发展，保障对青海省高等教育的经费投入有直接关系。但是青海省高等教育系统的客观承载能力一直很弱，承载稳定性低。是青海省高等教育规模发展乃至青海省高等教育事业发展的"软肋"，亟须加强。从青海省高等教育系统承载的压力来看，这两年在校生规模造成的压力还是非常大的。从二者的相对关系来看，2013年和2014年青海省高等教育系统的自我维持、自我调节能力、教育资源和环境规模的供容能力已经达到极限或超过极限，已不能支持具有一定质量标准的当时的在校生规模，在校生规模已经达到或者超过最大承载规模。青海省高等教育系统的承载状态在满载和超载，系统规模为饱和状态和过饱和状态，青海省高等教育系统已经达到甚至超出平衡临界点，平衡状态被打破。生态承载力开始受到损害，教育质量受到负影响，系统发展持续力不足，青海省高等教育系统无法发挥共生效应，无法实现可持续发展。

从影响因素来看，青海省高等教育系统的办学经费有保障，但是随着在校生规模的迅速扩张，也出现了生均公共财政预算教育事业费减少的情况。青海省高等教育客观资源非常薄弱，占地面积小、固定资产少，高校规模较小,高校数量少,办学形式单一,制约了青海省高等教育系统自我调节能力、抗压能力和自我修复能力的发展。教学设备匮乏严重、教学及辅助用房和图书资源均较为缺乏,专任教师数量不足、青海省高等教育环境支撑力整体脆弱,虽然有政府多项政策的倾斜和各种形式的相关支持,但要想改变也非一蹴而就的,以上这些不足共同造成了青海省高等教育资源—环境承载力低的结果。青海省高等教育系统承受强大压力,其中特别是在教学设备等方面承受很强的压力,在校舍面积方面所承受的压力较低。其形成原因,一是青海省高等教育系统原有基础薄弱、发展落后。在教学设备、图书资料和校舍面积等方面"先天不足",物质资源的历史积淀较少。二是办学模式单一,高校数量少,高等教育生态结构简单,抗压能力和自我修复能力弱。三是青海省高等教育生态环境脆弱,区域经济发展水平即使在经济不发达的西部地区也是落后的,相对于全国经济发达地区差距很大。区域文化科技发展水平也较为落后,相比全国其他地区,有较大差距。

3. 青海省高等教育系统2014年最大承载规模分析

2014年青海省高等教育系统的承载饱和度为1.285,大于1,青海省高等教育系统的生态承载状况处于超载状态,因此需要通过计算得出在当时的条件下,在保证教育质量的前提下,青海省高等教育系统所能承载的在校生的最大规模。基于生态承载力的理论和方法,测算青海省高等教育系统2014年在保证一定教育质量的前提下的最大承载规模,即在保证青海省高等教育质量前提下,2014年在校生人数的最大承载规模,对于研究青海省高等教育规模发展有很直观的参考意义。青海省高等教育系统在一定条件下的最大承载规模,就是青海省高等教育生态系统的所承受的压力与系统能够提供的供容支持力相同,承受压力和供容支持力达到完全平衡状态时的在校生人数,也就是承载饱和指数为1时的在校生数量。用数学公式可表达为:

$$CCPS = CCP/CCS = 1$$

即 $CCP = CCS$ 时的在校生数量。

若 $CCP = CCS$,即:

$$\sum_{i=1}^{n} P_i^{pop} \cdot W_i^{pop} = \sum_{i=1}^{n} S_i^{rec} \cdot W_i^{rec} + \sum_{i=1}^{n} S_i^{eco} \cdot W_i^{eco}$$

设在校生人数为 x，与在校生人数相关的指标如生师比等均按照教育部发展规划司数据处理办法应为折合在校生数与专任教师总数的比值，其中：折合在校生数＝普通本、专科（高职）生数＋全日制硕士生数×1.5＋全日制博士生数×2＋留学生数×3＋预科生数＋进修生数＋成人脱产班学生数＋夜大（业余）学生数×0.3＋函授生数×0.1（不包括自考生）；专任教师总数＝专任教师数＋外聘教师数×0.5；生师比＝折合在校生数/专任教师总数。但鉴于本研究只是做宏观规模的分析，且从技术层面，无法细化到每一类型的学生应然的学生数，因此，将在校生人数视为折合在校生数，专任教师总数也做相应设定，其他指标保持不变，将相关数据代入公式中进行计算。

$$CCP（承载压力度） = \begin{bmatrix} CCP_1（校舍压力度 \times 0.2）+ \\ CCP_2（教职工压力度 \times 0.6）+ \\ CCP_3（教学设备压力度 \times 0.2） \end{bmatrix} \times 0.8333$$
$$+ CCP_4（经济压力度 \times 1 \times 0.1667）$$

$CCP_1 = (x/100) \times [1 - (27.05 \times 70492)/(x \times 27.93)] \times 0.2$
$\quad\quad = 0.002x - 136.54$

$CCP_2 = (x/100) \times [1 - x/(70492/15.8/17.68)] \times 0.6$
$\quad\quad = 0.006x - x^2/13147355.27$

$CCP_3 = (x/100) \times [1 - 0.9348 \times 70492/(x \times 1.182)] \times 0.2$
$\quad\quad = 0.002x - 111.5$

$CCP_4 = 16.64$

$CCP = \begin{bmatrix} (0.002x - 136.54) + (0.006x - x^2/13147355.27) + \\ (0.002x - 111.5) \end{bmatrix} \times 0.8333$
$\quad\quad + 16.64 = 0.008333x - 190.05 - x^2/15777457.42$

CCS（承载供容支持指数）＝ CCS_1（生态弹性度）＋ CCS_2（资源承载力指数）

$CCS_1 = 1.14 + 0.78 + 53.83 + [2.09 + 0.75(x/1092126)] \times 0.1401$

$CCS_2 = 7.39$

$CCS = 1.14 + 0.78 + 53.83 + [2.09 + 0.75(x/1092126)] \times 0.1401 + 7.39$

$$= 63.43 + x/10393775.87$$

设 CCP/CCS = 1，即：

$$CCP = CCS$$

将 CCP 和 CCS 的函数式代入上式，得：

$$0.008333x - 190.05 - x^2/15777457.42 = 63.43 + x/10393775.87$$

经过化简，求导计算，可得：

$$x = 65731$$

即在 2014 年，青海省高等教育系统的最大承载规模为在校生人数 65731 人，这是在 2014 年的办学条件下，在保证一定教育质量的前提下青海省高等教育系统的承载支撑力所能承载的最大在校生人数。

在 2014 年的生态承载力条件下，当在校生人数为 65731 人左右时，达到当时条件下青海省高等教育系统的最大承载规模，生态承载力达到最大值，青海省高等教育系统的承载状态处于满载，虽然教育资源能够最大限度地利用，但青海省高等教育系统的规模处于饱和状态，发展持续力不足。

当在校生人数远小于 65731 人时，青海省高等教育系统的承载状态处于低载，虽然能够保证教育质量，但是会造成教育资源的浪费。低载越严重，浪费也越严重。长此以往也会损害青海省高等教育系统的生态承载力。

当在校生人数大于 65731 人时，超过青海省高等教育系统的最大承载规模，青海省高等教育系统的承载状态处于超载，青海省高等教育系统的供容能力不足以支撑教育需要，虽然教学资源可以得到充分使用，但会影响教学质量，引起教学质量的下降，反过来会损害生态承载力，最终导致青海省高等教育生态系统的逆向演化甚至退化。这一数据也反证了对 2014 年青海省高等学校在校生规模的评价是正确的，2014 年青海省高等学校的实际在校生人数为 70492 人，超出 2014 年青海省高等教育系统最大承载规模 4761 人，青海省高等教育系统这时的供容支持能力已经不足以支撑这一在校生人数，教育质量受到损害，青海省高等教育系统的生态承载力受到损害，青海省高等教育系统无法实现共生效应和可持续发展。

只有当在校生人数适当低于 65731 人时，才可以保证教学资源的充分使用，保证一定的教育质量，保证充足的发展持续力；既可以促进青海省高等教育系统生态承载力的发展，又可以发挥青海省高等教育系统的共生效应；实现青海省高等教育系统的正向演化和可持续发展，这一范围的在校生人数，就是 2014 年青海省高等教育系统发展的适度规模。

三、青海省高等教育系统 2015 年生态承载力和规模发展的生态学考察

根据青海省和全国高等教育 2015 年发展状况的相关数据，通过测评青海省高等教育系统的生态弹性度、资源—环境承载力指数及承载压力度三个模块的指标体系，考察青海省高等教育系统 2015 年生态承载力和规模发展的状况。

（一）青海省高等教育 2015 年的基本情况

根据青海省教育厅发布的《2015 年青海省教育事业发展统计公报》[①]，青海省教育厅编纂的《2015 年青海省教育事业发展简明统计分析》，教育部、国家统计局和财政部发布的《2015 年全国教育经费执行情况统计报告》中提供的数据，2015 年青海省高等教育的基本情况（见表 3 – 17）如下。

表 3 – 17　　　　　青海省高等教育 2015 年的基本情况

类别	项目	数值
高校类型及数量	普通高校数量（所）	12
	成人高校数量（所）	2
	合计（所）	14

---

① 青海省教育厅.2015 年全省教育事业发展统计公报［EB/OL］. http：//www.qhedu.gov.cn/zwgk/jyfz/201602/t20160224_21299.html，2016 – 02 – 24/2017 – 03 – 20.

续表

类别	项目		数值
高校规模	在校学生人数	普通高校在校生数（人）	60682
		成人高校在校生数（人）	13677
		合计（人）	74359
	教职工人数	总数（人）	6619
		专任教师数量（人）	4300
		行政及教辅人数（人）	1506
资产状况	占地面积（万平方米）		470.3069
	固定资产（万元）		297303.47
办学经费	生均公共财政预算教育事业费（元）		19651.26
校舍面积	教学及辅助用房（万平方米）		92.6231
	行政用房（万平方米）		9.9579
	生活用房（万平方米）		71.5533
	教职工住宅面积（万平方米）		6.1840
	校舍建筑面积（万平方米）		182.0820
教学设备及图书	仪器设备值（万元）		76899.28
	图书资源（万册）		544.57

数据来源：青海省教育厅发布的《2015年青海省教育事业发展统计公报》；青海省教育厅编纂的《2015年青海省教育事业发展简明统计分析》；教育部、国家统计局和财政部发布的《2015年全国教育经费执行情况统计报告》。

青海省2015年共有高等学校14所，与上年持平。其中：普通高校12所，成人高校2所。普通高校中本科院校4所（含独立学院1所），高职院校8所。全省高校研究生培养机构3个。

2015年青海省高等学校招生24145人。其中高校研究生招生1218人，较上年增加135人，增长12.47%，增幅较大；普通本专科招生18554人，较上年增加2571人，增长16.09%，增速较快；成人本专科招生4373人，较上年减少2842，减少39.39%，规模由2014年的增加转为缩减。普通高校中普通本科招生9006人，占普通本专科招生数的48.54%，较上年降低6.52个百分点；普通专科招生9548人，占普通本专科生的51.46%，较上年增加6.52个百分点。成人本科招生 2304 人，较上年减少 1491 人；专科招生 952 人，较上年减少 992 人。成人高校中成人专科招生 1117 人，较上年减少 359 人，减少 24.32%。招生规模除了成人本专科比 2014 年减少以外，均有不同程度的增加。

2015 年青海省高等教育的在校生总规模 74359 人，较上年增加 3867 人，增长 5.49%。各类在校生中：研究生 3222 人，较上年增加 187 人，增长 6.16%，其中：博士研究生 87 人，较上年增加 25 人，增长 40.32%；普通本专科在校生 57460 人，较上年增加 4553 人，增长 8.61%；成人本专科在校生 13677 人，较上年减少 873 人，减少 6%。

2015 年青海省高等学校的教职工 6619 人，较上年增加 174 人；专任教师 4300 人，较上年增加 204 人。其中：普通高校教职工 6357 人，专任教师 4127 人，专任教师占教职工的 64.92%，较上年提高 1.51%；成人高校教职工 262 人，专任教师 173 人，专任教师占教职工的 66.03%，较上年下降 0.89%。本科院校专任教师规模有不同程度增加，成人高校专任教师规模基本与 2014 年持平。

2015 年青海省高等学校的固定资产 297303.47 万元，占地面积 470.3069 万平方米，校舍建筑面积 182.082 万平方米，仪器设备值 76899.28 万元，图书资源 544.57 万册，生均公共财政预算教育事业费 19651.26 元。办学条件比 2014 年得到了改善，但是由于在校生规模的增加，部分生均指标略有下降。

（二）青海省高等教育系统 2015 年生态承载力的测评

青海省高等教育系统 2015 年生态承载力的测评，是通过分别测评 2015 年青海省高等教育系统的生态弹性度、资源—环境承载力和承载压力度开展的，其中生态弹性度和资源—环境承载力反映了青海省高等教育系统 2015 年的供容支持能力，承载压力度反映着青海省高等教育系统 2015 年所承受的压力。二者之间的比例关系反映着青海省高等教育系统 2015 年的承载强度。

1. 青海省高等教育系统 2015 年生态弹性度的测评

对青海省高等教育系统生态弹性度有决定性影响的因素有 3 个：办学经

费、资产状况及高校规模,其中办学经费是大学发展的首要因素,资产状况和高校规模是决定高等教育系统稳定性的关键因素。

表 3-18　青海省高等教育系统 2015 年生态弹性度的测评指标体系

目标层（A）	准则层（B）	指标层（C）	数值
青海省高等教育系统的生态弹性度（A）	高校类型及数量（B_1）	普通高校数量（所）（C_1）	12
		成人高校数量（所）（C_2）	2
	资产状况（B_2）	占地面积（万平方米）（C_3）	470.3069
		固定资产（万元）（C_4）	297303.47
	办学经费（B_3）	生均公共财政预算教育事业费（元）	19651.26
	高校规模（B_4）	教职工数量（人）（C_6）	6619
		在校学生数（人）（C_7）	74359

数据来源：青海省教育厅编纂的《2015 年青海省教育事业发展简明统计分析》；教育部、国家统计局和财政部发布的《2015 年全国教育经费执行情况统计报告》。

将青海省高等教育系统 2015 年生态弹性度测评指标体系中的相关数据及其标准值（见表 3-18），结合各分指标的权重，代入高等教育生态弹性度的测算公式：

$$CSI^{eco} = \sum_{i=1}^{n} s_i^{eco} \cdot w_i^{eco}$$

式中：CSI^{eco}——生态弹性度；

s_i^{eco}——生态系统特征要素；

n=1,2,3,4,分别代表高校类型及其数量、资产状况、办学经费、高校规模等要素；

w_i^{eco}——要素 i 相对应的权重值。

得出各分指标的分值，测出青海省高等教育系统 2015 年的生态弹性度。测算结果为青海省高等教育系统 2015 年的生态弹性度为 73.09（见表 3-19）。

对照"高等教育系统生态承载力分级评价表"，评价结果为"较稳定"。说明 2015 年相对全国各省高等教育的平均水平，青海省高等教育生态系统自我维持、自我调节、抵抗系统外的各种压力和冲击的能力在较好水平。

表 3-19 青海省高等教育系统 2015 年生态弹性度的测算

准则层名称	权重 W_2	指标层名称	权重 W_1	青海省数值 S_1	全国数值 S	全国各省（不包括港澳台地区）均值 S_0	指标层分值 $f_0 = S_1/S_0 \times 100$	指标层综合分值 $f_1 = f_0 \times W_1$	准则层综合分值 $F_0 = \sum f_1$	综合分值 $F_1 = F_0 \times W_2$
高校类型及数量	0.0724	普通高校数量（所）	0.8333	12	2560	83	14.46	12.04	15.75	1.1403
		成人高校数量（所）	0.1667	2	292	9	22.22	3.70		
资产状况	0.1401	占地面积（万平方米）	0.3333	470.31	174174.33	5618.53	8.37	2.79	6.22	0.871422
		固定资产（万元）	0.6667	297303.47	179320745.7	5784540.18	5.14	3.43		
办学经费	0.647	生均公共财政预算教育事业费（元）	1	19651.26	18143.57	—	108.31	108.31	108.31	70.08
高校规模	0.1401	教职工人数（人）	0.25	6619	2369300	78084	8.48	2.12	7.13	1.00
		在校学生数（人）	0.75	74359	34523800	1113671	6.68	5.01		
青海省高等教育生态弹性度分值 ($CSI = \sum F_1$)									73.09	

数据来源：①教育部发展规划司编纂的《2015 年全国教育事业发展简明统计分析》（全国的统计数据中不包含台湾地区、香港特别行政区和澳门特别行政区的数据）；
②教育部、国家统计局和财政部发布的《2015 年全国教育经费执行情况统计报告》；
③青海省教育厅编纂的《2015 年青海教育事业发展简明统计分析》。

2. 青海省高等教育系统 2015 年资源—环境承载力的测评

青海省高等教育系统 2015 年的资源—环境承载力的考察测评方法是分别对青海省高等教育 2015 年资源承载力和环境承载力进行测评。

（1）青海省高等教育系统 2015 年资源承载力的测评。

将青海省高等教育系统 2015 年资源—环境承载力测评指标体系中的相应数据（见表 3-20）代入资源承载指数的计算公式进行测算：

$$CEI^{rec} = \sum_{i=1}^{n} s_i^{rec} \cdot w_i^{rec}$$

式中：CEI^{rec}——资源承载指数；

s_i^{rec}——资源组成要素；

n＝1，2，3，分别代表师资水平、教学条件设施状况、校舍状况；

w_i^{rec}——要素 i 的相应权重。

表 3-20　青海省高等教育系统 2015 年资源—环境承载力的测评指标体系

目标层（A）	准则层（B）	指标层（C_i）	分指标层（C_{in}）	数值
资源—环境承载力（A）	资源承载力（B_1）	校舍面积（C_1）	教学及辅助用房（万平方米）（C_{11}）	92.6231
			行政用房（万平方米）（C_{12}）	9.9579
			生活用房（万平方米）（C_{13}）	71.5533
			教职工住宅面积（万平方米）（C_{14}）	6.1840
		教职工状况（C_2）	专任教师数量（人）（C_{21}）	4300
			行政教辅人数（人）（C_{22}）	1506
		设备状况（C_3）	教学设备（万元）（C_{31}）	76899.28
			图书资源（万册）（C_{32}）	544.57
	环境承载力（B_2）	政治环境（C_4）	管理机制（C_{41}）	
			政策法规（C_{42}）	
		经济环境（C_5）	经济发展水平（C_{51}）	
			高教投入（C_{52}）	
		文化环境（C_6）	文化（C_{61}）	

数据来源：青海省教育厅编纂的《2015 年青海省教育事业发展简明统计分析》。

经过测算，得出青海省高等教育系统 2015 年的资源承载力为 7.60（见表 3-21）。

表 3-21　青海省高等教育系统 2015 年资源承载力的测算

准则层名称	权重 W_2	指标层名称	权重 W_1	青海省数值 S_1	全国数值 S	全国各省（不包括港澳合地区）均值 S_0	指标层分值 $f_0 = S_1/S_0 \times 100$	指标层综合分值 $f_1 = f_0 \times W_1$	准则层综合分值 $F_0 = \sum f_1$	综合分值 $F_1 = F_0 \times W_2$
校舍面积	0.2	教学及辅助用房（万平方米）	0.4841	92.62	36463.71178	1176.25	7.87	3.81	6.84	1.37
		行政用房（万平方米）	0.2311	9.96	4675.828889	150.83	6.60	1.53		
		生活用房（万平方米）	0.1676	71.56	29915.23037	965.01	7.41	1.24		
		教职工住宅面积（万平方米）	0.1172	6.18	8581.391239	276.82	2.23	0.26		
教职工状况	0.6	专任教师数量（人）	0.875	4300	1602811	51704	8.32	7.28	8.34	5.00
		行政教辅人数（人）	0.125	1506	550604	17761	8.48	1.06		
设备状况	0.2	教学设备值（万元）	0.75	76899.28	40485282.47	1305976.85	5.89	4.42	6.15	1.23
		图书资源（万册）	0.25	544.57	243335.91	7849.55	6.94	1.73		
青海省高等教育资源承载力分值（$POP = \sum F_1$）										7.60

数据来源：①教育部发展规划司编纂的《2015 年全国教育事业发展简明统计分析》（全国的统计数据中不包含台湾地区、香港特别行政区和澳门特别行政区的数据）；
②青海省教育厅编纂的《2015 年青海省教育事业发展简明统计分析》。

（2）青海省高等教育系统 2015 年环境承载力的测评。

青海省高等教育系统的环境承载力由政治环境承载力、经济环境承载力和文化环境承载力构成，环境承载指数可以表达为：

$$CEI^{env} = \sum_{i=1}^{n} s_i^{env} \cdot w_i^{env}$$

式中：CEI^{env}——环境承载指数；

s_i^{env}——环境组成要素；

n=1，2，3，分别代表政治、经济、文化；

w_i^{env}——要素 i 的相应权重。

其中，政治环境、文化环境对青海省高等教育的规模有重要影响，但鉴于二者缺少适切的指征数据，无法进行定量分析，并且我国近年来大背景下的管理机制、政策法规和主流文化是趋同、稳定且有利于青海高等教育系统的发展的。经济环境对青海省高等教育的发展起着非常重要而明显的作用。青海省财政对青海省高等教育的资金投入逐年增长，在对青海省高等教育系统的支持上是稳定且有保障的。因此，环境承载力对于青海省高等教育生态承载力的意义更多在于表明理论层面的关系和进行定性分析。

综合分析，青海省高等教育系统 2015 年的资源—环境承载力值为 7.60，对照"高等教育系统生态承载力分级评价表"进行分级评价，评价结果为"弱承载"。说明 2015 年相对全国各省高等教育的平均水平，青海省高等教育系统的资源支持力处于弱承载状态，承载稳定性低，承载力小。

3. 青海省高等教育系统 2015 年承载压力度的测评

将青海省高等教育系统 2015 年承载压力度的测评指标体系中的相关数据（见表 3-22），代入高等教育系统承载压力指数测算公式，进行计算：

$$CPI^{pop} = \sum_{i=1}^{n} p_i^{pop} \cdot w_i^{pop}$$

式中：CPI^{pop}——以学生数量表示的压力指数；

p_i^{pop}——不同类型的学生数量；

w_i^{pop}——相应类型学生的教学质量权重值。

表 3-22　青海省高等教育系统 2015 年承载压力度的测评指标体系

目标层（A）	准则层（B）	指标层（C）	数值
承载压力度（A）	资源压力度（B_1）	校舍压力度（生均校舍面积/平方米）（C_1）	26.55
		教职工压力度（生师比）（C_2）	16.11
		教学设备压力度（生均教学设备值/万元）（C_3）	1.0366
	环境压力度（B_2）	经济压力度（人均GDP/万元）（C_4）	4.14

数据来源：青海省教育厅编纂《2015 年青海省教育事业发展简明统计分析》；国家统计局官网 http://www.stats.gov.cn/。

经计算，可以得到青海省高等教育系统 2015 年的承载压力度为 83.26（见表 3-23）。对照"高等教育系统生态承载力分级表"，分级评价结果为"高压"。说明 2015 年相对全国高等教育的平均水平，青海省高等教育系统在校舍、教职工、教学设备和经济方面承受的压力很大，青海高等教育系统在 2015 年承受着强大的压力。

4. 青海省高等教育系统 2015 年生态承载力的评价

根据对青海省高等教育系统 2015 年生态弹性度、教育资源—环境承载力指数及承载压力度三项指标体系的测算数值，可对青海省高等教育系统 2015 年的生态承载力作出如下综合评价：

（1）青海省高等教育系统 2015 年的生态弹性度处于较好的稳定状态，青海省高等教育生态系统自我维持、自我调节、抵抗系统外的各种压力和冲击的能力处于较好水平。

（2）青海省高等教育系统 2015 年的资源—环境承载力处在弱承载状态，承载稳定性低，承载力小。但是环境承载力处在有利于高等教育发展的状态。

（3）青海省高等教育系统 2015 年的承载压力度处于"高压"级别。青海省高等教育系统 2015 年承受的压力很大。

表 3-23　青海省高等教育系统 2015 年承载压力度的测算

准则层		指标层						
名称	权重 W_2	名称	权重 W_1	青海省数值 S_1	全国数值 S_0	指标层分值 $f_0 = $ 人数 $\times [1-(S_1/S_0)]/100$	指标层综合分值 $f_1 = f_0 W_1$	准则层综合分值 $F_0 = \sum f_1$	综合分值 $F_1 = F_0 \times W_2$
资源压力度	0.8333	校舍压力度/生均校舍面积（平方米）	0.2	26.55	28.01	38.76	7.75	76.34	63.61
		教职工压力度/生师比	0.6	16.11	17.73	67.94	40.77		
		教学设备压力度/生均教学设备值（万元）	0.2	1.0366	1.2752	139.13	27.83		
环境压力度	0.1667	经济压力度/人均 GDP（万元）	1	4.14	4.92	117.89	117.89	117.89	19.65

青海省高等教育承载压力度分值

$$(CCP = \sum F_1)$$ 83.26

数据来源：①教育部发展规划司编纂的《2015 年全国教育事业发展简明统计分析》（全国的统计数据中不包含台湾地区、香港特别行政区和澳门特别行政区的数据）；
②青海省教育厅编纂的《2015 年青海省教育事业发展简明统计分析》；
③国家统计局官网 http://www.stats.gov.cn/。

(三) 青海省高等教育规模 2015 年发展状况的生态学考察

对青海省高等教育规模 2015 年发展状况的生态学分析，主要从以下三个方面进行：一是对青海省高等教育规模 2015 年发展状况的生态学评价；二是对青海省高等教育系统 2015 年生态承载力状况的分析；三是对青海省高等教育系统 2015 年最大承载规模的分析。

1. 青海省高等教育规模 2015 年发展状况的生态学评价

根据青海省高等教育系统 2015 年的生态弹性度、资源承载力、承载压力度三项指标的测算结果（见表 3-24），测算青海省高等教育系统 2015 年的承载饱和度，分析三者之间的生态关系，进而对青海省高等教育系统 2015 年的规模发展状况进行生态学评价。

表 3-24　青海省高等教育系统 2015 年生态承载力的综合评价

指标	分值	状态
生态弹性度	73.09	较稳定
资源承载力	7.60	弱承载
承载压力度	83.26	高压

将三项指标的相应数据代入高等教育的承载饱和度的测算公式进行测算：

$$CCPS = CCP/CCS = 83.26/(73.09 + 7.60) = 83.26/80.69 = 1.032$$

即：

$$CCPS = 1.032$$

可以得出青海省高等教育系统 2015 年的承载饱和度为 1.032，刚超过 1，基本接近 1。说明青海省高等教育系统 2015 年所承受的压力已经达到并开始超过其承载力、支持力的极限，青海省高等教育系统的生态承载状况在 2015 年已经处在满载的状态，在校生的规模 74359 人已经达到并开始超过在 2015

年供容承载条件下青海省高等教育系统的最大承载规模,青海省高等教育系统的规模已经饱和,缺少发展的持续力,发展已无余地。应通过增加办学经费,改善资产状况、设备状况、校舍状况,扩大教职工规模等增强承载支持力或者通过减少招生人数等降低承载压力度,以实现青海省高等教育规模的适度发展,维持青海省高等教育系统的动态平衡,实现青海省高等教育系统的共生效应和可持续发展。如果在2015年的办学条件下继续扩大规模,将会影响到青海省高等教育的教育质量和未来发展的持续力。即使不再扩大规模,也要设法增强承载支撑力或减小承载压力度,促使青海省高等教育系统实现其资源的适度利用,实现其规模的适度发展。

2. 青海省高等教育系统2015年生态承载力的考察

根据对青海省高等教育2015年的生态弹性度、资源—环境承载力指数、承载压力度三个模块的指标和承载饱和度的测算结果,以及对青海省高等教育系统2015年生态承载力的综合评价,分析2015年青海省高等教育系统生态承载力的各影响因子及其形成原因。

青海省高等教育系统2015年的生态弹性度为73.09,"较稳定"状态,反映了在2015年青海省高等教育生态系统具有较好的自我调节能力和对压力的自我抵抗能力,以及受到干扰后较好的自我修复能力。但是青海省高等教育的资源—环境承载力为7.60,处于极弱承载状态,承载的稳定性很低,承载力小。而青海省高等教育的承载压力度为83.26,达到"高压"级别,反映出2015年青海省高等教育系统承受着的压力很大。综合分析青海省高等教育系统生态承载力承载的规模已达到最大极限,其资源支撑青海省高等教育相应的质量标准的发展规模所需承载的供容能力已经开始不足,持续发展力量不足,如果不设法增加承载支撑力或者降低承载压力度,青海省高等教育生态系统将会恶化,甚至可能出现退化,无法实现可持续性发展。

以下对青海省高等教育系统生态承载力的各个组成要素和影响因子分别按照生态弹性度、资源—环境承载指数、承载压力度三项指标体系进行解析,在解析的过程中,由于青海省高等学校数量少,因此在进行数据分析时,除了与全国省均值和生均值进行比较以外,大多数的指标还与全国各省高等学校的校均值进行了比较,以期能够更为客观、全面地反映出青海省高等教育系统生态承载力和规模的发展状况及其影响因子的情况。

(1) 青海省高等教育系统 2015 年生态弹性度的分析。

青海省高等教育系统 2015 年的生态弹性度处在"较稳定"的状态,青海省高等教育统生态弹性度的影响因素为:高校类型及数量、办学经费、资产状况和高校规模(见表 3-19)。

①高校类型及数量。

到 2015 年青海省还没有民办高校,高校类型单一,高校数量少,2015 年仅有高等学校 14 所,全国各省高等学校数量的平均值为 92 所,青海省的高等学校数量仅为全国各省高等学校平均数量的 15.22%。其中青海省普通高等学校的数量为 12 所,全国各省普通高等学校数量的省均值为 83 所,后者约为前者的 7 倍;青海省成人高校的数量为 2 所,全国各省成人高校的数量省均值为 9 所,后者为前者的 4.5 倍。高校类型和数量的生态承载力分级评价测算分值为 15.75,对照"高等教育系统生态承载力分级评价表",评价结果为"弱稳定"。

②资产状况。

资产状况和高校规模是决定高等教育稳定性的关键因素。资产状况主要包括占地面积和固定资产。

A. 占地面积。

2015 年青海省高等学校的占地面积为 470.31 万平方米,全国各省高等学校占地面积的平均值为 5618.53 万平方米,二者相差 5148.22 万平方米,青海省仅为全国各省平均值的 8.37%;青海省高等学校的校均占地面积为 33.59 万平方米,全国各省高等学校的校均占地面积值为 61.07 万平方米,二者相差 24.48 万平方米,青海省高等学校的校均占地面积值为全国各省高等学校校均占地面积值的 55%。占地面积的生态承载力分级评价测算分值为 8.37,对照"高等教育系统生态承载力分级评价表",为"弱稳定"。

B. 固定资产。

2015年青海省高等教育的固定资产为297303.47万元，全国各省平均值为5784540.18万元，二者相差5487236.71万元，青海省仅为全国各省平均值的5.14%。青海省高等学校的校均固定资产为21235.96万元，全国各省高等学校的校均固定资产为62875.44万元，青海省高等学校的校均固定资产比全国校均固定资产低41639.48万元，青海省高等学校的校均固定资产的值为全国校均固定资产值的33.77%。青海省高等学校固定资产的生态承载力分级评价测算分值为5.14，对照"高等教育系统生态承载力分级评价表"，为"弱稳定"。

2015年青海省高等教育系统的资产状况的生态承载力分级评价测算分值为6.22，对照"高等教育系统生态承载力分级评价表"，为"弱稳定"。产生这一结果一方面是因为青海省高等学校数量少，各种类型高等学校数量仅有14所，全国省均值为92所，仅为全国各省平均值约七分之一；另一方面是因为青海省高等学校占地面积小、固定资产少，青海省每所高等学校的平均占地面积仅有全国各省高等学校校均值1/2稍多；青海省每所高等学校的平均固定资产值为全国各省高等学校校均值的1/3，无论是从省层面比较还是从学校层面比较，青海省高等教育的资产状况远低于全国各省的平均水平和各省高等学校的平均水平，极其薄弱。

③办学经费。

办学经费是影响青海省高等教育系统生态弹性度的首要因素。2015年青海省高等学校的生均公共财政预算教育事业费为19651.26元，全国的生均公共财政预算教育事业费为18143.57元，青海省的生均教育事业费超出全国生均教育事业费1507.69元，是全国生均教育事业费的1.08倍。相比较2014年青海省生均教育事业费低于全国生均教育事业费2705.51元的情况而言有较大幅度的增长，说明随着国家对西部地区高等教育的重视程度的加深，对青海省高等教育的财政资金的投入大幅度提高。测算分值为108.31，对照"高等教育系统生态承载力分级评价表"，分级评价结果为"很稳定"。

④高校规模。

高校规模包括教职工规模和学生规模两个方面。

A. 教职工规模。

2015 年青海省高等学校的教职工规模为 6619 人，全国各省高等学校的省均教职工规模为 78084 人，二者相差 71465 人，青海省高等学校教师的校均人数为 473 人/校，全国各省高等学校教师人数的校均值为 849 人/校，二者相差 376 人，青海省高等学校教师人数的校均值为全国各省高等学校教师人数校平均值的 55.71%。

B. 在校生规模。

2015 年青海省高等学校的在校生人数为 74359 人，全国各省高等学校在校生人数的平均值为 1113671 人，二者总数相差 1039312 人，青海省高等学校的在校生人数为全国各省高等学校在校生人数平均值的 6.68%，青海省每所高等学校平均在校生人数为 5311 人，全国各省每所高等学校在校生人数平均值为 12105 人，二者相差 6794 名学生，青海省高等学校在校生人数的校平均值仅为全国各省高等学校在校生人数平均值的 43.87%，但是相对于校均占地面积仅为全国各省高等学校平均值 1/2 左右，校均固定资产仅为全国各省高等学校平均值约 1/3，校均教职工人数仅为全国各省高等学校平均值 1/2 左右的情况，以及青海省高等教育资源的历史积淀薄弱而言，仍然压力大。

高校规模的生态承载力分级评价测算分值为 7.13，对照"高等教育系统生态承载力分级评价表"，评价结果为"弱稳定"。

如果办学经费以生均公共财政预算教育事业费为指标来表示，那么在青海省高等教育的发展历史上，青海省生均公共财政预算教育事业费有时候低于全国生均公共财政预算教育事业费，有时候高于全国生均公共财政预算教育事业费，2015 年就超过了全国生均公共财政预算教育事业费 1507.69 元，因此使青海省高等教育弹性度整体上能保持在"较稳定"的程度。

但是 2015 年青海省高等教育系统的资产状况和高校规模均处于"弱稳定"状态，校均占地面积仅为全国各省高校校均占地面积约 1/2，校均固定资产仅为全国各省高校固定资产校均值的约 1/3，校均教职工人数为全国各省高校教职工人数校均值的 1/2 稍多，造成这一现象的原因，既有青海省高等教育系统原有基础极其薄弱、发展落后，也有办学模式单一，高校数量少和青海省整体经济水平较为落后。但不管怎样，在生态弹性度整体评价"较稳定"貌似尚可的情况下，如果不能继续大力增加办学经费，大力改善资产状况和教职工数量，必然会制约青海省高等教育系统生态弹性度的发展，不利于青海省自我调节能力、抗压能力和自我修复能力的提高。

（2）青海省高等教育系统2015年资源—环境承载力的分析。

青海省高等教育系统2015年的资源—环境承载力呈现弱承载状态，承载的稳定性低，承载力小（见表3-21）。青海省高等教育系统资源—环境承载力包括青海省高等教育系统资源承载力和青海省高等教育系统环境承载力两个部分。

①青海省高等教育系统2015年资源承载力的分析。

青海省高等教育资源承载力的影响因素有专任教师的人数、教学设备、教学及辅助用房、图书资源、行政用房、生活用房、行政教辅人数、教职工住宅面积。

A. 专任教师人数。

专任教师的人数是影响青海省高等教育系统资源承载力的重要因素。2015年青海省高等学校的专任教师人数为4300人，全国各省高等学校专任教师人数的省均值为51704人，二者相差47404人，前者为后者的8.32%。青海省高等学校校均专任教师人数约为307人，全国各省高等学校校均专任教师人数约为562人，二者相差255人，青海省高等学校校均值为全国高等学校校均值的54.63%。

B. 教学设备。

教学设备对青海省高等教育系统的资源承载力有重要影响。2015年青海省高等学校的教学设备值为76899.28万元，全国各省高等学校的教学设备值省均值为1305976.85万元，二者相差1229077.57万元；青海省高等学校校均教学设备值为5492.81万元，全国各省高等学校的校均教学设备值为14195.40万元，二者相差8702.59万元，前者为后者的38.69%。

C. 教学及辅助用房。

教学及辅助用房对青海省高等教育系统资源承载力的影响很大。2015年青海省高等学校的教学及辅助用房为92.62万平方米,全国各省高等学校教学及辅助用房的省均值为1176.25万平方米,二者相差1083.63万平方米,前者为后者的7.87%;青海省高等学校校均教学及辅助用房为6.62万平方米,全国各省高等学校校均教学及辅助用房为12.79万平方米,二者相差6.17万平方米,前者为后者的51.76%。

D. 图书资源。

图书资源对青海省高等教育系统的资源承载力有很大影响。2015年青海省高等学校的图书资源为544.57万册,全国各省高等学校图书资源的省均值为7849.55万册,二者相差7304.98万册,前者为后者的6.93%;青海省高等学校的校均图书资源为38.90万册,全国各省高等学校的校均图书资源为85.32万册,二者相差46.42万册,前者为后者的45.60%。

行政用房、生活用房、教职工住宅面积、行政教辅人数等影响因素对青海省高等教育系统资源承载力的影响较小。在此不做深入分析。

②青海省高等教育系统2015年环境承载力的分析。

环境承载力是生态承载力中的约束条件,在青海省高等教育环境承载力的影响因素中,政治环境起着决定性的作用,文化环境和经济环境起着关键性作用。但是,由于政治环境和文化环境缺少适切的指征数据,在本书中无法进行定量分析。另外,环境承载力相对客观资源承载力来说是间接作用的承载力,对整个青海省高等教育系统承载力的影响是间接的,有些是隐性的。因此,在本书中,对环境承载力仅作定性分析。我国的政治环境和文化环境长期处于稳定的、有利于高等教育发展的状态,而经济也呈现稳步增长的态势,即使是作为经济发展水平较低的青海省,对高等教育的投入也是逐年增长,并且增幅有越来越大的趋势,总之,环境承载力是稳定而有保障的。

根据对2015年青海省高等教育系统资源承载力测评指标体系中各项指标的测算和分析,青海省高等教育系统2015年资源—环境承载力的总分值为7.60,对照"高等教育系统生态承载力分级评价表",评价结果为"弱承载"。其中设备状况、校舍面积状况、教职工状况的生态承载力分级评价均为"弱承载"。可知:造成2015年青海省高等教育系统资源—环境承载力弱的重要原因是教学设备不足,青海省高等学校校均教学设备值不到全国各省高等学校校均教学设备值的 2/5,教学设备不足说明 2015 年青海省高等教育系统的教学设施不能够满足在校生教学学习的需要。教学及辅助用房面积的缺少,说明教学活动场地至少在数量上是不足的,对青海省高等教育资源承载力的负面影响也较大,加上专任教师人数不足、图书资源的匮乏,这些因素从不同方面,以不同程度上的不足,共同造成了 2015 年青海省高等教育资源承载力低的结果。造成这一结果的原因,除了青海省高等教育在教学设备、校舍面积和师资队伍等方面的"先天不足"和在发展的过程中历史积累不够以外,也与青海省高等教育生态环境的整体脆弱、特别是区域经济生态脆弱有关,虽然有政府多项政策的倾斜和各种形式的支持,但是要想改善长期处在脆弱状态的区域经济环境和区域社会环境毕竟是不可能一蹴而就的。

(3) 青海省高等教育系统 2015 年承载压力度的分析。

2015 年青海高等教育系统承载压力度的分级评价结果为"高压"(见表 3-23)。2015 年青海高等教育系统承受着很大的压力。

承载压力度包括资源压力度和环境压力度,影响资源压力度的因素有:教职工压力度(以生师比表示)、教学设备压力度(以生均教学设备值表示)和校舍压力度(以生均校舍面积表示)。环境压力度因政治环境和文化环境均有利于青海省高等教育的发展,且缺少适切的指征数据,因此,根据贺祖斌的"高等教育系统生态承载力调控模型",仅考虑经济压力度(以人均 GDP 表示)。

①教职工压力度。

教职工压力度(以生师比表示)是影响资源压力度的重要因素。2015 年青海省高等学校的生师比为 16.11,全国高等学校的生师比为 17.73。所测生态承载力分级评价分值为 67.94,对照"高等教育系统生态承载力分级评价表",评价结果为"较高压"。

②教学设备压力度。

教学设备压力度(以生均教学设备值表示)对资源压力度有重要影响。2015 年青海省高等学校的生均教学设备值为 1.0366 万元,全国高等学校的生均教学设备值为1.2752万元，二者相差0.2386万元。所测生态承载力分级评价分值为139.13，对照"高等教育系统生态承载力分级评价表"，评价结果为"高压"。

③校舍压力度。

校舍压力度（以生均校舍面积表示）对资源压力度的影响很大。2015年青海省高等学校的生均校舍面积为26.55平方米，全国高等学校的生均校舍面积为28.01平方米，二者相差1.46平方米。所测生态承载力分级评价分值为38.76，对照"高等教育系统生态承载力分级评价表"，评价结果为"低压"。

④环境压力度。

环境压力度（经济压力度，以人均GDP表示）是影响承载压力度的重要因素。2015年青海省人均GDP为4.14万元，全国人均GDP为4.92万元，二者相差0.78万元。所测生态承载力分级评价分值为117.89，对照"高等教育系统生态承载力分级评价表"，评价结果为"高压"。

综上所述，就2015年青海省高等教育系统承载压力的状况而言，测算的生态承载力分级评价数据表明教学设备压力度和教职工压力度较高，承受较大的压力，校舍压力度较低，承受的压力较低，青海省的人均GDP与全国的人均GDP相比有很大差距，经济压力非常大，这与青海省整体经济发展水平低是直接联系、并且相一致的。

总而言之，基于生态承载力的视角，对于2015年青海省高等教育系统生态承载力及规模发展可以得出如下结论：从青海省高等教育系统生态承载力的供容支持能力来看，青海省高等教育生态系统自我维持、自我调节、抵抗系统外的各种压力和冲击的能力处于较好水平。客观承载力能力较小，承载稳定性低。从青海省高等教育系统承载的压力来看，2015年的在校生规模对其压力很大。从二者的相对关系来看，2015年青海省高等教育系统的自我维持、自我调节能力、教育资源和环境规模的供容能力基本能够支持具有一定质量标准的现有在校生规模，但已经达到最大承载限度，青海省高等教育系统的生态承载状态已经满载，教育规模已经达到现有条件下的最大承载规模。青海省高等教育系统已经达到并开始超出平衡临界点，平衡状态已处于即将被打破的边缘。青海省高等教育系统的规模已经饱和，发展持续力开始出现不足，在2015年的办学条件下，在保证一定质量的前提下，青海省高等教育的规模已无发展余地。

从影响因素分析，青海省高等教育系统的办学经费变化较大，虽然办学经费的总值一直处于逐年增长的状态，但是因为招生规模增加速度很快，因此生均教育经费在2015年之前出现过负增长。2015年办学经费有了大幅度的提高，生均教育经费也超过了全国生均教育经费，根据各级政府近年来出台的各种有关高等教育改革与发展的规划和政策，以及支持西部高等教育发展的专项规划和政策来看，从长远发展的角度，办学经费的支持前景是乐观的。青海省高等教育的办学基本条件薄弱，整体上占地面积小、固定资产少，高校规模较小，高校数量少，办学形式单一，严重制约了青海省高等教育的自我调节能力、抗压能力和自我修复能力。加上教学设备、教学及辅助用房严重匮乏，专任教师数量不足，图书资源均较为缺乏，这些因素从不同方面作用，以不同程度上的不足，共同造成了青海省高等教育资源承载力低的结果。青海省经济生态脆弱，也是造成青海省高等教育环境承载力低的重要原因。2015年青海省高等教育系统仍然承受着很高的压力。

从形成原因来看，一是青海省高等教育系统原有基础薄弱、发展落后。在师资队伍、教学设备、图书资料和校舍面积等方面"先天不足"，加上长期"营养不良"，且在发展的过程中物质资源的积累有限。二是办学模式单一，高校数量少。三是青海省高等教育生态环境的整体脆弱，区域文化科学水平和区域经济水平，特别是经济水平较为落后，相对全国其他地区，有较大差距。

3. 青海省高等教育系统2015年最大承载规模分析

在保证一定教育质量的前提下，测算一定条件下青海省高等教育在校生的最大规模对青海省高等教育改革与发展的相关政策和规划的制定有着直接而重要的意义。基于生态承载力的视角，青海省高等教育系统某一时期的最大承载规模，即青海省高等教育在保证教育质量前提下该时期的条件所能承载的在校生人数的最大值,为青海省高等教育生态系统的压力度与支持供容指数相同,承受压力和供容支持力达到完全平衡状态时的在校生数量,即该时期的条件下,承载饱和度为1时的在校生人数。用数学式可表达为:

$$CCPS = CCP/CCS = 1$$

即 CCP = CCS 时的在校生数量。

设 CCP = CCS,

即:

$$\sum_{i=1}^{n} P_i^{pop} \cdot W_i^{pop} = \sum_{i=1}^{n} S_i^{rec} \cdot W_i^{rec} + \sum_{i=1}^{n} S_i^{eco} \cdot W_i^{eco}$$

设在校生人数为 x,与在校生人数相关的指标等均按照教育部发展规划司的数据处理办法做相应的设定,其他指标保持不变,将相关数据代入上述公式中进行计算,所得 x 值即为在设定条件下的最大承载力规模。

但是鉴于 2015 年青海省高等教育发展规模就是满载状态(承载饱和度为 1.032,几乎等于1),因此不需测算即可断定,青海省高等教育系统 2015 年的最大承载规模接近现有规模 74359 人。另外,经上述计算方法测算所得的最大承载规模数据的主要意义在于作为参照数据,反映"实然"的规模与"应然"最大规模之间的差距,既然已经可以判定,实然规模和应然的最大规模之间差距不大,因此,虽然从测算方法和相关数据的准备上均无问题,但是确无继续测算的必要。

总的来说,在一定条件下,当在校生规模远少于最大承载规模时,会造成教育资源的浪费,使青海省高等教育系统的承载状态处于低载,也会损害生态承载力的发展,进而给青海省高等教育系统的发展带来负影响;当在校生规模开始达到最大承载规模时,青海省高等教育系统就达到了最大资源效应,承载状态处于满载,系统规模处于饱和状态,发展持续力开始不足,青海省高等教育系统处于平衡临界点。当继续扩大规模,使在校生规模超过最大承载规模,就会使青海高等教育系统的承载状态处于超载,开始损害青海省高等教育系统的生态承载力,并使青海省高等教育系统的规模处于过饱和状态,缺乏发展的持续力,青海省高等教育系统超过平衡临界点,平衡被打破,给青海省高等教育系统的发展带来负影响;当在校生规模远远超过最大承载规模时,供容能力不足以支撑教学需要,虽然现有教学资源可以得到充分使用,但会影响教学质量,引起教学质量的下降,加重青海省高等教育系统承载的超载状态,会严重损害生态承载力,无法实现青海省高等教育系统的系统效应,无法实现其发展的可持续性,最终导致青海省高等教育生态系统的严重退化,甚至崩溃。只有当在校生规模接近但未达到最大承载规模时,才能够既保证教学资源的充分使用,又保证有足够的发展持续力,不仅可以发挥青海省高等教育系统的共生效应,而且可以实现青海省高等教育系统的正向演化,实现青海省高等教育系统的可持续发展,此时的在校生规模就是青海省高等教育系统发展的"适度"规模。

四、青海省高等教育系统2016年生态承载力和规模发展的生态学考察

根据青海省和全国高等教育2016年发展状况的相关数据,通过测评青海省高等教育系统的生态弹性度、资源—环境承载力指数及承载压力度三个模块的指标体系,考察青海省高等教育系统2016年生态承载力和规模发展的状况。

(一)青海省高等教育2016年的基本情况

根据青海省教育厅发布的《2016年青海省教育事业发展统计公报》[①],青海省教育厅编纂的《2016年青海省教育事业发展简明统计分析》,教育部、国家统计局和财政部发布的《2016年全国教育经费执行情况统计报告》中提供的数据,2016年青海省高等教育的基本情况(见表3-25)如下。

---

① 青海省教育厅.2016年全省教育事业发展统计公报[EB/OL]. http://www.qhedu.cn/zwgk/jyfz/201703/t20170310_23445.html,2017-03-10/2017-11-09.

表 3-25　　　　　　　　青海省高等教育 2016 年的基本情况

类别	项目	数值
高校类型及数量	普通高校数量（所）	12
	成人高校数量（所）	2
	合计（所）	14
高校规模	在校学生人数 普通高校在校生数（人）	65368
	在校学生人数 成人高校在校生数（人）	12160
	在校学生人数 合计（人）	77528
	教职工人数 总数（人）	6887
	教职工人数 专任教师数量（人）	4513
	教职工人数 行政及教辅人数（人）	1641
资产状况	占地面积（万平方米）	483.33
	固定资产（万元）	312366.38
办学经费	生均公共财政预算教育事业费（元）	24694.50
校舍面积	教学及辅助用房（万平方米）	106.82
	行政用房（万平方米）	10.63
	生活用房（万平方米）	76.65
	教职工住宅面积（万平方米）	19.06
	校舍建筑面积（万平方米）	218.99
教学设备及图书	仪器设备值（万元）	99206
	图书资源（万册）	565.93

数据来源：青海省教育厅发布的《2016 年青海省教育事业发展统计公报》；青海省教育厅编纂的《2016 年青海省教育事业发展简明统计分析》；教育部、国家统计局和财政部发布的《2016 年全国教育经费执行情况统计报告》。

青海省 2016 年共有高等学校 14 所，与上年持平。其中，普通高校 12 所，成人高校 2 所。普通高校中本科院校 4 所（含独立学院 1 所），高职院校 8 所。全省高校研究生培养机构 3 个。

2016 年青海省高等学校共招生 26209 人，比上年增加 2064 人，其中研究生招生 1319 人（含博士生 47 人），较上年增加 101 人，增长 8.29%，增幅比 2015 年下降 4.18%；普通本专科招生 19658 人，较上年增加 1104 人，增长 5.95%，增幅比 2015 年下降 10.14%；成人本专科招生 5232 人，较上年增加 859 人，增长 19.64%，规模由 2015 年的缩减转为增加；2016 年普通高校中普通本科招生 9325 人，比 2015 年增加 319 人，占普通本专科招生数的

47.44%，较 2015 年降低 1.1%；普通专科招生 10333 人，占普通本专科生的 52.56%，比 2015 年增加 785 人，增长 8.22%，增幅明显，较 2015 年增加 1.1%，成人本科招生 2799 人，较 2015 年增加 495 人，增长 21.48%；专科招生 2433 人，较上年增加 364 人，增加 17.59%。

2016 年青海省高等教育在校生总规模 77528 人，较上年增加 3169 人，增长 4.26%。各类在校生中：研究生 3508 人，较上年增加 286 人，增长 8.88%，其中：博士研究生 125 人，较 2015 年增加 38 人，增长 43.68%；普通本专科在校生 61860 人，较 2015 年增加 4400 人，增长 7.66%；成人本专科在校生 12160 人，较 2015 年减少 1517 人，减少 11.09%。

2016 年青海省高等学校共有教职工 6887 人，较 2015 年增加 268 人；专任教师 4513 人，较 2015 年增加 213 人，专任教师占教职工的 65.53%。其中：普通高校教职工 6625 人，比 2015 年增加 268 人，专任教师 4340 人，比 2015 年增加 213 人，较 2015 年提高 0.59%；成人高校教职工 262 人，专任教师 173 人，专任教师占教职工的 66.03%，与 2015 年情况一致。

2016 年青海省高等学校的固定资产 312366.38 万元，比 2015 年增加了 15062.91 万元，占地面积 483.33 万平方米，比 2015 年增加了 13.02 万平方米；校舍建筑面积 218.99 万平方米，教学仪器设备值 99206.48 万元，比 2015 年增加了 22307.2 万元；图书资源 565.93 万册，比 2015 年增加了 21.36 万册；生均公共财政预算教育事业费 24694.50 元，比 2015 年增加了 5043.24 元。办学条件比 2015 年得到了大幅度改善。高等教育开始更加注重内涵发展，着力优化结构，提高教学质量。

（二）青海省高等教育系统 2016 年生态承载力的测评

青海省高等教育系统 2016 年生态承载力的测评，是在测评 2016 年青海省高等教育系统的生态弹性度、资源—环境承载力和承载压力度的基础上展开的，其中生态弹性度和资源—环境承载力反映了青海省高等教育系统的供容支持能力，承载压力度反映了青海省高等教育系统所承受的压力。供容支持能力与承受压力之间的生态关系可反映出青海省高等教育系统 2016 年的承载强度。

1. 青海省高等教育系统2016年生态弹性度的测评

对青海省高等教育生态弹性度起决定性的影响因素有办学经费、资产状况及高校规模,其中办学经费是决定高等学校发展的首要因素,资产状况和高校规模是决定高等教育系统稳定性的关键因素。

表 3-26 青海省高等教育系统 2016 年生态弹性度的测评指标体系

目标层（A）	准则层（B）	指标层（C）	数值
青海省高等教育系统的生态弹性度（A）	高校类型及数量（B_1）	普通高校数量（所）（C_1）	12
		成人高校数量（所）（C_2）	2
	资产状况（B_2）	占地面积（万平方米）（C_3）	483.33
		固定资产（万元）（C_4）	312366.38
	办学经费（B_3）	生均公共财政预算教育事业费（元）（C_5）	24694.50
	高校规模（B_4）	教职工数量（人）（C_6）	6887
		在校学生数（人）（C_7）	77528

数据来源：青海省教育厅编纂的《2016年青海省教育事业发展简明统计分析》；教育部、国家统计局和财政部发布的《2016年全国教育经费执行情况统计报告》。

将青海省高等教育系统2016年生态弹性度测评指标体系中的相关数据及其标准值（见表3-26）,结合各分指标的权重,代入高等教育生态弹性度的测算公式：

$$CSI^{eco} = \sum_{i=1}^{n} s_i^{eco} \cdot w_i^{eco}$$

式中：CSI^{eco}——生态弹性度；

s_i^{eco}——生态系统特征要素；

$n = 1, 2, 3, 4$,分别代表高校类型及其数量、资产状况、办学经费、高校规模等要素；

w_i^{eco}——要素 i 相对应的权重值。

得出各分指标的分值,测出青海省高等教育系统2016年的生态弹性度。测得青海省高等教育系统2016年的生态弹性度为88.20（见表3-27）。

表 3-27 青海省高等教育系统 2016 年生态弹性度的测算

准则层 名称	权重 W_2	指标层 名称	权重 W_1	青海省数值 S_1	全国数值 S	全国各省（不包括港澳台地区）均值 S_0	指标层分值 $f_0 = S_1/S_0 \times 100$	指标层综合分值 $f_1 = f_0 \times W_1$	准则层综合分值 $F_0 = \sum f_1$	综合分值 $F_1 = F_0 \times W_2$
高校类型及数量	0.0724	普通高校数量（所）	0.8333	12	2596	84	14.29	11.90	15.61	1.13
		成人高校数量（所）	0.1667	2	284	9	22.22	3.70		
资产状况	0.1401	占地面积（万平方米）	0.3333	483.33	176897.50	5706.37	8.47	2.82	6.11	0.861
		固定资产（万元）	0.6667	312366.38	196438133.05	6336713.97	4.93	3.29		
办学经费	0.647	生均公共财政预算教育事业费（元）	1	24694.50	18747.65	18747.65	131.72	131.72	131.72	85.22
高校规模	0.1401	教职工人数（人）	0.25	6887	2447903	78964.61	8.72	2.18	7.05	0.99
		在校学生数（人）	0.75	77528	36990000	1193225.81	6.50	4.87		
青海省高等教育生态弹性度分值 $(CSI = \sum F_1)$										88.20

数据来源：①教育部发展规划司编纂的《2016年全国教育事业发展简明统计分析》（全国的统计数据中不包含台湾地区、香港特别行政区和澳门特别行政区的数据）；
②教育部、国家统计局和财政部发布的《2016年全国教育经费执行情况统计报告》；
③青海省教育厅编纂的《2016年青海省教育事业发展简明统计分析》。

对照"高等教育系统生态承载力分级评价表",评价结果为"很稳定"。说明2016年相对全国各省高等教育的平均水平,青海省高等教育生态系统具有很强的自我维持和自我调节能力,很强的抵抗系统外各种压力和冲击的能力。

2. 青海省高等教育系统2016年资源—环境承载力的测评

青海省高等教育系统2016年资源—环境承载力的测评包括对青海省高等教育系统2016年资源承载力的测评和对2016年环境承载力的测评。

(1)青海省高等教育系统2016年资源承载力的测评。

将青海省高等教育系统2016年资源—环境承载力测评指标体系中的相应数据(见表3-28)代入资源承载指数的计算公式进行测算:

$$CEI^{rec} = \sum_{i=1}^{n} s_i^{rec} \cdot w_i^{rec}$$

式中:CEI^{rec}——资源承载指数;

s_i^{rec}——资源组成要素;

n = 1,2,3,分别代表师资水平、教学条件设施状况、校舍状况;

w_i^{rec}——要素 i 的相应权重。

表3-28　青海省高等教育系统2016年资源—环境承载力的测评指标体系

目标层(A)	准则层(B)	指标层(C_i)	分指标层(C_{in})	数值
资源—环境承载力(A)	资源承载力(B_1)	校舍面积(C_1)	教学及辅助用房(万平方米)(C_{11})	106.82
			行政用房(万平方米)(C_{12})	10.63
			生活用房(万平方米)(C_{13})	76.65
			教职工住宅面积(万平方米)(C_{14})	19.06
		教职工状况(C_2)	专任教师数量(人)(C_{21})	4513
			行政教辅人数(人)(C_{22})	1641
		设备状况(C_3)	教学设备(万元)(C_{31})	99206
			图书资源(万册)(C_{32})	565.93

续表

目标层（A）	准则层（B）	指标层（C_i）	分指标层（C_{in}）	数值
资源—环境承载力（A）	环境承载力（B_2）	政治环境（C_4）	管理机制（C_{41}）	
			政策法规（C_{42}）	
		经济环境（C_5）	经济发展水平（C_{51}）	
			高教投入（C_{52}）	
		文化环境（C_6）	文化（C_{61}）	

数据来源：青海省教育厅编纂的《2016年青海省教育事业发展简明统计分析》。

经过测算，得出青海省高等教育系统2016年的资源承载力为8.15（见表3-29）。

(2) 青海省高等教育系统2016年环境承载力的测评。

青海省高等教育系统的环境承载力由政治环境承载力、经济环境承载力和文化环境承载力构成，环境承载指数可以表达为：

$$CEI^{env} = \sum_{i=1}^{n} s_i^{env} \cdot w_i^{env}$$

式中：CEI^{env}——环境承载指数；

s_i^{env}——环境组成要素；

$n=1,2,3$，分别代表政治、经济、文化；

w_i^{env}——要素i的相应权重。

其中政治环境、文化环境对青海省高等教育的规模有重要影响，特别是政治环境有着决定性的影响，但鉴于二者缺少合适的指征数据，不宜进行定量分析，同时也由于我国近些年来，整个社会大背景下的管理机制、政策法规和主流文化是趋同、稳定且有利于青海省高等教育系统的发展的。经济环境对青海省高等教育的发展起着非常重要而明显的作用。青海省财政对青海省高等教育的资金投入逐年增长，特别是在2016年投入幅度很大，青海省高等教育系统的资金支持不仅是有保障的，而且呈稳步增长趋势。因此，在本书中对环境承载力仅作定性分析。

第三章 青海省高等教育系统历年生态承载力和规模发展的生态学考察

表 3-29 青海省高等教育系统 2016 年资源承载力的测算

准则层		指标层			全国数值 S	全国各省（不包括港澳台地区）均值 S_0	指标层分值 $f_0 = S_1/S_0 \times 100$	指标层综合分值 $f_1 = f_0 \times W_1$	准则层综合分值 $F_0 = \sum f_1$	综合分值 $F_1 = F_0 \times W_2$
名称	权重 W_2	名称	权重 W_1	青海省数值 S_1						
校舍面积	0.2	教学及辅助用房（万平方米）	0.4841	106.82	37278.97776	1202.55	8.88	4.30	7.95	1.59
		行政用房（万平方米）	0.2311	10.63	4753.543382	153.34	6.93	1.60		
		生活用房（万平方米）	0.1676	76.65	31021.87973	1000.71	7.66	1.28		
		教职工住宅面积（万平方米）	0.1172	19.06	9054.723259	292.09	6.53	0.76		
教职工状况	0.6	专任教师数量（人）	0.875	4513	1627182	52489.74	8.60	7.52	8.65	5.19
		行政教辅人数（人）	0.125	1641	562488	18144.77	9.04	1.13		
设备状况	0.2	教学设备（万元）	0.75	99206	45003240.12	1451717.42	6.83	5.13	6.86	1.37
		图书资源（万册）	0.25	565.93	252753.22	8153.33	6.94	1.74		
青海省高等教育资源承载力分值（POP = $\sum F_1$）										8.15

数据来源：①教育部发展规划司编纂的《2016年全国教育事业发展简明统计分析》（全国的统计数据中不包含台湾地区、香港特别行政区和澳门特别行政区的数据）；
②青海省教育厅编纂的《2016年青海省教育事业发展简明统计分析》。

综合分析，青海省高等教育系统2016年的资源—环境承载力值为8.15，对照"高等教育系统生态承载力分级评价表"进行分级评价，评价结果为"弱承载"。说明2016年相对全国各省高等教育的平均水平，青海省高等教育系统的资源支持力整体上虽然比2015年有很大提升，但是从教育生态的视域分析，仍处于弱承载状态，承载力小，承载的稳定性低。

3. 青海省高等教育系统2016年承载压力度的测评

将青海省高等教育系统2016年承载压力度的测评指标体系中的相关数据（见表3-30），代入高等教育系统承载压力指数测算公式，进行计算：

$$CPI^{pop} = \sum_{i=1}^{n} p_i^{pop} \cdot w_i^{pop}$$

式中：CPI^{pop}——以学生数量表示的压力指数；

p_i^{pop}——不同类型的学生数量；

w_i^{pop}——相应类型学生的教学质量权重值。

表3-30　青海省高等教育系统2016年承载压力度的测评指标体系

目标层（A）	准则层（B）	指标层（C）	数值
承载压力度（A）	资源压力度（B_1）	校舍压力度（生均校舍面积/平方米）（C_1）	29.99
		教职工压力度（生师比）（C_2）	16.15
		教学设备压力度（生均教学设备值/万元）（C_3）	1.2670
	环境压力度（B_2）	经济压力度（人均GDP/万元）（C_4）	4.37

数据来源：青海省教育厅编纂《2016年青海省教育事业发展简明统计分析》；国家统计局官网 http://www.stats.gov.cn/。

经计算，可以得到青海省高等教育系统2016年的承载压力度为84.49（见表3-31）。对照"高等教育系统生态承载力分级表"，评价结果为"高压"。说明2016年相对全国高等教育的平均水平，青海省高等教育系统在校舍、教职工、教学设备和经济方面承受的压力很大，青海省高等教育系统在2016年承受着高压力。

表 3-31　青海省高等教育系统 2016 年承载压力度的测算

准则层		指标层		青海省数值 S_1	全国数值 S_0	指标层分值 $f_0 = $ 人数 $\times$ $[1-(S_1/S_0)]/100$	指标层综合分值 $f_1 = f_0 W_1$	准则层综合分值 $F_0 = \sum f_1$	综合分值 $F_1 = F_0 \times W_2$
名称	权重 W_2	名称	权重 W_1						
资源压力度	0.8333	校舍压力度/生均校舍面积（平方米）	0.2	29.99	29.00	-26.47	-5.29	68.64	57.20
		教职工压力度/生师比	0.6	16.15	17.79	71.47	42.88		
		教学设备压力度/生均教学设备值（万元）	0.2	1.2670	1.5843	155.27	31.05		
环境压力度	0.1667	经济压力度/人均GDP（万元）	1	4.37	5.5412	163.73	163.73	163.73	27.29
青海省高等教育承载压力度分值 （CCP = $\sum F_1$）								84.49	

数据来源：①教育部发展规划司编纂的《2016 年全国教育事业发展简明统计分析》（全国统计数据中不包含台湾地区、香港特别行政区和澳门特别行政区的数据）；
②青海省教育厅编纂的《2016 年青海省教育事业发展简明统计分析》；
③国家统计局官网 http://www.stats.gov.cn/。

4. 青海省高等教育系统2016年生态承载力的评价

根据以上对青海省高等教育系统2016年生态弹性度、教育资源—环境承载力指数及承载压力度三项指标体系的测算数值，对青海省高等教育系统2016年生态承载力的状况作出如下综合评价：

（1）青海省高等教育系统2016年的生态弹性度处于很稳定的状态，青海省高等教育生态系统具有很强的自我维持能力、自我调节能力、抵抗系统外的各种压力和冲击的能力。

（2）青海省高等教育系统2016年的资源支持力整体上虽然比2015年有很大提升，但是仍处于弱承载状态，承载力小，承载的稳定性低。但是环境承载力处在更加有利于高等教育发展的状态。

（3）青海省高等教育系统2016年的承载压力度处于"高压"，青海省高等教育系统承受着高压力。

（三）青海省高等教育规模2016年发展状况的生态学考察

对青海省高等教育规模2016年发展状况的生态学考察，包括以下两个方面的内容：一是对青海省高等教育规模2016年发展状况的生态学评价；二是对青海省高等教育系统2016年生态承载力状况的分析。

1. 青海省高等教育规模2016年发展状况的生态学评价

根据青海省高等教育系统2016年的生态弹性度、资源承载力、承载压力度三项指标的测算结果（见表3-32），测算青海省高等教育系统2016年的承载饱和度，分析供容承载力和承载压力之间的生态关系，进而对青海省高等教育系统2016年的规模发展状况进行生态学评价。

表 3-32　青海省高等教育系统 2016 年生态承载力的综合评价

指标	分值	状态
生态弹性度	88.20	很稳定
资源承载力	8.15	弱承载
承载压力度	84.49	高压

将三项指标的相应数据代入高等教育的承载饱和度的测算公式进行测算：

$$CCPS = CCP/CCS = 84.49/(88.20 + 8.15) = 84.49/96.35 = 0.877$$

即：

$$CCPS = 0.877$$

青海省高等教育系统 2016 年的承载饱和度为 0.877，接近 1 而未达到 1。说明青海省高等教育系统 2016 年所承受的压力尚未达到其承载力、支持力的极限，青海省高等教育系统的生态承载状况在 2016 年处在适度承载的状态，在校生的规模 77528 人为 2016 年供容承载条件下青海省高等教育系统的适度承载规模，青海省高等教育系统的发展具很强的持续力。2016 年青海省高等教育的发展规模状况为适度饱和状态，教学资源得到适度使用。总之，2016 年青海省高等教育规模发展适度，具充足的持续力，教学质量可以得到保证，并可进一步提高，青海省高等教育系统的共生发展效应和可持续发展得以实现。

2. 青海省高等教育系统 2016 年生态承载力的考察

对青海省高等教育系统 2016 年生态承载力的考察，是基于青海省高等教育系统 2016 年的生态弹性度、资源—环境承载力指数、承载压力度三个模块的指标及承载饱和度的结果，以及对青海省高等教育系统 2016 年生态承载力的综合评价，分析 2016 年青海省高等教育系统生态承载力的各影响因子及其形成原因。

青海省高等教育系统 2016 年的生态弹性度为 88.20，生态承载力分级评价为"很稳定"状态，说明 2016 年的青海省高等教育系统具有很强的自我调节能力、抗压能力、抗冲击能力和很好地受到干扰后的自我修复能力。并且比 2015 年有了很大的提升。

2016 年青海省高等教育的资源—环境承载力为 8.15，比 2015 年的承载能力有所改善，但仍处于"弱承载"状态，承载力小、承载的稳定性低。青海省高等教育的承载压力度为 84.49，生态承载力分级评价结果为"高压"级别，说明，2016 年青海省高等教育系统仍承受着高压力，与 2015 年承受的处于"高压"状态的压力相差无几。承载压力度的降低与生态弹性度和资源承载力的增高有因果关系，但是校舍压力度等指标有明显改善，办学条件的改善将会逐渐减轻青海省高等教育系统所承受的压力。2016 年青海省高等教育系统生态承载力承载的规模未达到满载，并属于适度发展的状态，所具备的供容支撑能力不仅能够满足 2016 年青海省高等教育相应的质量标准的发展规模（在校生 77528 人），而且尚有余力，持续发展力量充足，虽然青海省高等教育系统仍须面对继续改善办学条件来增加承载支撑力或者降低承载压力度的问题，但是以不断提高教学质量、实现青海省高等教育系统的"内涵式发展"提升其承载力，越来越成为优化青海省高等教育系统生态，增强其"生态力"，实现其可持续性发展的重要内容。

以下按照生态弹性度、资源—环境承载指数、承载压力度三项指标体系，深入解析 2016 年青海省高等教育系统生态承载力的各个组成要素及其影响因子。由于青海省高等学校数量少，在数据分析时，青海省的相关数据，除了与全国省均值和生均值进行比较以外，资产状况、高校规模、专任教师人数、教学设备、教学及辅助用房、图书资源等指标还与全国各省高等学校的校均值进行了比较，以期能够更为客观、全面地反映出青海省高等教育系统生态承载力和规模的发展状况。

（1）青海省高等教育系统 2016 年生态弹性度的分析。

2016 年青海省高等教育系统的生态弹性度为"很稳定"的状态，青海省高等教育统生态弹性度的影响因素为高校类型及数量、办学经费、资产状况和高校规模（见表 3-27）。

①高校类型及数量。

2016 年青海省高等教育的类型与之前一样，只有普通高等学校和成人高等学校，没有民办高等学校，不仅类型单一，而且数量少，2016年青海省的高校数量与2015年一样，仅有14所，全国各省高等学校数量的平均值为93所，青海省的高等学校数量仅为全国各省高等学校平均数量的15.05%。其中青海省普通高等学校的数量为12所，全国各省普通高等学校数量的省均值为84所，后者约为前者的7倍；青海省成人高校的数量为2所，全国各省成人高校的数量省均值为9所，后者为前者的4.5倍。青海省高等教育系统2016年的高校类型和数量的生态承载力分级评价测算分值为15.61，对照"高等教育系统生态承载力分级评价表"，评价结果为"弱稳定"，与2015年的状况基本相同。

②资产状况。

基于生态学的视域，资产状况决定着高等教育系统的稳定性。资产状况主要包括占地面积和固定资产。

A. 占地面积。

2016年青海省高等学校的占地面积为483.33万平方米，比2015年增加了13.02万平方米，2016年全国各省高等学校占地面积的平均值为5706.37万平方米，二者相差5223.04万平方米，青海省仅为全国各省平均值的8.47%，与2015年的情况相差不大；青海省高等学校的校均占地面积为34.52万平方米，全国各省高等学校的校均占地面积值为61.42万平方米，二者相差26.9万平方米，青海省高等学校的校均占地面积值为全国各省高等学校校均占地面积值的56.2%。占地面积的生态承载力分级评价测算分值为8.47，对照"高等教育系统生态承载力分级评价表"，评价结果为"弱稳定"。2016年的占地面积比2015年有增加，但其生态状况与2015年相差无几。

B. 固定资产。

2016年青海省高等教育系统的固定资产为312366.38万元，比2015年增加了15062.91万元，全国各省平均值为6336713.97万元，二者相差6024347.59万元，青海省仅为全国各省平均值的4.93%。青海省高等学校的校均固定资产为22311.88万元，全国各省高等学校的校均固定资产为68136.71万元，青海省高等学校的校均固定资产比全国各省高校的校均固定资产低45824.83

万元，为后者的32.75%。2016年青海省高等学校固定资产的生态承载力分级评价测算分值为4.93，对照"高等教育系统生态承载力分级评价表"，评价结果为"弱稳定"。2016年青海省高等教育系统固定资产的生态状况与2015年基本一样。

2016年青海省高等教育系统的资产状况的生态承载力分级评价测算分值为6.11，对照"高等教育系统生态承载力分级评价表"，评价结果为"弱稳定"。与2015年的生态状况基本相同，占地面积和固定资产的生态状况也与2015年相差无几，造成这一结果的原因仍然是青海省高等学校类型单一、数量少，占地面积小，固定资产少。2016年青海省高等学校的类型和数量均无变化，高等学校数量比全国各省高校数量均值少74所，仅为后者的15%；占地面积小、固定资产少是青海省高等教育系统一直以来的生态状况，青海省高校的校均占地面积仅为全国各省高等学校校均值的56.2%；青海省高等学校校均固定资产值为全国各省高等学校校均值的1/3，从2013~2016年，无论是从省级层面比较还是从校级层面比较，青海省高等教育系统的资产状况远低于全国各省的平均水平和各省高等学校的平均水平，资产的生态状况均极其脆弱。

③办学经费。

办学经费一直以来都是影响青海省高等教育系统生态弹性度的首要因素。2016年的青海省高等学校的生均公共财政预算教育事业费为24694.50元，比2015年的19651.26元增加了5043.24元，增长幅度很大，2016年全国的生均公共财政预算教育事业费为18747.65元，青海省的生均教育事业费超出全国生均教育事业费5946.85元，是全国生均教育事业费的1.32倍。继2015年的大幅增长之后，2016年的增长幅度之大在青海省高等教育事业的发展历史上是绝无仅有的，说明国家对西部地区高等教育的发展空前重视，大幅度提高对青海省高等教育的财政资金投入，是落实教育部在《国家中长期教育改革和发展规划纲要（2010~2020）》中第七章"高等教育"第（二十二）的"优化区域布局结构。设立支持地方高等教育专项资金，实施中西部高等教育振兴计划"的具体体现，也是执行"中西部高等教育振兴计划"，解决西部地区高等教育落后问题的有效举措。2016年青海省高等教育办学经费的指标分值为131.72,对照"高等教育系统生态承载力分级评价表",评价结果为"很稳定",并且从指标分值来看,明显高于2015年的108.31,稳定性超过2015年。

④高校规模。

高校规模主要指教职工规模和学生规模。

A. 教职工规模。

2016年青海省高等学校的教职工规模为6887人,比2015年增加268人。2016年全国各省高等学校的省均教职工规模为78965人,二者相差72078人,前者为后者的8.72%;2016年青海省高等学校教师的校均人数为492人/校,全国各省高等学校教师人数的校均值为849人/校,二者相差357人,青海省高等学校教师人数的校均值为全国各省高等学校教师人数校平均值的57.95%。教职工规模的生态承载力分级评价测算分值为8.72,评价结果为"弱稳定"状态。与2015年情况大致相同。

B. 在校生规模。

2016年青海省高等学校的在校生人数为77528人,比2015年增加了3169人。2016年全国各省高等学校在校生人数的平均值为1193226人,二者总数相差1115698人,前者是后者的6.50%;2016年青海省高等学校的校均在校生人数5538人,全国各省高等学校的校均在校生人数12830人,二者相差7292人,前者是后者的43.16%。虽然无论从省均值还是校均值的比较来看,2016年青海省高校的在校生人数都算不高,又有充足的办学经费作保障,但是鉴于青海省高校数量少(仅为全国各省省均值的15%)、占地面积小(校均值仅为全国各省高校校均值的56.2%),固定资产少(校均值仅为全国各省高校校均值的32.75%),加之在青海省高等教育的物质资源和人文资源发展过程中历史积淀薄弱,青海省高等教育系统仍然承受着较大的压力。

2016年青海省高等教育系统的高校规模的生态承载力分级评价测算分值为7.05,对照"高等教育系统生态承载力分级评价表",评价结果为"弱稳定"。与2015年高等教育的生态状况基本一致。

总而言之，通过对青海省高等教育系统2016年生态弹性度的考察，可以得知青海省高等教育系统2016年自我调节能力、自我修复能力、抗外来压力和冲击力的能力的情况。从其具体影响要素来看，办学经费的稳定增长是保持青海省高等教育系统生态弹性度的稳定的首要影响因素，以生均公共财政预算教育事业费为指标来分析办学经费的变化发展，在青海省高等教育的发展历史上，青海省生均公共财政预算教育事业费有时低于全国生均公共财政预算教育事业费，有时高于全国生均公共财政预算教育事业费，2015年超过全国生均公共财政预算教育事业费1507.69元，2016年竟然超出全国生均教育事业费5946.85元，达到全国生均教育事业费的1.32倍。办学经费的持续稳定地增长使青海省高等教育的生态弹性度整体上保持在"较稳定"甚至"很稳定"的状态。

2016年和2015年青海省高等教育系统的资产状况和高校规模均处于"弱稳定"状态，占地面积小，固定资产少，生态系统稳定性差，造成原因：一是青海省高等教育系统原有基础极其薄弱、历史积淀不足、发展速度缓慢；二是青海省高等教育系统的办学模式单一，高校数量少；三是青海省整体经济和社会发展水平落后。虽然青海省高等教育系统2016年生态弹性度的生态承载力分级评价结果为"很稳定"，但是相关数据的测算和分析显示，过于依赖办学经费的支持，因此，在继续增加办学经费的同时，大力改善占地面积和固定资产的情况，优化资产状况和高校规模，才能推进青海省高等教育系统生态弹性度的均衡发展，多元化地促进青海省自我调节能力、抗压能力和自我修复能力的提高，不断优化青海省高等教育系统的稳定性。

(2) 青海省高等教育系统2016年资源—环境承载力的分析。

青海省高等教育系统2016年的资源—环境承载力的分级评价结果为"弱承载"状态，承载稳定性低，资源承载力小（见表3-29）。青海省高等教育系统资源—环境承载力包括青海省高等教育系统资源承载力和青海省高等教育系统环境承载力两个部分。

①青海省高等教育系统2016年资源承载力的分析。

影响青海省高等教育资源承载力的因素有教学设备值、教学及辅助用房、专任教师人数、图书资源、行政用房、生活用房、行政教辅人数、教职工住宅面积。

A. 专任教师人数。

专任教师数量是影响青海省高等教育系统资源承载力的重要因素。2016年青海省高等学校的专任教师人数为4513人，比2015年增加了213人，2016年全国各省高等学校专任教师人数的省均值为52490人，二者相差47977人，前者为后者的8.60%。青海省高等学校校均专任教师人数约为322人，全国各省高等学校校均专任教师人数约为564人，二者相差242人，青海省高等学校校均值为全国高等学校校均值的57.09%。状况与2015年基本相同。

B. 教学设备值。

教学设备值对青海省高等教育系统的资源承载力有重要影响。2016年青海省高等学校的教学设备值为99206万元，比2015年高出22306.72万元，2016年全国各省高等学校的教学设备值省均值为1451717.42万元，二者相差1352511.42万元；2016年青海省高等学校校均教学设备值为7086万元，全国各省高等学校的校均教学设备值为15609.86万元，二者相差8523.86万元，前者为后者的45.39%。状况与2015年基本相同。

C. 教学及辅助用房。

教学及辅助用房对青海省高等教育系统资源承载力的影响很大。2016年青海省高等学校的教学及辅助用房为106.82万平方米，比2015年增加了14.2万平方米。2016年全国各省高等学校教学及辅助用房的省均值为1202.55万平方米，二者相差1095.73万平方米，前者为后者的8.88%；2016年青海省高等学校校均教学及辅助用房为7.63万平方米，全国各省高等学校校均教学及辅助用房为12.93万平方米，二者相差5.30万平方米，前者为后者的59.01%。状况与2015年基本相同。

D. 图书资源。

图书资源对青海省高等教育系统的资源承载力也有很大影响。2016年青海省高等学校的图书资源为565.93万册，比2015年增加了21.36万册，

2016年全国各省高等学校图书资源的省均值为8153.33万册，二者相差7587.4万册，前者为后者的6.94%；2016年青海省高等学校的校均图书资源为40.42万册，全国各省高等学校的校均图书资源为87.67万册，二者相差47.25万册，前者为后者的46.10%。状况与2015年基本相同。

行政用房、生活用房、教职工住宅面积、行政教辅人数等影响因素对青海省高等教育系统资源承载力的影响较小，因此不再做分析。

②青海省高等教育系统2016年环境承载力的分析。

基于教育生态学的视域，在生态承载力中环境承载力是约束条件，在影响青海省高等教育环境承载力的因素中，政治环境对环境承载力起着决定性的作用，文化环境和经济环境起着关键性作用。但是在本书中，政治环境和文化环境缺少适切的可供分析的指征数据，因此无法进行规范的定量分析。此外，环境承载力相对客观资源承载力来说是间接作用的承载力，对整个青海省高等教育系统的承载力大多以间接的方式、甚至以隐性的方式施加影响。因此，在本书中，对环境承载力仅作定性分析。鉴于我国的政治环境和文化环境长期处于稳定的、良性演进的、有利于高等教育发展的状态，并且西部高等教育的发展越来越受到中央政府层面的关注，各项有利于西部高等教育发展的政策相继出台，财政资金等对西部高等教育，包括青海省高等教育的投入力度越来越大，与此同时，青海省的经济发展也呈现出稳步增长的态势，虽然青海省的经济发展水平低，但发展前景是好的，对高等教育的投入也是逐年增长，并且增幅有越来越大的趋势，因此，环境承载力是稳定的、有保障的和呈现良性发展的。

根据对2016年青海省高等教育系统资源承载力各项指标的测算和分析，青海省高等教育系统2016年资源—环境承载力的总分值为7.97，对照"高等教育系统生态承载力分级评价表"，评价结果为"弱承载"。其中设备状况、校舍面积状况、教职工状况的生态承载力分级评价均为"弱承载"。因此，造成2016年青海省高等教育系统资源—环境承载力弱的主要原因有三个，一是教学设备不足。如果说青海省高等学校的省均教学设备值远低于全国各省高等学校的省均教学设备值是因为青海省高校数量少造成的，那么青海省高等学校校均教学设备值仅为全国各省高等学校校均教学设备值的45.39%，就充分说明了2016年青海省高等教育系统的教学设施仍不能够满足在校生教学学习的需要。另外，2013~2016年青海省高等教育系统教学设备值的数据充分显示，尽管青海省高等教育系统的教学设备一直在不断改善，但至今仍是办学条件中的薄弱环节。二是专任教师人数不足。2016年青海省高等学校专任教师的校均值为全国高等学校专任教师校均值的57.09%。三是教学及辅助用房缺少。2016年青海省高等学校校均教学及辅助用房面积是全国各省高等学校校均教学及辅助用房面积的59.01%。说明青海省高等学校的教学活动场地至少在数量上是不足的，对青海省高等教育资源承载力的负面影响也较大，加上图书资源的匮乏等因素，造成了2016年青海省高等教育资源承载力低的结果。造成这一结果，既有青海省高等教育在教学设备、校舍面积和师资队伍等方面的"先天不足"和在发展的过程中历史积累不够等原因，也与青海省高等教育系统的整体生态环境脆弱有关，虽然有政府多项政策的倾斜和大量资金的投入，使得青海省高等教育事业飞速发展，但是要想彻底改变"冰冻三尺，非一日之寒"的脆弱的区域经济环境和区域社会环境尚须长久不懈的努力。

(3) 青海省高等教育系统2016年承载压力度的分析。

2016年青海高等教育系统承受较高的压力，承载压力度为"高压"级别，与2015年承受的压力相差不大（见表3-31）。

承载压力度包括资源压力度和环境压力度，影响资源压力度的因素有：教职工压力度（以生师比表示）、教学设备压力度（以生均教学设备值表示）和校舍压力度（以生均校舍面积表示）。环境压力度因政治环境和文化环境均有利于青海省高等教育的发展，且缺少适切的指征数据，因此，根据贺祖斌的"高等教育系统生态承载力调控模型"，仅考虑经济压力度（以人均GDP表示）。

①教职工压力度。

教职工压力度（以生师比表示）是影响资源压力度的重要因素。2016年青海省高等学校的生师比为16.15，全国高等学校的生师比为17.79。所测生态承载力分级评价分值为71.47，对照"高等教育系统生态承载力分级评价表"，评价结果为"较高压"。

②教学设备压力度。

教学设备压力度（以生均教学设备值表示）对资源压力度有重要影响。2016年青海省高等学校的生均教学设备值为1.2670万元，全国高等学校的生均教学设备值为1.5843万元，二者相差0.3173万元。所测生态承载力分级评价分值为155.27，对照"高等教育系统生态承载力分级评价表"，评价结果为"高压"。

③校舍压力度。

校舍压力度（以生均校舍面积表示）对资源压力度的影响很大。2016年青海省高等学校的生均校舍面积为29.99平方米，全国高等学校的生均校舍面积为29平方米，青海省高等学校的生均校舍面积超出全国高等学校的生均校舍面积0.99平方米。所测生态承载力分级评价分值为－26.47，对照"高等教育系统生态承载力分级评价表"，评价结果为"极弱压"。

④环境压力度。

环境压力度（经济压力度，以人均GDP表示）是影响承载压力度的重要因素。2016年青海省人均GDP为4.37万元，全国人均GDP为5.5412万元，二者相差1.1712万元。所测生态承载力分级评价分值为163.73，对照"高等教育系统生态承载力分级评价表"，评价结果为"高压"。

综上所述，就2016年青海省高等教育系统承载压力的状况而言，测算的生态承载力分级评价数据表明教学设备压力度很高，教学设备方面承受压力很大；其次是教职工压力度较高，承受较大的压力；校舍承受压力极低。从环境压力度来看，青海省的人均GDP与全国的人均GDP相比有很大差距，经济压力度非常大，这与青海省整体经济发展水平低是直接联系、并且相一致的。

总而言之，对2016年青海省高等教育系统的生态承载力及规模发展状况可以得出如下结论：

（1）从青海省高等教育系统2016年生态承载力的供容支持能力来看，

青海省高等教育生态系统自我维持、自我调节、抵抗系统外的各种压力和冲击的能力处于很稳定的状态。客观承载力能力较小，承载稳定性低。从青海省高等教育系统承载的压力来看，2016年的在校生规模对其压力仍很大。

（2）从2016年青海省高等教育系统生态承载力的供容支持能力和在校生规模形成的压力二者的相对关系来看，2016年青海省高等教育系统的自我维持、自我调节能力、教育资源和环境规模的供容能力完全能够支持具有一定质量标准的现有在校生规模，青海省高等教育系统的生态承载状况为适度承载状态，规模状况为适度饱和状态，有足够的发展持续力，可以实现教学资源效益最优化，青海省高等教育系统的共生效应和可持续发展。

（3）从影响因素分析，青海省高等教育系统2016年的办学经费，在2015年办学经费已有大幅度提高的基础上再创新高，生均教育经费再次超过了全国生均教育经费，根据各级政府近年来出台的各种有关高等教育改革与发展的规划和政策，以及支持西部高等教育发展的专项规划和政策来看，从长远发展的角度，办学经费的支持前景是不仅是稳定且有保障的，而且是乐观的。青海省高等教育的办学基本条件薄弱，教育教学资源历史积淀不足，整体而言固定资产少，占地面积小、高校规模较小，高校数量少，办学形式单一，严重制约了青海省高等教育的自我调节能力、抗压能力和自我修复能力的增强。加之教学设备等严重匮乏，导致一直以来，青海省高等教育系统的资源承载力都很低。青海省经济生态脆弱，也是造成青海省高等教育环境承载力低的重要原因。2016年青海省高等教育系统承受的压力比2015年有所减轻，但仍处于"高压"状态。

（4）从形成原因来看，一是青海省高等教育系统原有基础薄弱、发展落后。在教学设备、图书资料和校舍面积等方面"先天不足"，加上长期"营养不良"，且在发展的过程中物质资源的积累有限。二是办学模式单一，高校数量少。三是青海省高等教育生态环境的整体脆弱，区域文化科学水平和区域经济水平，特别是经济水平较为落后，相对全国其他地区，有较大差距。

第四章
青海省高等教育系统生态承载力和规模未来发展趋势的测评及分析

对青海省高等教育规模未来发展趋势进行测评及分析在青海省高等教育规模发展的研究中是必不可少的，甚至是对历史和现实发展规模进行分析的意义之一。目前，学术界预测高等教育规模未来发展状况的主要方法有分析劳动力需求法、分析消费者需求法、教育的成本收益比较法、经济计量模型法，以及参考外国发展轨迹等。常用的定量分析方法有时间序列分析法、学生流法和回归预测分析法，这些方法大多是从某一个或某几个关键因素来预测高等教育的未来发展规模，都有一定的学术价值和实践意义，但是在具体研究过程中基本上对相关政策和规划等的影响重视不够甚至完全忽视，而高等教育的规模发展是多因素嵌合并相互作用的结果，很难用单一的因果关系或矛盾关系的原则来解释，特别就我国的国情来说，相关的政策和规划对高等教育规模的未来发展起着决定性的作用，而生态学的思维方式和研究方法更加注重所研究问题的系统性、复杂性、整体性、动态性和发展性。从生态承载力的视角，通过逐一梳理这些联系复杂的多因素的发展趋势，对青海省高等教育规模的未来发展状况进行定量和定性相结合的预测和分析，虽然这种预测也是粗略的、探索性的，甚至在某些方面是不严谨的、准确性是相对的，但相对目前单一视角的分析还是有其独到之处，可能会更贴近实际，必然具有一定的参考价值。以时间发展为主线，按照生态承载力的测算要素及

第四章 青海省高等教育系统生态承载力和规模未来发展趋势的测评及分析

分析方法,从生态演化的视角对青海省高等教育系统的生态承载力和规模发展进行一个纵向的、动态的分析,有助于把握青海省高等教育系统生态承载力和规模的发展轨迹和未来的发展可能,有助于有的放矢地进行人为干预和调控,通过制定合理的、具有前瞻性的政策和规划,科学、合理、高效地调控规模向有利于青海省高等教育系统可持续发展的方向发展。

一、青海省高等教育系统生态承载力和规模未来发展趋势的预测方法

对青海省高等教育系统生态承载力和规模的未来发展趋势进行预测及分析的方法,是以2020年为时间节点,根据已知数据模拟出反映其发展轨迹的数学模型,再利用数学模型推算出2020年青海省和全国"高等教育系统生态承载力测评指标体系"的所有数据,然后分别测算出2020年时青海省高等教育系统的生态弹性度、资源—环境承载力和承载压力度,在此基础上评价2020年时青海省高等教育系统的生态承载力和发展规模的情况,从而动态性地纵向把握青海省高等教育规模的发展规律,为研判青海省高等教育未来的发展形势、制定相关的政策,针对可能出现的问题、制定相应的预案提供参考。

影响青海省高等教育生态承载力的因素很多,在分析这些因素时涉及不同的选择原则和处理方式,选择原则和处理方式的不同可能会导致得出的结果差别较大。因此,力求使处理过程和处理结果符合基本的统计学要求和青海省高等教育发展的实际,力求预测尽可能科学、合理、准确,就必须首先解决预测过程中最基本的选择原则、模拟模型时数据的基本处理方式和重要问题的处理原则等问题,在对青海省高等教育规模未来发展趋势的预测中,这些最基本和最重要的问题主要有:时间节点的选择和基本参数来源、数学模型和分析方法的使用原则、拟合数学模型的处理原则、环境承载力的测算四个方面的问题。另外,在青海省高等教育规模发展中存在很多不确定性,预测的数据着重在于表示影响因素和规模的发展趋势及其相互关系,是个参

照数值，而非绝对标准，其精确性是相对的而非绝对的。

（一）时间节点的选择和基本参数来源

从分析技术的角度讲，根据已有数据及模拟出的数学模型可以支持对未来任何一时间点的生态承载力和发展规模的预测，但本书确定2020年为时间节点，因为2020年既是《国家中长期教育改革与发展规划纲要（2010~2020）》《国家教育事业发展"十三五"规划》《青海省中长期教育改革和发展规划纲要（2010~2020年）》和《青海省"十三五"教育改革和发展规划》的收官之年，也是《国家中长期教育改革与发展规划纲要（2020~2030）》《国家教育事业发展"十四五"规划》《青海省中长期教育改革和发展规划纲要（2020~2030年）》和《青海省"十四五"教育改革和发展规划》的制定之年，是个承上启下、继往开来的重要时间节点，因此对2020年青海省高等教育系统生态承载力与发展规模的预测和分析具有十分显著的实践意义。

对青海省高等教育系统生态承载力和规模未来发展趋势进行测评及分析的基本参数的来源是：青海省教育厅历年编纂的《青海省教育事业发展简明统计分析》及其发布的《青海省教育事业发展统计公告》，教育部发展规划司历年编纂的《全国教育事业发展简明统计分析》及其发布的《全国教育事业发展统计公告》，教育部、国家统计局和财政部在历年发布的《全国教育经费执行情况统计报告》的数据。

（二）数学模型和分析方法的使用原则

数学模型和分析方法的使用原则是兼顾数学分析的科学性、教育事业发展的合理性、相关政策规划引导的前瞻性，并遵循"近大远小"的原则。首先是保证数学分析的科学性。在多个数学模型中，选择拟合度值在0.6以上的数学模型（$R^2 \geq 0.6$），放弃拟合度值在0.4以下的数学模型（$R^2 \leq 0.4$）。

其次是符合教育事业发展的合理性,当出现多个拟合度值在0.6以上的数学模型（$R^2 \geqslant 0.6$）时,结合高等教育发展的实际情况,着重分析高等教育事业发展的合理性,选择最符合发展实际,最为合理的数学模型。再次是相关政策规划的引导性。兼顾高等教育生态系统的自然发展和相关政策、规划的引导作用,将数学分析的科学性、教育事业发展的合理性、相关政策规划的引导性综合起来分析,以求获得在现有情况下的尽可能全面、尽可能准确、尽可能符合青海省高等教育系统发展规律和实际可能的、对未来发展趋势的综合的分析。此外,还要遵循"近大远小"的原则,在教育活动时间序列的定量动态分析中,近期发展水平对未来的影响一般大于远期发展水平的影响,因此,预测青海省高等教育系统的未来发展趋势时遵循"近大远小"的原则。

（三）关于模拟数学模型的处理原则

2020年青海省高等教育系统生态承载力指标的预测,在生态弹性度、资源—环境承载力和承载压力度三个指标体系中,按照拟合曲线的作图法,一般选择2011~2016年这6年的相关数据作为拟合数学模型的基本参数,并尽可能选择拟合度高的数学模型。一般来说,指标体系中较为稳定、变化较少、变化规律性较强的数据,易于模拟出拟合程度高的数学模型;变动较大且变化缺少规律的数据模拟出的模型拟合程度相对较低,对于后者,通过增加拟合数学模型的基本参数的数量（如增加2008~2010年的相关数据）来增加拟合数学模型的拟合度,使之达标,确保通过拟合的数学模型预测指标数值在数学分析意义上的准确性（并且基本参数越多拟合数学模型预测的数值就会越准确）。如通过增加拟合数学模型基本参数的数量仍不能使拟合度高于0.6。就按照"近大远小"的原则,选择2014~2016年的数据进行模拟,务必确保拟合的数学模型达到数学分析的基本要求,保证模拟的数学模型预测指标数值在数学分析意义上的准确性。

另外,高等教育生态系统是一个人工生态系统,不同于自然生态系统,高等教育系统的规模是多因素共同作用的结果,并且受到多因素的直接影响或间接影响，这些影响因素的变化有些规律性较强，有些规律性较弱，因此虽有一定规律可循但是又不能唯数理规律马首是瞻。在保证较高拟合度数值的前提下，所有的研判都采用综合分析的方法，综合分析拟合度、政策规划因素、社会因素、经济因素和人口因素等多因素的作用及其可能产生的结果，力求预测值尽可能科学、合理。

（四）关于环境承载力的测评及分析

凡是与人文社会科学有关的研究均受宏观社会生态和宏观文化生态、区域社会生态和区域文化生态变化的很大影响，其中政治环境的影响是决定性的，文化环境的影响是深切而久远的，也会遇到管理机制、政策法规、文化科技等政治、文化因素因缺乏适切的指征数据无法进行定量分析的问题，此外在社会和教育的发展过程中还存在诸多不可预测的因素和可能，但是据此就完全否定量化研究在人文社会科学、教育学（当然也包括本书）中的存在意义和研究价值，也是简单的、机械的、极端的、片面的、非理性的。合理性的人文社会科学研究和教育学研究应当是定量分析和定性分析的有机结合，对青海省高等教育未来发展趋势的研究也是如此。

环境承载力作为约束条件，对整个青海省高等教育系统承载力的影响方式是间接的，甚至是隐性的，在本书中对青海省高等教育系统的环境承载力进行分析的意义在于从理论层面表明不同的环境承载力之间存在的关系，因此在本书中管理机制、政策法规、文化科技等政治、文化的影响均仅做定性分析而不做量化研究。

二、青海省高等教育系统生态承载力未来发展趋势的预测及分析

预测和分析青海省高等教育系统生态承载力的未来发展趋势（时间节点

为 2020 年），从以下四个维度展开：一是预测青海省高等教育系统的生态弹性度的未来发展趋势；二是预测青海省高等教育系统的资源—环境承载力的未来发展趋势；三是预测青海省高等教育系统的承载压力度的未来发展趋势；四是对青海省高等教育系统生态承载力未来发展状况的评价。其中生态弹性度和资源—环境承载力的预测值反映了青海省高等教育系统未来的供容支持能力，承载压力度的预测值反映了青海省高等教育系统未来所承受的压力。未来供容支持能力与未来承受压力之间的生态关系可反映出青海省高等教育系统未来的承载强度。

（一）青海省高等教育系统生态弹性度未来发展趋势的预测

生态弹性度指标体系中的预测指标包括高校类型及数量、资产状况、办学经费、高校规模。

1. 高等学校类型及数量的预测

青海省高等学校类型及数量发展趋势的预测数据为：普通高校数量和成人高校数量。

根据 2011～2016 年青海省高等学校数量的变化情况及趋势（见表 4-1 和图 4-1）可以拟合出青海省普通高等学校数量和年份的对数数学模型为：

$$y = 0.7714x + 7.8$$

拟合度 $R^2 = 0.7714$，预测 2020 年青海省普通高等学校数量为 15 所。同时预测 2020 年青海省成人高校的数量保持两所不变。

表 4-1　　青海省高校类型及数量变化情况表（2011～2016 年）

年份	普通高校		成人高校	
	数量	年增长率（%）	数量	年增长率（%）
2011	9	—	2	—
2012	9	0	2	0
2013	9	0	2	0

续表

年份	普通高校		成人高校	
	数量	年增长率（%）	数量	年增长率（%）
2014	12	33.33	2	0
2015	12	0	2	0
2016	12	0	2	0

数据来源：青海省教育厅2011~2016年每年编纂的《青海省教育事业发展简明统计分析》。

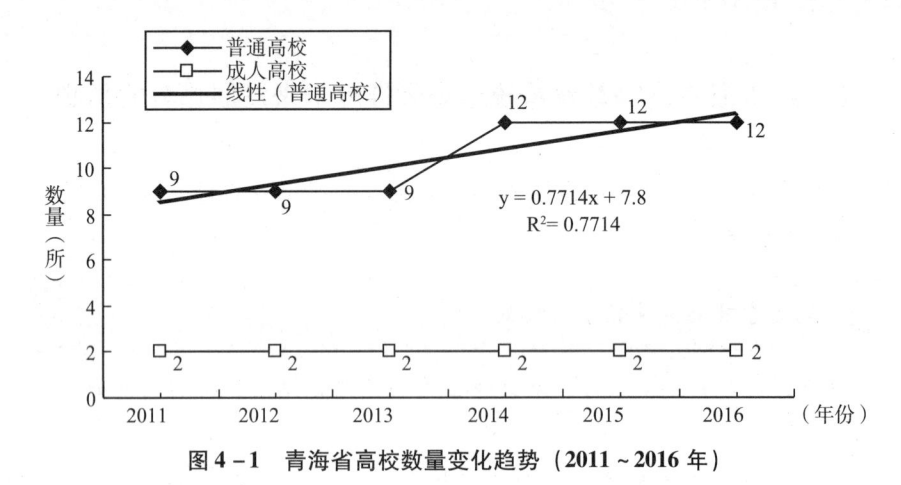

图4-1　青海省高校数量变化趋势（2011~2016年）

数据来源：笔者整理。

从青海省高等教育近年的发展情况来看，青海省自2000年开始"优化层次和科类结构，凝练学科目标，明确各高校办学定位"，进行全省高等学校的布局调整，到2015年青海省高等学校的办学格局已基本趋于稳定，布局调整工作已基本完成（见《青海省人民政府关于进一步优化全省高等教育和职业教育布局及学科专业结构的意见》）。目前全省共有14所高校，包括12所普通高校和2所成人高校。其中，有按照省部共建、国家211工程重点建设大学要求，以工、农、医、管四大学科为主、其他学科协调发展、教学研究型的地方综合性大学——青海大学；有以师范教育为主，兼顾非师范教育，具有鲜明高原地域特征和民族特色的综合师范型的省属重点大学——青海师范大学；有以突出民族特色和地方特色、培养少数民族高素质人才、研究民族宗教问题和政策、传承和弘扬民族优秀文化为主的青海民族大学。还有数量较多的依托多种行业，发挥行业优势、突出行业特色、适应行业要求，与行业企业深度融合，培养技能型和复合型高素质人才的高等职业技术学院。有开展远程教育、面向全省社会从业人员开展继续教育为主的青海广播电视大学。从目前各级政府出台的相关政策、区域社会环境的变化和青海省高等教育的"自然"发展的需要来看，青海省高等教育到2020年期间的主要任务是进一步调整职业教育和高等教育结构，青海省人民政府2016年9月印发的《青海省"十三五"教育改革和发展规划》中指出在"十三五"期间要"新建三所高等职业技术学院"。按照青海省人民政府的规划，2020年青海省普通高等学校数量应为15所。因此，综合分析数学模型测算的数值、政策和规划的导向、社会和经济发展的需要，预测青海省2020年的高校数量为普通高等学校15所。在目前成人高校招生规模数年有明显缩减但没有哪年有明显增长的情况下，预测青海省成人高校数量在未来5年里不会有增加，但由于目前青海省成人高校仅有2所，减少的空间也很有限。因此，到2020年青海省的成人高校数量仍为2所。也就是说预测2020年青海省共有17所高等学校，其中普通高等学校15所，成人高校2所。

根据2011~2016年全国平均每省普通高校数量和平均每省成人高校数量的变化情况及趋势（见表4-2和图4-2），拟合出全国平均每省普通高校数量与年度的线性函数数学模型为：

$$y = 1.223x + 76.51$$

拟合度 $R^2 = 0.9958$，可以预测，2020年全国平均每省普通高校数量为89所。

全国平均每省成人高校平均数量与年度的幂函数数学模型为：

$$y = 11.599x^{-0.1344}$$

拟合度 $R^2 = 0.8665$，可以预测，2020年全国平均每省成人高校数量为9所。因此，全国平均每省的高校数量为普通高校89所，成人高校9所，共98所。

表 4-2　　全国平均每省高校数量变化情况（2011~2016 年）

年份	普通高校		成人高校	
	数量	年增长率（%）	数量	年增长率（%）
2011	78	—	11	—
2012	79	1.28	11	0
2013	80	1.27	10	-9.09
2014	82	2.50	10	0
2015	83	1.22	9	-10.00
2016	84	1.20	9	0

数据来源：教育部发展规划司 2011~2016 年每年编纂的《全国教育事业发展简明统计分析》。

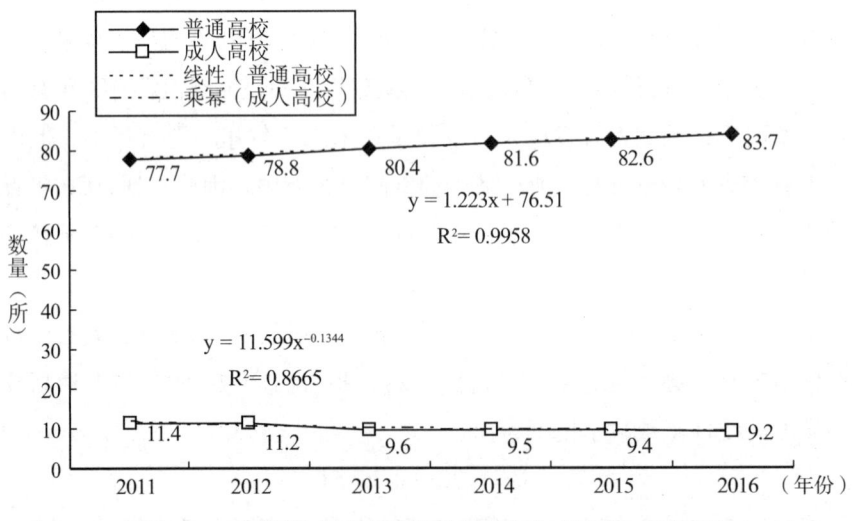

图 4-2　全国平均每省高校数量变化趋势（2011~2016 年）

数据来源：笔者整理。

根据预测所得 2020 年的青海省和全国平均每省的普通高等学校和成人高等学校的数量，测得 2020 年青海省高等学校类型及数量的分级评价分值为 17.75，对照"高等教育系统生态承载力分级评价表"，评价结果为"弱稳定"。说明到 2020 年，相对全国各省高等教育的平均水平，青海省高等教育高校种类和数量均有很大差距，稳定性差。

2. 资产情况的预测

青海省高等学校资产情况发展趋势的预测指标为：占地面积和固定资产。

（1）占地面积的预测。

根据 2011~2016 年青海省高等学校占地面积的变化情况及趋势（见表 4-3 和图 4-3），模拟出青海省普通高等学校数量与年份的线性函数数学模型为：

$$y = 18.482x + 367.02$$

拟合度 $R^2 = 0.8058$，可以预测，2020 年青海省高等学校占地面积将达到 551.84 万平方米。

表 4-3　　　　青海省高校占地面积变化情况（2011~2016 年）

年份	2011	2012	2013	2014	2015	2016
面积（万平方米）	407.4567	395.432	395.432	438.3149	470.3069	483.33
年增长率（%）	—	-2.95	0	10.84	7.30	2.77

数据来源：青海省教育厅 2011~2016 年每年编纂的《青海省教育事业发展简明统计分析》。

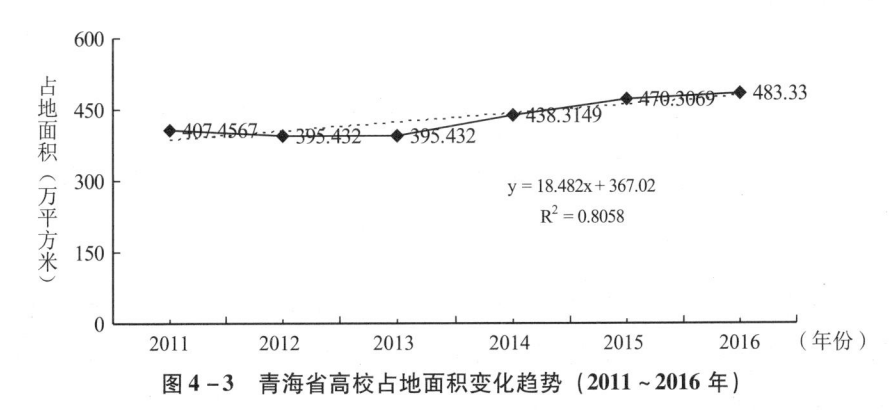

图 4-3　青海省高校占地面积变化趋势（2011~2016 年）

数据来源：笔者整理。

根据2013~2016年全国每省高校平均占地面积的变化情况及趋势（无2013年以前的相关数据）（见表4-4和图4-4），可以拟合出全国平均每省高校平均占地面积与年度的指数函数数学模型为：

$$y = 5405.2e^{0.0133x}$$

拟合度 $R^2 = 0.9967$，可以预测，2020年全国平均每省高校占地面积将达到6174.09万平方米。

表4-4　全国平均每省高校占地面积变化情况（2013~2016年）

年份	2013	2014	2015	2016
全国高校占地面积（万平方米）	169912.93	172036.59	174174.33	176897.50
本年比上年增长（%）	—	1.25	1.24	1.56
每省平均占地面积（万平方米）	5481.06	5549.57	5618.53	5706.37

数据来源：教育部发展规划司2013~2016年每年编纂的《全国教育事业发展简明统计分析》。

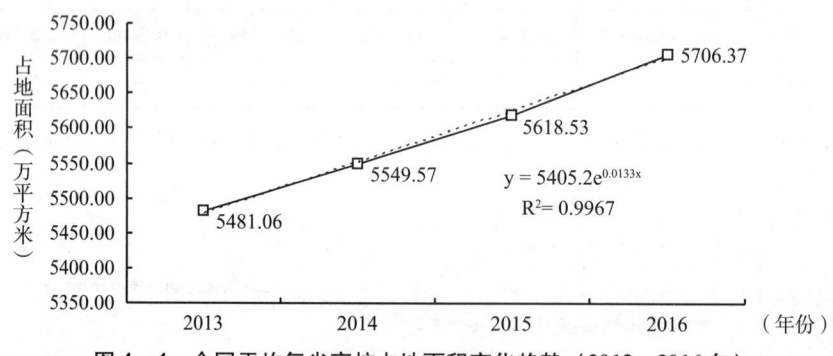

图4-4　全国平均每省高校占地面积变化趋势（2013~2016年）

数据来源：笔者整理。

根据预测所得2020年的青海省和全国平均每省高等学校占地面积的数据，测得2020年青海省高等学校占地面积的分级评价分值为8.94，对照"高等教育系统生态承载力分级评价表"，评价结果为"弱稳定"。

（2）固定资产的预测。

根据2011~2016年青海省高等学校固定资产的变化情况及趋势（见

表4-5和图4-5),模拟出青海省普通高等学校固定资产与年份的幂函数数学模型为:

$$y = 130583x^{0.4421}$$

拟合度 $R^2 = 0.8392$,可以预测,2020年青海省高等学校固定资产将达到361398.75万元。

表4-5 青海省高校固定资产变化情况（2011~2016年）

年份	2011	2012	2013	2014	2015	2016
固定资产（万元）	150212.00	155369.42	181555.68	230933.21	297303.47	312366.38
年增长率（%）	—	3.43	16.85	27.19	28.74	5.07

数据来源：青海省教育厅2011~2016年每年编纂的《青海省教育事业发展简明统计分析》。

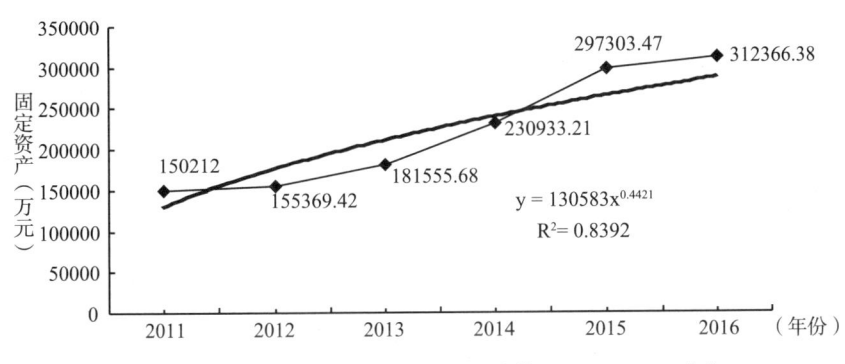

图4-5 青海省高校固定资产变化趋势（2011~2016年）

数据来源：笔者整理。

根据2013~2016年全国平均每省高校固定资产的变化情况及趋势（无2013年以前的相关数据）（见表4-6和图4-6),可以拟合出全国平均每省高校固定资产与年度的幂函数数学模型为:

$$y = 5E + 06x^{0.1811}$$

拟合度 $R^2 = 0.9478$,可以预测,2020年全国平均每省高等学校固定资产将达到7586998.61万元。

表4-6　　全国平均每省高校固定资产变化情况（2013~2016年）

年份	2013	2014	2015	2016
全国固定资产（万元）	151608743	164141267	179320745.69	196438133.05
年增长率（%）	—	8.27	9.25	9.55
每省平均固定资产（万元）	4890604.61	5294879.58	5784540.18	6336713.97

数据来源：教育部发展规划司2011~2016年每年编纂的《全国教育事业发展简明统计分析》。

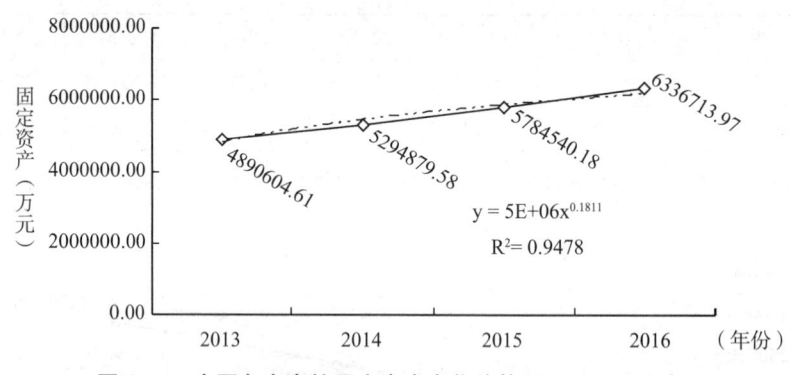

图4-6　全国各省高校固定资产变化趋势（2013~2016年）

数据来源：笔者整理。

图中趋势线方程：$y = 5E+06 x^{0.1811}$，$R^2 = 0.9478$

根据预测所得2020年的青海省和全国平均每省高等学校固定资产的数据，测得2020年青海省高等学校固定资产的分级评价分值为4.76，对照"高等教育系统生态承载力分级评价表"，评价结果为"弱稳定"。

根据预测所得2020年的青海省和全国平均每省的高等学校的占地面积和固定资产的数据，测得2020年青海省资产状况的生态承载力分级评价值为6.15，对照"高等教育系统生态承载力分级评价表"，评价结果为"弱稳定"。说明到2020年相对全国各省高等教育的平均水平，青海省高等学校的占地面积和固定资产仍然处于严重缺乏的状态。

3. 办学经费的预测

办学经费用生均公共财政预算教育事业费作指征数据，因为按照2011~

2016 年青海省生均公共财政预算教育事业费的数据模拟的数学模型，拟合度都很低，不符合统计学的基本要求。而办学经费对高等教育规模的发展影响很大，在承载力测算中，权重也很高，并且指征数值的变化也大，因此选择较多的参数（2008~2016 年的数据）模拟其数学模型，以求预测所得数据更为准确。

根据教育部、国家统计局和财政部在 2010~2016 年每年发布的《全国教育经费执行情况统计报告》的数据（见表 4-7 和图 4-7），2012~2014 年青海省普通高等学校生均公共财政预算教育事业费持续呈现负增长。这是由于高校大规模扩招以来，学生人数成对数级增长（见表 4-8 和图 4-8），虽然办学经费也随之大幅度增加，但是，财政拨款的增长速度远远没有跟上在校生数量的增长速度，因此生均经费并没有随着规模的扩张同步增长，并且在 2012~2014 年还出现了下降的情况，这与青海省办学经费大部分来自财政拨款，而财政拨款相对不足有关，也与青海省高等学校办学经费未形成多渠道筹措格局有关。但是 2015~2016 年情况发生逆转，政府对高校的投入显著增加，生均教育事业费呈现大幅度增长，从各级政府出台的有关高等教育事业发展的规划和政策、经济发展情况和对高校、特别是西部高校的投入情况来看，未来青海省高等教育经费的投入力度会进一步加大，青海省高等教育办学经费的增幅会进一步加大，综合分析政策环境和经济走势，模拟出青海省高等学校生均公共财政预算教育事业费与年份的幂函数数学模型：

$$y = 7784.4x^{0.4508}$$

拟合度 $R^2 = 0.6794$，可以预测，2020 年青海省高等学校生均公共财政预算教育事业费为 28972.50 元。

表 4-7　青海省高校生均公共财政预算教育事业费变化情况（2008~2016 年）

年份	2008	2009	2010	2011	2012	2013	2014	2015	2016
生均经费（元）	8916.98	8165.93	10944.41	19995.63	19702.95	16504.51	13397.21	19651.26	24694.50
年增长率（%）	—	-8.42	34.03	82.70	-1.46	-16.23	-18.83	46.68	25.66

数据来源：教育部、国家统计局和财政部 2008~2016 年每年发布的《全国教育经费执行情况统计报告》。

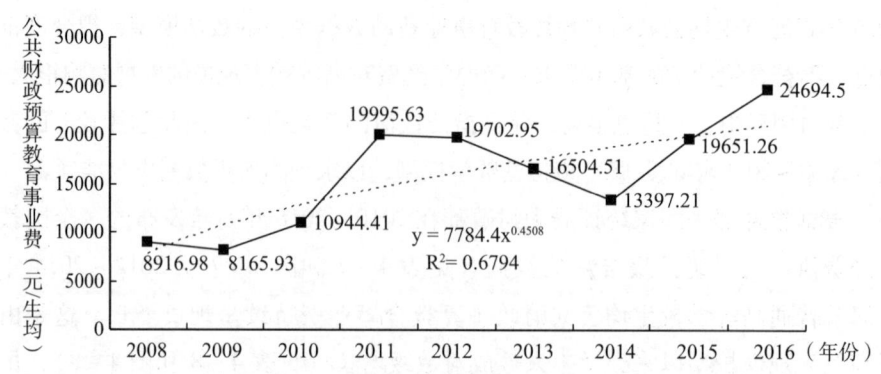

图 4-7　青海省高校生均公共财政预算教育事业费变化趋势（2008~2016年）

数据来源：笔者整理。

根据教育部、国家统计局和财政部在 2011~2016 年每年发布的《全国教育经费执行情况统计报告》的数据（见表 4-8 和图 4-8），拟合出全国高等教育生均公共财政预算教育事业费与年份的二项式数学模型为：

$$y = 32.81x^2 + 632.92x + 13759$$

拟合度 $R^2 = 0.8359$，可以预测，2020 年全国高等学校生均公共财政预算教育事业费为 23369.20 元。

根据预测数据进行测算，2020 年青海省高等学校生均公共财政预算教育事业费的生态承载力评价分值为 123.98，对照"高等教育系统生态承载力分级评价表"，为"很稳定"。说明：2020 年，相对全国各省高等教育的平均水平，青海省高等学校的办学经费情况很好，支持力很强。

表 4-8　全国高校生均公共财政预算教育事业费变化（2011~2016年）

年份	2011	2012	2013	2014	2015	2016
生均经费（元）	13877.53	16367.21	15591.72	16102.72	18143.57	18747.65
年增长率（%）	44.71	17.94	-4.74	3.28	12.67	3.33

数据来源：教育部、国家统计局和财政部 2011~2016 年每年发布的《全国教育经费执行情况统计报告》。

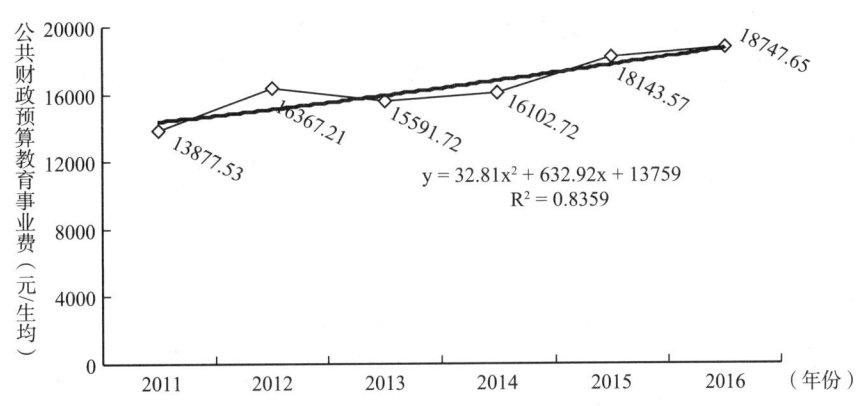

图4-8 全国高校生均公共财政预算教育事业费变化趋势（2011~2016年）

数据来源：笔者整理。

4. 高校规模的预测

青海省高等学校规模发展趋势的预测指标为：教职工人数和在校学生人数。

（1）教职工人数的预测。

根据2011~2016年青海省高等学校教职工人数的数据（见表4-9和图4-9），进行模拟，拟合模型中最高的拟合度$R^2=0.5059$，拟合曲线与实际曲线的拟合程度较低。这与2013~2014年教职工数量变化较大有关，2013~2014年人数变化较大的主要原因是该时期青海省高等学校进行了较大规模的调整，教职工也随之出现了较大数量的分化和流动。从历史上看，青海省高等学校的教职工人数基本保持稳定，2009~2013年基本保持在7000人左右，2014年以后青海省高等学校布局调整基本完成，如无特殊情况，应不会再出现大幅度的增减，根据《国家中长期教育改革和发展规划纲要（2010~2020年）》《青海省中长期教育改革和发展规划纲要（2010~2020年）》的规划和《青海省"十三五"教育改革和发展规划》中的加强师资队伍建设和新建学校的规划，以及近年来青海省高等学校招生规模逐年不断扩大的事实，到2020年，青海省高等学校的在校生人数将呈现逐渐增加的趋势，而教职工数量也会随之呈现相对稳定的缓慢增长，并且根据"近大远小"的原则，选择

2014~2016年的教职工数据作为预测的基础数据，因此，根据2014~2016年的教职工人数模拟出青海省高等学校教职工与年份的指数数学模型：

$$y = 6221.2e^{0.0332x}$$

拟合度 $R^2 = 0.9873$，预测可得，到2020年青海省高等学校教职工数量为7849人。

表4-9　青海省高校教职工人数变化情况（2011~2016年）

年份	2011	2012	2013	2014	2015	2016
教职工人数（人）	6941	6929	7115	6445	6619	6887
年增长率（%）	—	-0.17	2.68	-9.42	2.70	4.08

数据来源：青海省教育厅2011~2016年每年编纂的《青海省教育事业发展简明统计分析》。

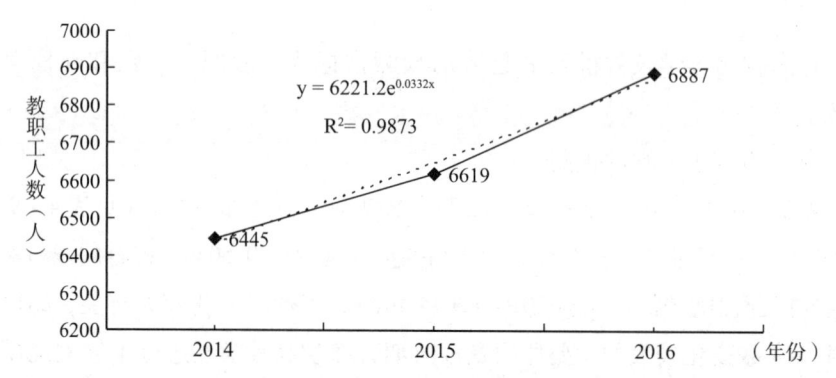

图4-9　青海省高校教职工人数变化及趋势（2014~2016年）

数据来源：笔者整理。

根据2011~2016年全国平均每省高等学校教职工人数的变化情况及其发展趋势（见表4-10和图4-10），模拟全国平均每省高等学校教职工人数与年份的线性数学模型：

$$y = 1113.4x + 72467$$

拟合度 $R^2 = 0.9938$，可以预测，2020年全国平均每省高等学校教职工人数为83601人。

表4-10　全国平均每省高校教职工人数变化情况（2011~2016年）

年份	2011	2012	2013	2014	2015	2016
教职工总人数（人）	2273851	2319984	2352679	2388644	2420618	2447903
年增长率（%）	—	2.03	1.41	1.53	1.34	1.13
每省均值（人）	73350	74838	75893	77053	78084	78965

数据来源：教育部发展规划司2011~2015年每年编纂的《全国教育事业发展简明统计分析》。

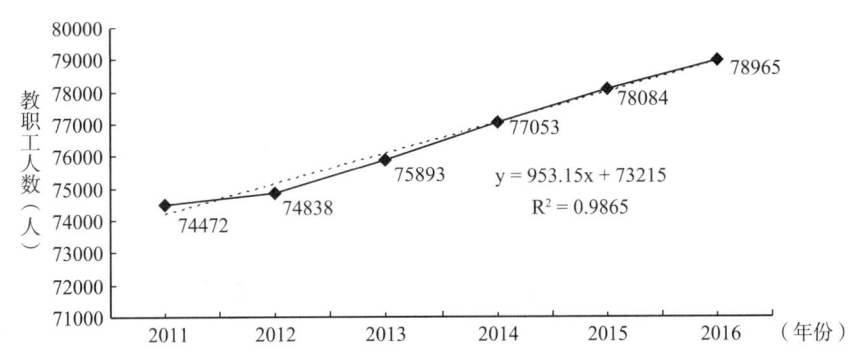

图4-10　全国平均每省高校教职工人数变化趋势（2011~2016年）

数据来源：笔者整理。

（2）在校学生人数的预测。

根据2011~2016年青海省高等学校在校生人数的变化情况及发展趋势（见表4-11和图4-11），模拟出青海省高等学校在校生人数与年份的二项式函数数学模型：

$$y = -1.6548x^2 + 2654.6x + 58627$$

拟合度$R^2 = 0.9797$，可以预测，青海省2020年高等学校在校生人数将达到85008人。

表4-11　青海省高等学校在校生人数变化情况（2011~2016年）

年份	2011	2012	2013	2014	2015	2016
在校学生数（人）	60925	64370	66320	70492	74359	77528
年增长率（%）	—	5.65	3.03	6.29	5.49	4.26

数据来源：青海省教育厅2011~2016年每年编纂的《青海省教育事业发展简明统计分析》。

图 4-11 青海省高校在校生人数变化及趋势（2011~2016 年）

数据来源：笔者整理。

根据 2011~2016 年全国平均每省高等学校在校生人数（见表 4-12 和图 4-12），模拟出全国平均每省高等学校在校生人数与年份的指数数学模型：

$$y = 938775e^{0.0379x}$$

拟合度 $R^2 = 0.9795$，可以预测，2020 年全国在校生人数为 42512904 人，平均每省高等学校在校生人数为 1371384 人。

表 4-12 全国平均每省高校在校学生人数变化情况（2011~2016 年）

年份	2011	2012	2013	2014	2015	2016
在校生总人数（人）	30205885	31464096	32738824	33855900	34523800	36990000
年增长率（％）	—	4.17	4.05	3.41	1.97	7.41
每省均值（人）	974383	1014971	1056091	1092126	1113671	1193226

数据来源：教育部发展规划司 2011~2016 年每年编纂的《全国教育事业发展简明统计分析》。

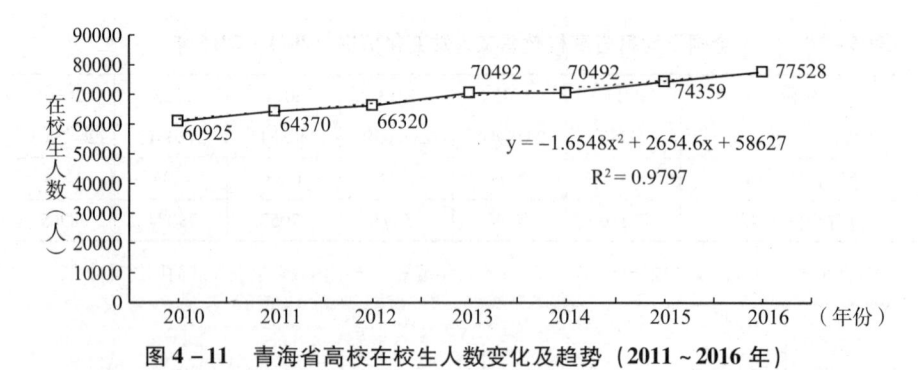

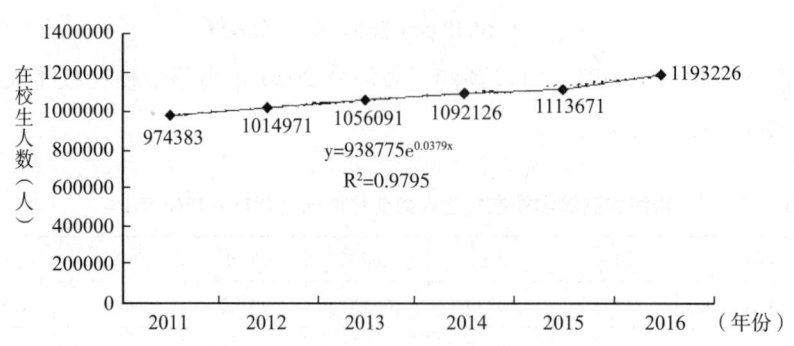

图 4-12 全国平均每省高校在校生人数变化及趋势（2011~2016 年）

数据来源：笔者整理。

根据预测所得数据进行测算，2020年青海省高等学校高校规模的生态承载力评价分值为6.70，对照"高等教育系统生态承载力分级评价表"，为"弱稳定"。说明2020年，相对全国各省高等教育的平均水平，青海省高等学校的规模明显偏小。

5. 青海省高等教育系统生态弹性度未来发展趋势的预测

按照"青海省高等教育系统2020年生态弹性度的测评指标体系"（见表4-13），根据2020年青海省高等教育系统高校类型及其数量、资产情况、办学经费和高校规模的预测数据及其标准值，结合各指标的权重，代入生态弹性度的测算公式：

$$CSI^{eco} = \sum_{i=1}^{n} s_i^{eco} \cdot w_i^{eco}$$

式中：CSI^{eco}——生态弹性度；

s_i^{eco}——生态系统特征要素；

$n = 1，2，3，4$，分别代表高校类型及其数量、资产状况、办学经费、高校规模等要素；

W_i^{eco}——要素 i 相对应的权重值。

表4-13　青海省高等教育系统2020年生态弹性度的测评指标体系

目标层（A）	准则层（B）	指标层（C）	数值	
			青海省	全国省均
青海省高等教育系统的生态弹性度（A）	高校类型及数量（B_1）	普通高校数量（所）（C_1）	15	89
		成人高校数量（所）（C_2）	2	9
	资产状况（B_2）	占地面积（万平方米）（C_3）	551.84	6174.09
		固定资产（万元）（C_4）	361398.75	7586998.61
	办学经费（B_3）	生均公共财政预算教育事业费（元）	28972.50	23369.20
	高校规模（B_4）	教职工数量（人）（C_6）	7849	83601
		在校学生数（人）（C_7）	85008	1371384

数据来源：数据来自前文对相关指标的预测值。

测得青海省高等教育系统2020年的生态弹性度为83.31（见表4-14），对照"高等教育系统生态承载力分级评价表"，评价结果为"很稳定"。说明

表4-14 青海省高等教育系统2020年生态弹性度预测表

准则层		指标层		青海省数值 S_1	全国省均值 S_0	指标层分值 $f_0 = S_1/S_0 \times 100$	指标层综合分值 $f_1 = f_0 \times W_1$	准则层综合分值 $F_0 = \sum f_1$	综合分值 $F_1 = F_0 \times W_2$
名称	权重 W_2	名称	权重 W_1						
高校类型	0.0724	普通高校（所）	0.8333	15	89	16.85	14.04	17.75	1.29
		成人高校（所）	0.1667	2	9	22.22	3.70		
资产状况	0.1401	占地面积（万平方米）	0.3333	551.84	6174.09	8.94	2.98	6.15	0.86
		固定资产（万元）	0.6667	361398.75	7586998.61	4.76	3.18		
生均公共财政预算教育事业费	0.647	经费（元/生均）	1	28972.5	23369.2	123.98	123.98	123.98	80.22
高校规模	0.1401	教职工人数（人）	0.25	7849	83601	9.39	2.35	6.70	0.94
		在校学生数（人）	0.75	85008	1371384	6.20	4.65		
青海省高等教育生态弹性度分值 （CSI = $\sum F_1$）									83.31

数据来源：数据来自前文对相关指标的预测值。

2020年相对全国各省高等教育的平均水平，青海省高等教育系统的自我维持、自我调节、抵抗系统外的各种压力和冲击的能力很好。其中高校类型及数量的评价分值为17.75，分级评价结果为"弱稳定"；资产情况的评价分值为6.15，分级评价结果为"弱稳定"；办学经费的评价分值为123.98，分级评价结果为"很稳定"；高校规模的评价分值为6.70，分级评价结果为"弱稳定"。从评价分级情况来看，相关四个因素中除了办学经费是很稳定以外，其他三项为弱稳定。而整个生态弹性度的分级评价为"很稳定"是因为办学经费在对"生态弹性度"进行评价时所占的权重值大。2020年，相对全国各省高等教育的平均水平，青海省高等教育生态系统中除了办学经费情况很好外，其高校类型及其数量、资产情况和高校规模的生态状况均明显脆弱，支持力弱。

（二）青海省高等教育系统资源—环境承载力未来发展趋势的预测

青海省高等教育资源—环境承载力未来发展趋势的预测包括青海省高等教育资源承载力和青海省高等教育环境承载力两个准则层。其中，青海省高等教育资源承载力未来发展趋势的预测要素有：校舍面积、教职工状况、设备状况。青海省高等教育环境承载力未来发展趋势的预测要素有：政治环境、经济环境、文化环境。

1. 青海省高等教育资源承载力未来发展趋势的预测

青海省高等教育资源承载力未来发展趋势的预测要素有：校舍面积、教职工状况、设备状况。

（1）校舍面积的预测。

校舍面积预测的测算指标为：教学及辅助用房、行政用房、生活用房和教职工住宅面积。

根据2011~2016年青海省和全国平均每省高等学校教学及辅助用房、行政用房、生活用房和教职工住宅面积的变化情况及趋势（见表4-15和图4-13，表4-16和图4-14），分别预测2020年的相应数值。

表 4-15　青海省高校教学及辅助用房、行政用房、生活用房、教职工住宅面积（2011～2016 年）

年份	教学及辅助用房面积（万平方米）		行政用房面积（万平方米）		生活用房面积（万平方米）		教职工住宅面积（万平方米）	
	数量	年增长率（%）	数量	年增长率（%）	数量	年增长率（%）	数量	年增长率（%）
2011 年	81.1206	—	8.1326	—	50.0625	—	32.6665	—
2012 年	81.1554	0.04	8.1738	0.51	49.0837	-1.96	18.6954	-42.77
2013 年	82.3438	1.46	7.9996	-2.13	53.8121	9.63	18.6705	-0.13
2014 年	81.8316	-0.62	8.4049	5.07	59.3828	10.35	18.6705	0
2015 年	92.6231	13.19	9.9579	18.48	71.5553	20.50	6.184	-66.88
2016 年	106.8239	15.33	10.6273	6.72	76.6500	7.12	19.06	208.21

数据来源：青海省教育厅 2011～2016 年每年编纂的《青海省教育事业发展简明统计分析》。

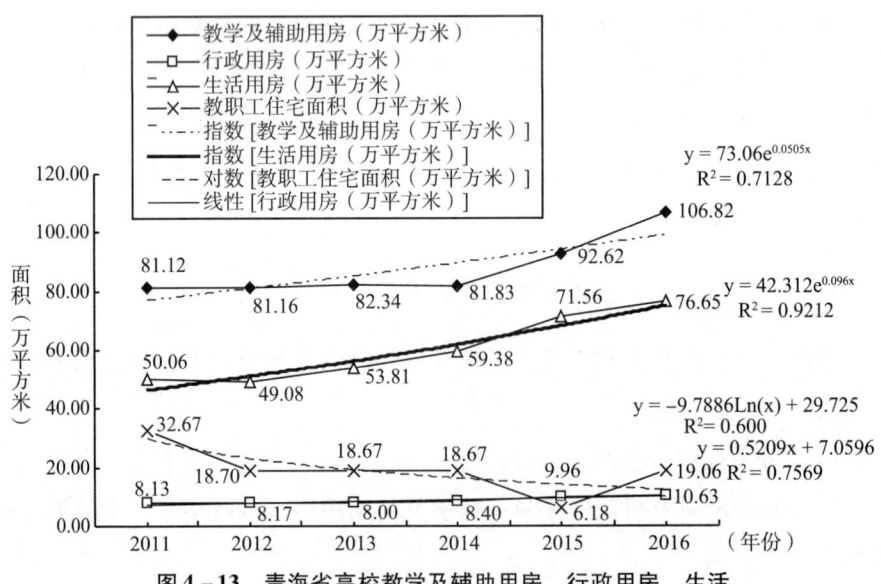

图 4-13　青海省高校教学及辅助用房、行政用房、生活用房、教职工住宅面积变化（2011～2016 年）

数据来源：笔者整理。

第四章 青海省高等教育系统生态承载力和规模未来发展趋势的测评及分析

表4-16　全国平均每省高校教学及辅助用房、行政用房、生活用房、教职工住宅面积（2013~2016年）

年份	2013		2014		2015		2016	
	全国总数	每省均数	全国总数	每省均数	全国总数	每省均数	全国总数	每省均数
教学及辅助用房（万平方米）	34345.25	1107.91	35218.61	1136.08	36463.71	1176.25	37278.98	1202.55
行政用房面积（万平方米）	4560.90	147.13	4644.34	149.82	4675.83	150.83	4753.54	153.34
生活用房面积（万平方米）	27938.69	901.25	28934.19	933.36	29915.23	965.01	31021.88	1000.71
教职工住宅面积（万平方米）	8858.95	285.77	8598.38	277.37	8581.39	276.82	9054.72	292.09

数据来源：教育部发展规划司2013~2016年每年编纂的《全国教育事业发展简明统计分析》。

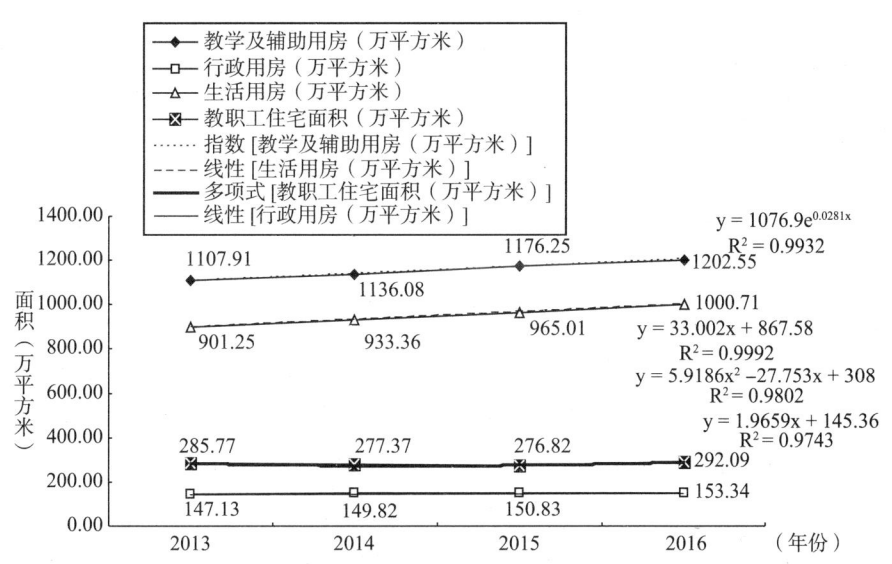

图4-14　全国平均每省高校教学及辅助用房、行政用房、生活用房、教职工住宅面积（2013~2016年）

拟合方程：
$y = 1076.9e^{0.0281x}$，$R^2 = 0.9932$
$y = 33.002x + 867.58$，$R^2 = 0.9992$
$y = 5.9186x^2 - 27.753x + 308$，$R^2 = 0.9802$
$y = 1.9659x + 145.36$，$R^2 = 0.9743$

数据来源：笔者整理。

①教学及辅助用房面积的预测。

根据 2011~2016 年青海省高等学校教学及辅助用房面积的统计数据（见表 4-15 和图 4-13），模拟出青海省高等学校教学及辅助用房面积与年份的指数函数数学模型：

$$y = 73.06e^{0.0505x}$$

拟合度 $R^2 = 0.7128$，可以预测，2020 年青海省高等学校教学及辅助用房面积将达到 121.06 万平方米。

根据 2013~2016 年全国高等学校教学及辅助用房面积的统计数据（无 2013 年之前的相关数据）（见表 4-16 和图 4-14），模拟全国平均每省高等学校教学及辅助用房面积与年份的指数函数数学模型可得：

$$y = 1076.9e^{0.0281x}$$

拟合度 $R^2 = 0.9932$，可以预测，2020 年全国平均每省高等学校教学及辅助用房面积为 1426.30 万平方米。

②行政用房面积的预测。

根据 2011~2016 年青海省高等学校行政用房面积的统计数据（见表 4-15 和图 4-13），模拟出青海省高等学校行政用房面积与年份的线性函数数学模型：

$$y = 0.5209x + 7.0596$$

拟合度 $R^2 = 0.7569$，可以预测，2020 年青海省高等学校行政用房面积将达到 12.27 万平方米。

根据 2013~2016 年全国平均每省高等学校行政用房面积的统计数据（无 2013 年之前的相关数据）（见表 4-16 和图 4-14），模拟全国平均每省高等学校行政用房面积与年份的线性函数数学模型可得：

$$y = 1.9659x + 145.36$$

拟合度 $R^2 = 0.9743$，可以预测，2020 年全国平均每省高等学校的行政用房面积为 165.02 万平方米。

③生活用房面积的预测。

根据 2011~2016 年青海省高等学校生活用房面积的统计数据（见表 4-15

和图4-13），模拟出青海省高等学校生活用房面积与年份的指数函数数学模型：

$$y = 42.312e^{0.096x}$$

拟合度 $R^2 = 0.9212$，可以预测，2020年青海省高等学校生活用房面积将达到110.51万平方米。

根据2013~2016年全国高等学校生活用房面积的统计数据（无2013年之前的相关数据）（见表4-16和图4-14），模拟全国平均每省高等学校生活用房面积与年份的线性数学模型可得：

$$y = 33.002x + 867.58$$

拟合度 $R^2 = 0.9992$，可以预测，2020年全国平均每省高等学校的生活用房面积为1197.88万平方米。

④教职工住宅面积的预测。

根据2011~2016年青海省高等学校教职工住宅面积的统计数据（见表4-15和图4-13），模拟出青海省高等学校教职工住宅面积与年份的对数数学模型为：

$$y = -9.7886\text{Ln}(x) + 29.725$$

拟合度 $R^2 = 0.600$，可以预测，2020年青海省高等学校教职工住宅面积为7.19万平方米。

根据2013~2016年全国平均每省高等学校教职工住宅面积的统计数据（无2013年之前的相关数据）（见表4-16和图4-14），模拟全国平均每省高等学校教职工住宅面积与年份的二项式函数数学模型可得：

$$y = 5.9186x^2 - 27.753x + 308$$

拟合度 $R^2 = 0.9802$，可以预测，2020年全国平均每省高等学校的教职工住宅面积为622.33万平方米。

根据预测所得数据进行测算，2020年青海省高等学校校舍面积的生态承载力评价分值为7.51，对照"高等教育系统生态承载力分级评价表"，评价结果为"弱承载"。说明：相对全国各省的平均水平，青海省高等学校的校舍面积明显不足。

(2) 教职工状况的预测。

教职工状况预测的测算指标为专任教师人数和行政教辅人数。

根据 2011~2016 年青海省和全国平均每省高等学校专任教师数量和行政教辅人员数量的变化情况及趋势（见表 4-17 和图 4-15，表 4-18 和图 4-16），分别预测 2020 年的相应数值。

①专任教师数量的预测。

表 4-17　　青海省高等学校教职工数量的变化情况（2011~2016 年）

年份	专任教师数量（人）		行政教辅人员数量（人）	
	数量	年增长率（%）	数量	年增长率（%）
2011	3897	—	1673	—
2012	3878	-0.49	1643	-1.79
2013	3951	1.88	1624	-1.16
2014	4096	3.67	1500	-7.64
2015	4300	4.98	1506	0.40
2016	4513	4.95	1641	8.96

数据来源：青海省教育厅 2011~2016 年每年编纂的《青海省教育事业发展简明统计分析》。

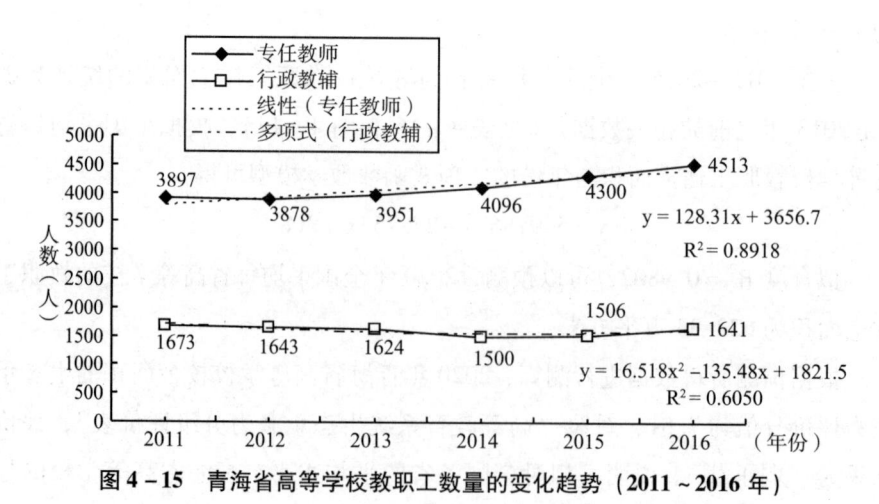

图 4-15　青海省高等学校教职工数量的变化趋势（2011~2016 年）

数据来源：笔者整理。

根据 2011～2016 年青海省高等学校专任教师数量的统计数据（见表 4-17 和图 4-15），模拟出青海省高等学校专任教师数量与年份的线性数学模型为：

$$y = 128.31x + 3656.7$$

拟合度 $R^2 = 0.8918$，可以预测，2020 年青海省高等学校专任教师数量为 4940 人。

表 4-18　全国平均每省高校教职工人数变化情况（2011～2016 年）

年份	专任教师数量（人）			行政教辅人员数量（人）		
	全国总数	年增长率（％）	省均数值	全国总数	年增长率（％）	省均数值
2011	1433579	—	46244	529877	—	17093
2012	1479685	3.22	47732	535444	1.05	17272
2013	1530512	3.43	49371	535357	-0.02	17270
2014	1566048	2.32	50518	541479	1.14	17467
2015	1602811	2.35	51704	550604	1.69	17761
2016	1627182	1.52	52490	562488	2.16	18145

数据来源：教育部发展规划司 2011～2016 年每年编纂的《全国教育事业发展简明统计分析》。

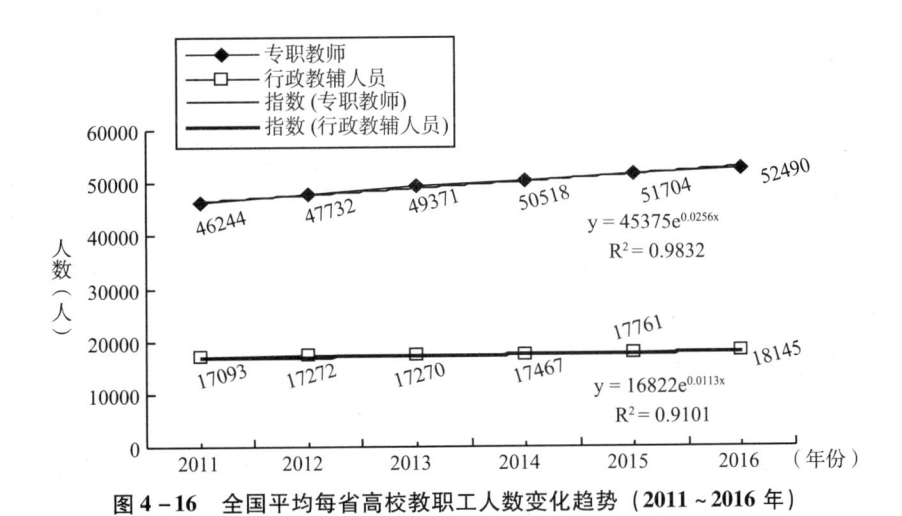

图 4-16　全国平均每省高校教职工人数变化趋势（2011～2016 年）

数据来源：笔者整理。

根据 2011~2016 年全国平均每省高等学校专任教师人数的统计数据（见表 4-18 和图 4-16），模拟出全国平均每省高等学校专任教师人数与年份的指数函数数学模型为：

$$y = 45375e^{0.0256x}$$

拟合度 $R^2 = 0.9832$，预测 2020 年全国平均每省高等学校专任教师平均人数为 58613 人。

②行政教辅人员数量的预测。

根据 2011~2016 年青海省高等学校行政教辅人员规模的统计数据（见表 4-17 和图 4-15），模拟出青海省高等学校行政教辅人员数量与年份的二项式函数数学模型：

$$y = 16.518x^2 - 135.48x + 1821.5$$

拟合度 $R^2 = 0.6050$，可以预测，2020 年青海省高等学校行政教辅人员数量将达到 2119 人。

根据 2011~2016 年全国平均每省高等学校行政教辅人员数量的统计数据（见表 4-18 和图 4-16），模拟出全国平均每省高等学校行政教辅人员数量与年份的指数函数数学模型为：

$$y = 16822e^{0.0113x}$$

拟合度 $R^2 = 0.9101$，可以预测，2020 年全国平均每省高等学校行政教辅人员数量为 18834 人。

根据预测所得数据进行测算，2020 年青海省高等学校教职工状况的生态承载力评价分值为 8.78，对照"高等教育系统生态承载力分级评价表"，评价结果为"弱承载"。说明：相对全国各省高等教育的平均水平，青海省高等教育系统的教职工人数，特别是专任教师人数严重不足，承载力弱。

(3) 设备状况的预测。

设备状况预测的预测指标为：教学设备值和图书资源。

根据 2011~2016 年青海省和全国平均每省高等学校教学设备值和图书资源的变化情况及趋势（见表 4-19 和图 4-17，表 4-20 和图 4-18，表 4-21 和图 4-19，表 4-22 和图 4-20），分别预测 2020 年的相应数值。

① 教学设备值的预测。

根据 2011~2016 年青海省高等学校教学设备值的统计数据（见表 4-19 和图 4-17），模拟出青海省高等学校教学设备值与年份的线性函数数学模型为：

$$y = 10665x + 27195$$

拟合度 $R^2 = 0.9187$，可预测，2020 年青海省高等学校教学设备值为 133845 万元。

表 4-19　青海省高等学校教学设备值变化情况（2011~2016 年）

年份	2011	2012	2013	2014	2015	2016
教学设备值（万元）	44929.6	45557.66	56335.22	64211.4	76899.28	99206
年增长率（%）	—	1.40	23.66	13.98	19.76	29.01

数据来源：青海省教育厅 2011~2016 年每年编纂的《青海省教育事业发展简明统计分析》。

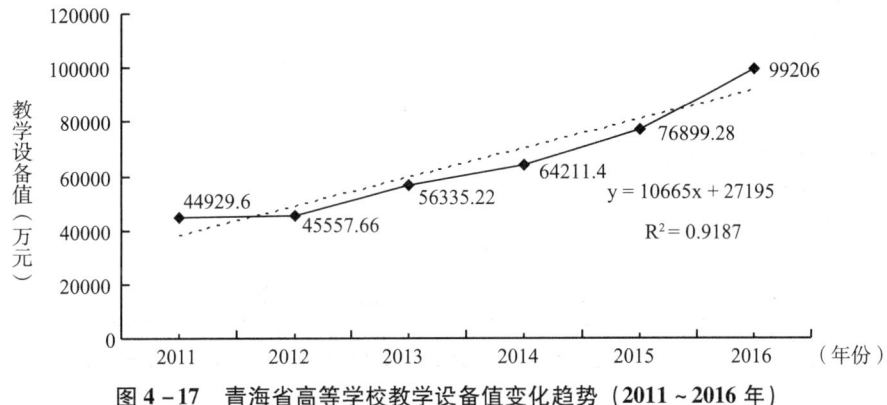

图 4-17　青海省高等学校教学设备值变化趋势（2011~2016 年）

数据来源：笔者整理。

根据 2011~2016 年全国平均每省高等学校教学设备值的统计数据（见表 4-20 和图 4-18），模拟出全国平均每省高等学校教学设备值与年份的线性函数数学模型：

$$y = 123802x + 694207$$

拟合度 $R^2 = 0.9981$，可以预测，2020 年全国平均每省高等学校教学设备平均值为 1932227 万元。

表 4-20　全国平均每省高校教学设备值变化情况（2011～2016 年）

年份	教学设备值（万元）		
	全国总数	年增长率（%）	省均数值
2011	25550000	—	824193.55
2012	29353700	14.89	946893.55
2013	32830625.18	11.84	1059052.43
2014	36494627.17	11.16	1177246.04
2015	40485282.47	10.93	1305976.85
2016	45003240.12	11.16	1451717.42

数据来源：教育部发展规划司 2011～2016 年每年编纂的《全国教育事业发展简明统计分析》。

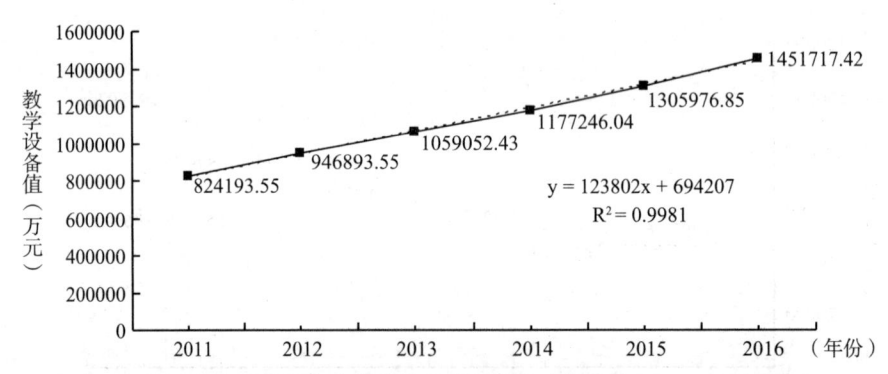

图 4-18　全国平均每省高等学校教学设备值变化趋势（2011～2016 年）

数据来源：笔者整理。

②图书资源的预测。

根据 2011～2016 年青海省高等学校图书资源值的统计数据（见表 4-21 和图 4-19），模拟出青海省高等学校图书资源值与年份的指数函数数学模型：

$$y = 430.24 e^{0.0458x}$$

拟合度 $R^2 = 0.9803$，可以预测，2020 年青海省高等学校图书资源为 680.17 万册。

表 4-21　青海省高等学校图书资源变化情况（2011~2016 年）

年份	2011	2012	2013	2014	2015	2016
图书资源（万册）	456.9	467.03	484.58	520.67	544.57	565.93
年增长率（%）	—	2.22	3.76	7.45	4.59	3.92

数据来源：青海省教育厅 2011~2016 年每年编纂的《青海省教育事业发展简明统计分析》。

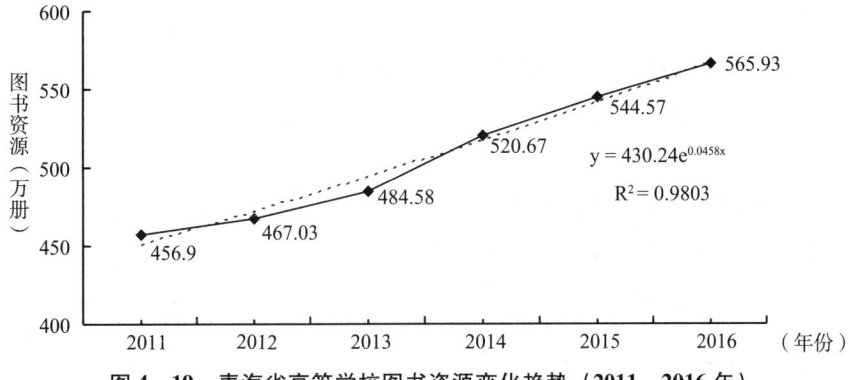

图 4-19　青海省高等学校图书资源变化趋势（2011~2016 年）

数据来源：笔者整理。

根据 2013~2016 年全国平均每省高等学校图书资源值的统计数据（无 2013 年之前的相关数据）（见表 4-22 和图 4-20），模拟出全国平均每省高等学校图书资源与年份的指数函数数学模型：

$$y = 7008.5e^{0.0379x}$$

拟合度 $R^2 = 0.9992$，可以预测，2020 年全国平均每省高等学校图书资源值为 10238.18 万册。

表 4-22　全国平均每省高校图书资源变化情况（2013~2016 年）

年份	2013	2014	2015	2016
全国图书资源（万册）	225394	234848.42	243335.91	252753.22
年增长率（%）	—	4.19	3.61	3.87
省均图书资源（万册）	7270.77	7575.76	7849.55	8153.33

数据来源：教育部发展规划司 2013~2016 年每年编纂的《全国教育事业发展简明统计分析》。

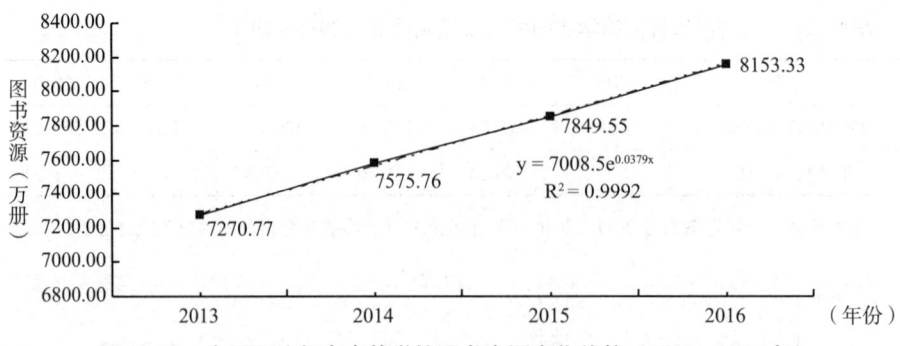

图4-20 全国平均每省高等学校图书资源变化趋势（2013~2016年）

数据来源：笔者整理。

根据预测所得数据进行测算，2020年青海省高等学校设备状况的生态承载力分级评价分值为6.86，对照"高等教育系统生态承载力分级评价表"，评价结果为"弱承载"。说明2020年相对全国各省高等教育的平均水平，青海省高等教育系统的设备状况严重不足，承载力弱。

2. 青海省高等教育环境承载力的预测

青海省高等教育环境承载力的指标层为政治环境、经济环境、文化环境，均不做量化分析。但是从定性分析的视角，管理规范高效，社会秩序良好，组织机构健全，运行机制完善，各级政府出台的有关高等教育改革与发展的有关规划和政策，以及专门针对西部高等教育发展的相关规划和政策都是有利于高等教育事业发展的。经济发展的总体形势良好，能够从资金支持等方面保障高等教育发展的基本需要。文化和科技处于稳步上升状态。整个政治环境、经济环境和文化环境稳定、有序，均十分有利于青海高等教育系统的发展。

3. 青海省高等教育系统资源—环境承载力的预测

按照"青海省高等教育系统2020年资源—环境承载力测评指标体系"（见表4-23），根据2020年青海省高等教育系统的校舍面积、教职工状况、设备状况等指标的预测数据及其标准值，结合各分指标的权重，代入资源承

第四章 青海省高等教育系统生态承载力和规模未来发展趋势的测评及分析

载力的计算公式进行测算：

$$CEI^{rec} = \sum_{i=1}^{n} s_i^{rec} \cdot w_i^{rec}$$

式中：CEI^{rec}——资源承载指数；

s_i^{rec}——资源组成要素；

$n=1,2,3$，分别代表师资水平、教学条件设施状况、校舍状况；

W_i^{rec}——要素 i 的相应权重。

表 4-23　青海省高等教育系统 2020 年资源—环境承载力的测评指标体系

目标层 (A)	准则层 (B)	指标层 (C_i)	分指标层 (C_{in})	数值 青海省	数值 全国省均
资源—环境承载力（A）	资源承载力（B_1）	校舍面积（C_1）	教学及辅助用房（万平方米）（C_{11}）	121.06	1426.30
			行政用房（万平方米）（C_{12}）	12.27	165.02
			生活用房（万平方米）（C_{13}）	110.51	1197.88
			教职工住宅面积（万平方米）（C_{14}）	7.19	622.33
		教职工状况（C_2）	专任教师数量（人）（C_{21}）	4940	58613
			行政教辅人数（人）（C_{22}）	2119	18834
		设备状况（C_3）	教学设备（万元）（C_{31}）	133845	1932227
			图书资源（万册）（C_{32}）	680.17	10238.18
	环境承载力（B_2）	政治环境（C_4）	管理机制（C_{41}）		
			政策法规（$C4_2$）		
		经济环境（C_5）	经济发展水平（C_{51}）		
			高教投入（C_{52}）		
		文化环境（C_6）	文化（C_{61}）		

数据来源：数据来自前文对相关指标的预测值。

测得 2020 年青海省高等教育系统的资源承载力的分级评价分值为 8.14（见表 4-24）：对照"高等教育系统生态承载力分级评价表"，评价结果为

表4-24 青海省高等教育系统2020年资源—环境承载力预测

准则层		指标层					指标层综合分值 $f_1 = f_0 \times W_1$	准则层综合分值 $F_0 = \sum f_1$	综合分值 $F_1 = F_0 \times W_2$
名称	权重 W_2	名称	权重 W_1	青海省数值 S_1	全国省均值 S_0	指标层分值 $f_0 = S_1/S_0 \times 100$			
校舍面积	0.2	教学及辅助用房（万平方米）	0.4841	121.06	1426.30	8.49	4.11	7.51	1.50
		行政用房（万平方米）	0.2311	12.27	165.02	7.44	1.72		
		生活用房（万平方米）	0.1676	110.51	1197.88	9.23	1.55		
		教职工住宅面积（万平方米）	0.1172	7.19	622.33	1.16	0.14		
教职工状况	0.6	专任教师（人）	0.875	4940	58613	8.43	7.37	8.78	5.27
		行政教辅（人）	0.125	2119	18834	11.25	1.41		
设备状况	0.2	教学设备（万元）	0.75	133845	1932227	6.93	5.20	6.86	1.37
		图书资源（万册）	0.25	680.17	10238.18	6.64	1.66		
青海省高等教育资源承载力分值（POP = $\sum F_1$）									8.14

数据来源：数据来自前文对相关指标的预测值。全国数据中不包括港澳台地区。

"弱承载"。说明承载能力弱。其中校舍面积的生态承载力评价分值为7.51,评价结果为"弱承载";教职工状况的生态承载力评价分值为8.78,评价结果为"弱承载";设备状况的生态承载力评价分值为6.86,评价结果为"弱承载"。说明2020年相对全国各省高等教育的平均水平,青海省高等教育系统的客观承载力不强,校舍面积、专任教师的状况、教学科研仪器设备、图书资源等生态承载力的基础条件非常薄弱。

(三) 青海省高等教育系统承载压力度未来发展趋势的预测

青海省高等教育承载压力度发展趋势的预测包括资源压力度和环境压力度两个准则层。其中青海省高等教育资源压力度的测算要素有:校舍压力度、教职工压力度、教学设备压力度。青海省高等教育环境压力度的测算要素有:经济压力度、政治压力度、文化科技压力度,因政治和文化科技缺少适切的用以量化分析的指征数据,并且我国的政策法规、规划和文化科技状况均有利于高等教育的发展,因此二者在本评价指标体系中仅表明理论层面的关系和进行定性分析的意义,在实际测算中仅考虑青海省的经济情况,测算经济压力度。

1. 校舍压力度的预测

校舍压力度发展趋势的测算指标为:生均校舍面积。

根据2014~2016年青海省高等学校生均校舍面积的变化情况及趋势(见表4-25和图4-21),模拟出青海省普通高等学校生均校舍面积与年份的线性函数数学模型:

$$y = 1.47x + 24.923$$

拟合度 $R^2 = 0.6255$,可以预测,2020年青海省高等学校生均校舍面积为35.21平方米。

表4-25　青海省高等学校生均校舍面积变化情况（2014~2016年）

年份	2014	2015	2016
生均校舍面积（平方米）	27.05	26.55	29.99
年增长率（%）	-0.73	-1.85	12.96

数据来源：青海省教育厅2014~2016年每年编纂的《青海省教育事业发展简明统计分析》。

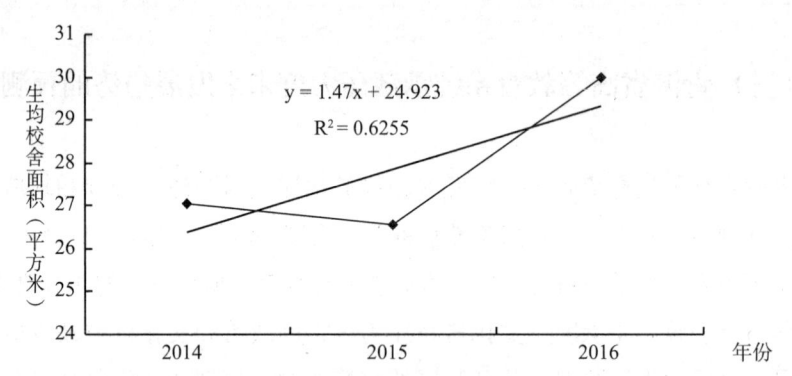

图4-21　青海省高等学校生均校舍面积变化趋势（2014~2016年）

数据来源：笔者整理。

根据2011~2016年全国平均各省高等学校生均校舍面积的变化情况及趋势（见表4-26和图4-22），模拟全国平均各省高等学校生均校舍面积与年份的二项式函数数学模型：

$$y = 0.1055x^2 - 0.6865x + 29.117$$

拟合度$R^2 = 0.6436$，可以预测，2020年全国平均各省高等学校生均校舍面积为32.80平方米。

表4-26　全国平均每省高校生均校舍面积变化情况（2011~2016年）

年份	2011	2012	2013	2014	2015	2016
生均校舍面积（平方米）	28.39	28.31	28.25	27.93	28.01	29.00
年增长率（%）	—	-0.28	-0.22	-1.13	0.29	3.53

数据来源：教育部发展规划司2011~2015年每年编纂的《全国教育事业发展简明统计分析》。

第四章 青海省高等教育系统生态承载力和规模未来发展趋势的测评及分析

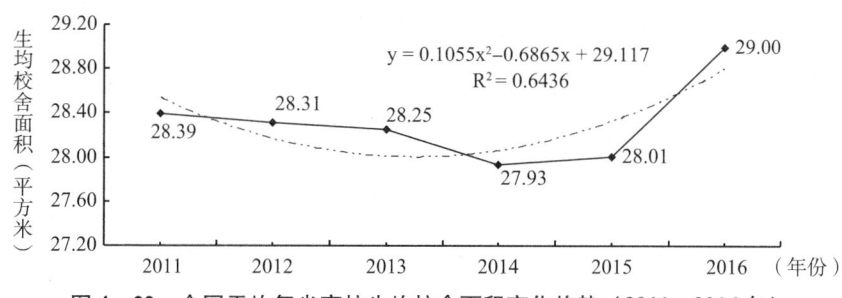

图 4-22 全国平均每省高校生均校舍面积变化趋势（2011~2016 年）

数据来源：笔者整理。

根据预测所得数据进行测算，2020 年青海省高等学校校舍压力度的生态承载力分级评价分值为 -62.46，对照"高等教育系统生态承载力分级评价表"，为"极弱压"。说明在 2020 年相对全国高等教育的平均水平，青海省高等教育系统的生均校舍面积的情况不仅毫无压力，而且还会有余。

2. 教职工压力度的预测

教职工压力度的预测的测算指标为生师比。

表 4-27　青海省高等学校生师比的变化情况（2011~2016 年）

年份	2011	2012	2013	2014	2015	2016
生师比	13.59	15.44	15.61	15.8	16.11	16.15
年增长率（%）	—	13.61	1.10	1.22	1.96	0.25

数据来源：青海省教育厅 2011~2016 年每年编纂的《青海省教育事业发展简明统计分析》。

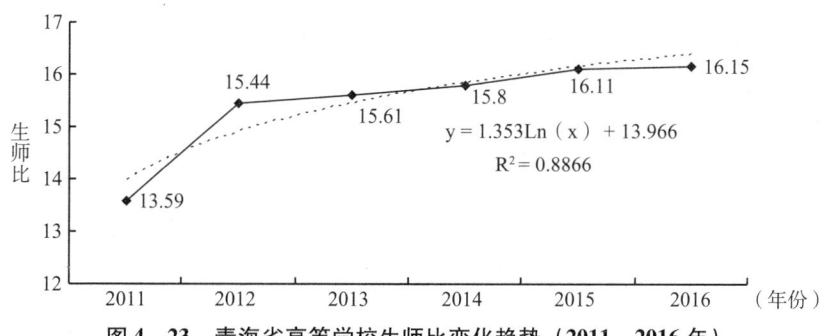

图 4-23　青海省高等学校生师比变化趋势（2011~2016 年）

数据来源：笔者整理。

根据 2011~2016 年青海省高等学校生师比的变化情况及趋势（见表 4-27 和图 4-23），模拟出青海省普通高等学校生师比与年份的对数曲线数学模型：

$$y = 1.353\text{Ln}(x) + 13.966$$

拟合度 $R^2 = 0.8866$，可以预测，2020 年青海省高等学校的生师比为 17.08。

根据 2011~2016 年全国高等学校生师比的变化情况及趋势（见表 4-28 和图 4-24），模拟出全国高等学校生师比与年份的线性函数数学模型：

$$y = 0.0751x + 17.349$$

拟合度 $R^2 = 0.9661$，可以预测，2020 年全国高等学校的生师比为 18.10。

表 4-28 全国平均各省高等学校生师比的变化情况（2011~2016 年）

年份	2011	2012	2013	2014	2015	2016
生师比	17.42	17.52	17.53	17.68	17.73	17.79
年增长率（%）	—	0.57	0.06	0.86	0.28	0.34

数据来源：教育部发展规划司 2011~2016 年每年编纂的《全国教育事业发展简明统计分析》。

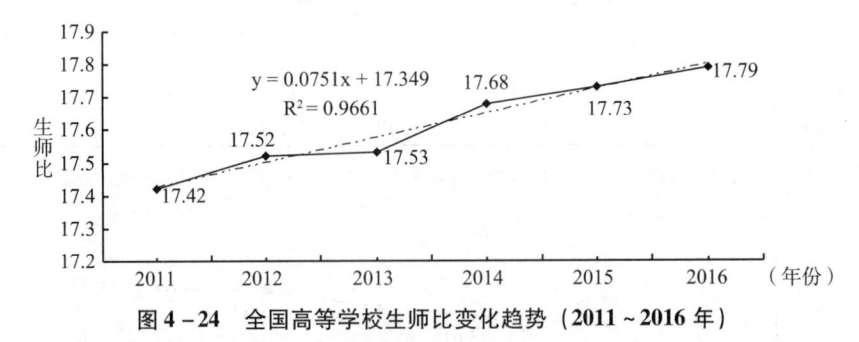

图 4-24 全国高等学校生师比变化趋势（2011~2016 年）

数据来源：笔者整理。

根据预测所得数据进行测算，2020 年青海省高等学校教职工压力度的生态承载力分级评价分值为 47.91，对照"高等教育系统生态承载力分级评价表"，评价结果为"中压"。说明到在 2020 年相对全国高等教育的平均水平，青海省高等教育系统的教职工情况压力为中等压力。

3. 教学设备压力度的预测

教学设备压力度的预测的测算指标为生均教学仪器设备值。

根据 2011~2016 年青海省高等学校生均教学设备值的变化情况及趋势（见表 4-29 和图 4-25），模拟出青海省普通高等学校生均教学设备值与年份的线性函数数学模型：

$$y = 0.0946x + 0.6065$$

拟合度 $R^2 = 0.8277$，可以预测，2020 年青海省高等学校生均教学设备值为 1.5525 万元。

表 4-29　青海省高等学校生均教学设备值的变化情况（2011~2016 年）

年份	2011	2012	2013	2014	2015	2016
生均教学设备值（万元）	0.8121	0.7160	0.8595	0.9348	1.0366	1.2670
年增长率（%）	—	-11.83	20.04	8.76	10.89	22.23

数据来源：青海省教育厅 2011~2016 年每年编纂的《青海省教育事业发展简明统计分析》。

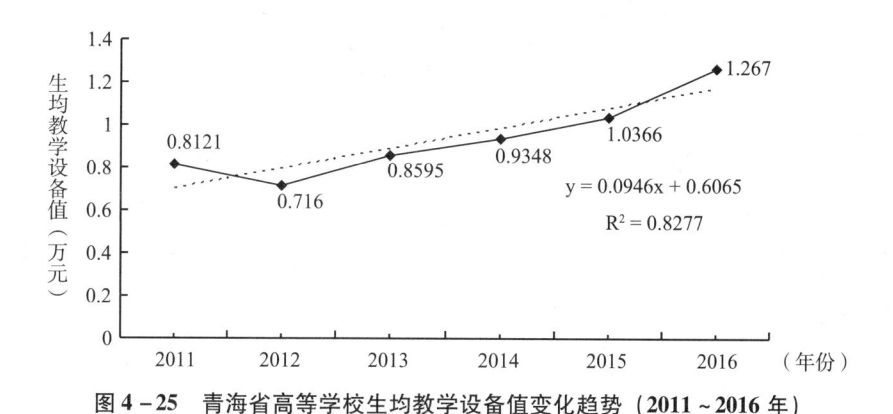

图 4-25　青海省高等学校生均教学设备值变化趋势（2011~2016 年）

数据来源：笔者整理。

根据 2011~2016 年全国高等学校生均教学设备值的变化情况及趋势（见表 4-30 和图 4-26），模拟出全国高等学校生均教学设备值与年份的线性函数数学模型：

$$y = 0.117x + 0.7749$$

拟合度 $R^2 = 0.9077$，可以预测，2020 年全国高等学校生均教学设备值为 1.9449 万元。

表 4 – 30　　全国高等学校生均教学设备值的变化情况（2011 ~ 2016 年）

年份	2011	2012	2013	2014	2015	2016
生均教学设备值（万元）	0.9293	1.0259	1.1096	1.1820	1.2752	1.5843
年增长率（%）	—	10.39	8.16	6.52	7.88	24.24

数据来源：教育部发展规划司 2011 ~ 2016 年每年编纂的《全国教育事业发展简明统计分析》。

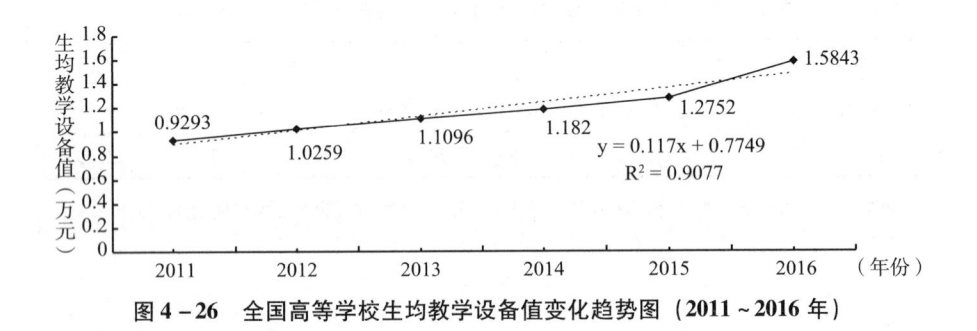

图 4 – 26　全国高等学校生均教学设备值变化趋势图（2011 ~ 2016 年）

根据预测所得数据，测得 2020 年青海省高等教育系统生态承载力教学设备压力度的分级评价分值为 171.51，对照"高等教育系统生态承载力分级评价表"，评价结果为"高压"。说明在 2020 年相对全国高等教育的平均水平，青海省高等学校的教学设备状况压力很大。

4. 环境压力度的预测

环境压力度的预测参数有：经济压力度、政治压力度、文化压力度，因政治和文化缺少适切的用以量化分析的指征数据，并且我国的政策法规、规划和文化科技状况均有利于高等教育的发展，因此二者在本评价指标体系中仅从理论层面表明结构关系，仅进行定性分析，在实际测算中仅考虑青海省的经济情况，测算经济压力度。经济压力度发展趋势的测算指标为人均 GDP。

第四章 青海省高等教育系统生态承载力和规模未来发展趋势的测评及分析

根据 2011~2016 年青海省人均 GDP 的变化情况及趋势（见表 4-31 和图 4-27），模拟出青海省人均 GDP 与年份的线性函数数学模型：

$$y = 0.2926x + 2.706$$

拟合度 $R^2 = 0.9697$，可以预测，2020 年青海省人均 GDP 为 5.60 万元。

表 4-31　　青海省人均 GDP 的变化情况（2011~2016 年）

年份	2011	2012	2013	2014	2015	2016
经济压力度（人均 GDP/万元）	2.88	3.32	3.67	4.00	4.14	4.37
本年比上年增长（%）	—	15.28	10.54	8.99	3.50	5.56

数据来源：国家统计局官方网站 http://www.stats.gov.cn/。

图 4-27　青海省人均 GDP 变化趋势（2011~2016 年）

数据来源：笔者整理。

根据 2011~2016 年全国人均 GDP 的变化情况及趋势（见表 4-32 和图 4-28），模拟出全国人均 GDP 与年份的指数函数数学模型：

$$y = 3.3379 e^{0.0825x}$$

拟合度 $R^2 = 0.9919$，可以预测，2020 年全国人均 GDP 为 7.62 万元。

表4-32　　　　全国人均GDP的变化情况（2011~2016年）

年份	2011	2012	2013	2014	2015	2016
经济压力度（人均GDP/万元）	3.60	3.95	4.33	4.66	4.92	5.54
本年比上年增长（%）	—	9.72	9.62	7.62	5.58	12.60

数据来源：国家统计局官方网站http：//www.stats.gov.cn/。

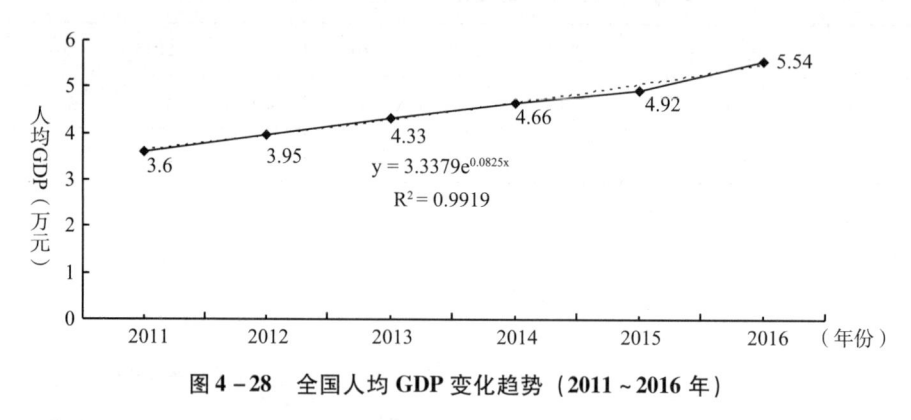

图4-28　全国人均GDP变化趋势（2011~2016年）

拟合方程：$y = 3.3379e^{0.0825x}$，$R^2 = 0.9919$

数据来源：笔者整理。

根据预测所得数据，测得2020年青海省高等教育系统生态承载力经济压力度的分级评价分值为225.35，对照"高等教育系统生态承载力分级评价表"，为"高压"。说明在2020年相对全国高等教育的平均水平，青海省高等学校来自于经济环境的压力非常大。

5. 青海省高等教育系统承载压力度的未来发展趋势

按照"青海省高等教育系统2020年承载压力度的测评指标体系"（见表4-33），根据青海省高等教育2020年的校舍压力度（以生均校舍面积表示）、教职工压力度（以生师比表示）、教学设备压力度（以生均教学仪器设备值表示）、经济压力度（以青海省的人均GDP表示）的预测数据，及其标准值，结合各分指标的权重，将相关数据代入高等教育系统承载压力指数表达模式，进行计算：

$$CPI^{pop} = \sum_{i=1}^{n} p_i^{pop} \cdot w_i^{pop}$$

式中：CPI^{pop}——以学生数量表示的压力指数；

p_i^{pop}——不同类型的学生数量；

w_i^{pop}——相应类型学生的教学质量权重值。

表4-33　青海省高等教育系统2020年承载压力度的测评指标体系

目标层（A）	准则层（B）	指标层（C）	数值 青海省	数值 全国省均
承载压力度（A）	资源压力度（B_1）	校舍压力度（生均校舍面积/平方米）（C_1）	35.21	32.80
		教职工压力度（生师比）（C_2）	17.08	18.10
		教学设备压力度（生均教学设备值/万元）（C_3）	1.5525	1.9449
	环境压力度（B_2）	经济压力度（人均GDP/万元）（C_4）	5.60	7.62

数据来源：数据来自前文对相关指标的预测值。

经计算，可以得到2020年青海省高等教育的承载压力度为79.70（见表4-34）。对照"高等教育系统生态承载力分级表"，评价结果为"较高压"级别。说明青海省高等教育系统的承载压力度有所缓解，但仍然较大。其中校舍压力度的评价分值为-62.46，评价结果为"极弱压"，校舍面积方面毫无压力，且有富余；教职工压力度的评价分值为47.91，评价结果为"中压"；教学设备压力度的评价分值为171.51，评价结果为"高压"；经济压力度的评价分值为225.35，评价结果为"高压"。从评价分级情况来看，相关四个因素中教学设备压力度和经济压力度为高压，教职工压力度为中压，校舍压力度极弱压。说明在2020年相对全国各省高等教育的平均水平，青海省高等教育系统在外部经济环境、教学设备方面将承受很大压力，在教职工方面承受的压力中等，在校舍面积方面没有压力。整体上说2020年青海高等教育生态系统承受的压力仍然很高。

表 4-34　青海省高等教育系统 2020 年承载压力度测算表

准则层名称	权重 W_2	指标层名称	权重 W_1	青海省数值 S_1	全国省均值 S_0	指标层分值 $f_0 = $ 人数 × $[1-(S_1/S_0)]/100$	指标层综合分值 $f_1 = f_0 W_1$	准则层分值综合 $F_0 = \sum f_1$	综合分值 $F_1 = F_0 \times W_2$
资源压力度	0.8333	校舍压力度/生均校舍面积（平方米）	0.2	35.21	32.80	-62.46	-12.49	50.55	42.13
		教职工压力度/生师比	0.6	17.08	18.10	47.91	28.74		
		教学设备压力度/生均教学设备值（万元）	0.2	1.55	1.94	171.51	34.30		
环境压力度	0.1667	经济压力度/人均 GDP（元/人）	1	5.60	7.62	225.35	225.35	225.35	37.57
青海省高等教育承载压力度分值 （CCP = $\sum F_1$）									79.70

数据来源：数据来自前文对相关指标的预测值。全国数据中不包括港澳台地区。

（四）青海省高等教育系统生态承载力未来发展状况的评价

根据对青海省高等教育系统生态弹性度、教育资源—环境承载力指数及承载压力度三项指标体系未来发展趋势（2020 年为时间节点）的预测数值，对青海省高等教育系统生态承载力未来发展状况（2020 年为时间节点）作出如下综合评价：

（1）青海省高等教育系统 2020 年生态弹性度的分值为 83.31（见表 4-14），为"很稳定"，说明青海省高等教育系统自我维持、自我调节、抵抗系统外的各种压力和冲击的能力很好。其中办学经费"很稳定"，支持力很强；但是高校类型及数量、资产情况、高校规模均为"弱稳定"，后三者的生态状况明显脆弱，支持力弱。

（2）青海省高等教育系统 2020 年资源承载力的分值为 8.14（见表 4-24），为"弱承载"，说明承载能力弱。其中设备状况等的客观承载能力与全国各省的平均水平相比极为薄弱，生态状况脆弱，并且从青海省高等教育的历史发展来看，客观承载力也一直是青海省高等教育系统的"软肋"。

（3）青海省高等教育系统 2020 年承载压力度的分值为 79.70（见表 4-34），为"较高压"。说明青海省高等教育系统的承载压力度虽然比 2013~2016 年有所缓解，但仍然较高。尤其是教学设备压力度和经济压力度为"高压"，说明青海省高等教育系统受到内部的教学设备及外部的经济环境的压力很大。

三、青海省高等教育规模未来发展趋势的生态学分析

对青海省高等教育规模未来发展趋势的生态学分析，包括以下两个方面的内容：一是对青海省高等教育规模未来发展状况（以 2020 年为时间节点）的生态学评价；二是对青海省高等教育系统生态承载力未来发展状况（以 2020 年为时间节点）的生态学分析。

（一）青海省高等教育规模未来发展状况的生态学评价

根据预测青海省高等教育系统和全国高等教育系统未来的生态承载力和规模的发展趋势（以2020年为时间节点）相关指标的所得数据（见表4-35），青海省高等教育2020年的基本情况为：

表4-35　青海省和全国平均每省高等教育2020年基本情况的预测

类别	项目		数值	
			青海	全国省均
高校类型及数量	普通高校数量（所）		15	89
	成人高校数量（所）		2	9
	合计（所）		17	98
高校规模	在校学生人数（人）		85008	1371384
	教职工人数	总数	7849	83601
		专任教师数量（人）	4940	58613
		行政及教辅人数（人）	2119	18834
资产状况	占地面积（万平方米）		551.84	6174.09
	固定资产（万元）		361398.75	7586998.61
办学经费	生均公共财政预算教育事业费（元）		28972.5	23369.2
校舍面积	教学及辅助用房（万平方米）		121.06	1426.3
	行政用房（万平方米）		12.27	165.02
	生活用房（万平方米）		110.51	1197.88
	教职工住宅面积（万平方米）		7.19	622.33
教学设备及图书	仪器设备值（万元）		133845	1932227
	图书资源（万册）		680.17	10238.18

数据来源：数据来自前文对相关指标的预测值。

预测2020年青海省共有高等学校17所。其中：普通高校15所，成人高校 2 所。预测 2020 年青海省高等教育的在校生总规模为 85008 人，高等院校的教职工数量为 7849 人，其中专任教师 4940 人，行政及教辅人员 2119 人。预测 2020 年青海省高等学校的占地面积 551.84 万平方米，固定资产 361398.75 万元，教学及辅助用房 121.06 万平方米，行政用房 12.27 万平方米，生活用房 110.51 万平方米，教职工住宅面积 7.19 万平方米。预测 2020 年青海省高等学校的仪器设备值 133845 万元，图书资源 680.17 万册。预测 2020 年青海省生均公共财政预算教育事业费为 28972.50 元。

预测 2020 年全国平均每省高等教育的基本情况为：到 2020 年，全国平均每省有高等学校 98 所。其中：普通高校 89 所，成人高校 9 所。预测 2020 年全国平均每省高等教育的在校生规模为 1371384 人，平均每省高等院校的教职工规模为 83601 人，其中专任教师 58613 人，行政及教辅人员 18834 人。预测 2020 年全国平均每省高校的占地面积 6174.09 万平方米，固定资产 7586998.61 万元，教学及辅助用房 1426.3 万平方米，行政用房 165.02 万平方米，生活用房 1197.88 万平方米，教职工住宅面积 259.62 万平方米。预测 2020 年全国平均每省高等院校的仪器设备值 1932227 万元，图书资源 10238.18 万册。预测 2020 年全国生均公共财政预算教育事业费为 23369.20 元。

按照"青海省高等教育系统生态承载力测评指标体系"，根据预测 2020 年青海省和全国高等教育系统相关指标的所得数据，经生态承载力相关表达公式的计算，2020 年青海省高等教育系统的生态弹性为 83.31，资源—环境承载力为 8.14，承载压力度为 79.70（见表 4-36）。

表 4-36　　青海省高等教育系统 2020 年生态承载力综合评价

指标	分值	状态
生态弹性度	83.31	很稳定
资源承载力	8.14	弱承载
承载压力度	79.70	高压

数据来源：数据来自根据前文预测值的测算结果。

将相应数据代入高等教育的承载饱和度的测算公式：

CCPS = CCP/CCS = 79.70/(83.31 + 8.14) = 79.70/91.45 = 0.872

可以得出青海省高等教育的承载饱和度为 0.872，即 CCPS = 0.872 < 1。说明按照当前的发展趋势，根据预测结果，到 2020 年青海省高等教育系统规模处于"适度发展"的状态，青海省高等教育系统整体上所承受的压力尚未达到"最大承载值"，青海省高等教育系统的承载状态为"适度承载"，不会出现超载或低载，青海省高等教育系统的规模状态为"适度饱和"，不会出现过饱和和低饱和。教育资源将得到充分利用，青海省高等教育的教育质量会得到提升，发展具有充足的持续力，青海省高等教育系统的共生效应会得到发挥，青海省高等教育生态系统可实现正向演化和可持续发展。

（二）青海省高等教育系统生态承载力和规模未来发展状况分析

对青海省高等教育系统未来生态承载力发展状况（以 2020 年为时间节点）的考察，是基于对青海省高等教育系统未来的生态弹性度、资源—环境承载力指数、承载压力度三个模块的指标及承载饱和度的预测结果（以 2020 年为时间节点），以及对青海省高等教育系统未来生态承载力和规模发展状况（以 2020 年为时间节点）的综合评价，分析未来青海省高等教育系统生态承载力的各影响因子及其形成原因。

预测青海省高等教育系统 2020 年的生态弹性度为 83.31，为"很稳定"状态，说明 2020 年，青海省高等教育系统具有很强的自我调节能力、抗压能力、抗冲击能力和受到干扰后的自我修复能力。

预测青海省高等教育系统 2020 年的资源—环境承载力为 8.14，仍处于"弱承载"状态，承载力小、承载的稳定性低，这一状态是从 2013 年以来的延续。

预测青海省高等教育系统 2020 年的承载压力度为 79.70，状态为"高压"级别，说明到 2020 年青海省高等教育系统仍承受着高压力，承载压力度高与资源承载力低之间存在因果关系。2020 年青海省高等教育系统生态承载力承载的规模为适度发展的状态,既未达到满载,也不是低载,所具备的供容支撑能力不仅能够满足2020年青海省高等教育相应的质量标准的发展规模(在校生85008人),而且有充足的持续发展力量,对青海省高等教育系统而言,一方面仍须继续改善办学条件从"硬件"方面来增强青海省高等教育系统的生态承载力;另一方面更为重要的则是继续以"内涵式发展"、提高教学质量,从"软件"方面提升其承载力,从而全面优化青海省高等教育生态,增强其"生态力",实现其可持续性发展。

对青海省高等教育系统未来生态承载力的各个组成要素及其影响因子进行深入解析(以2020年为时间节点),仍然是以生态弹性度、资源—环境承载指数、承载压力度三项指标体系为基础。鉴于青海省高等学校数量少、学生规模小,高等教育系统的发展又是多因素交织嵌合、相互作用的过程,因此,在进行生态分析时,数据分析、政策分析和经济分析相结合,青海省的相关数据在进行比较时,除了与全国省均值和生均值进行比较以外,资产状况、高校规模、专任教师人数、教学设备、教学及辅助用房、图书资源等指标还与全国各省高等学校的校均值进行了比较,以期能够更为全面客观地分析青海省高等教育系统生态承载力和规模的发展状况。

1. 青海省高等教育系统生态弹性度未来发展状况的分析

预测2020年青海省高等教育系统的生态弹性度为"很稳定"的状态(见表4-14),青海省高等教育系统生态弹性度的影响因素依次为:高校类型及数量、办学经费、资产状况和高校规模。

(1) 高校类型及数量未来发展状况的分析。

预测2020年青海省高等学校的类型与之前一样,只有普通高等学校和成人高等学校,没有民办高等学校,不仅类型单一,而且数量少,预测2020年青海省的高校数量为17所,全国各省高等学校数量的平均值为98所,二者相差81所,青海省的高等学校数量仅为全国各省高等学校平均数量的17.35%。其中青海省普通高等学校的数量为15所,全国各省普通高等学校数量的省均值为89所,后者约为前者的6倍;青海省成人高校的数量为2所,全国各省成人高校的数量省均值为 9 所，后者为前者的 4.5 倍。预测青海省高等教育系统 2020 年的高校类型和数量的生态承载力分级评价测算分值为 17.75，对照"高等教育系统生态承载力分级评价表"，评价结果为"弱稳定"。

（2）资产状况未来发展状况的分析。

基于生态学的视域，资产状况是决定高等教育系统稳定性的核心要素。资产状况主要包括占地面积和固定资产。

①占地面积未来发展状况的分析。

预测 2020 年青海省高等学校的占地面积为 551.84 万平方米，2020 年全国各省高等学校占地面积的平均值为 6174.09 万平方米，二者相差 5622.25 万平方米，青海省仅为全国各省平均值的 8.94%；青海省高等学校的校均占地面积为 32.46 万平方米，全国各省高等学校的校均占地面积值为 63.00 万平方米，二者相差 30.54 万平方米，青海省高等学校的校均占地面积值为全国各省高等学校校均占地面积值的 51.52%。占地面积的生态承载力分级评价测算分值为 8.94，对照"高等教育系统生态承载力分级评价表"，评价结果为"弱稳定"。

②固定资产未来发展状况的分析。

预测 2020 年青海省高等教育系统的固定资产为 361398.75 万元，全国各省平均值为 7586998.61 万元，二者相差 7225599.86 万元，青海省仅为全国各省平均值的 4.76%。青海省高等学校的校均固定资产为 21258.75 万元，因为学校数量增加，因此校均值比 2016 年有所下降，全国各省高等学校的校均固定资产为 77418.35 万元，青海省高等学校的校均固定资产比全国各省高校的校均固定资产低 56159.60 万元，为后者的 27.46%。预测 2020 年青海省高等学校固定资产的生态承载力分级评价测算分值为 4.76，对照"高等教育系统生态承载力分级评价表"，评价结果为"弱稳定"。

预测 2020 年青海省高等教育系统的资产状况的生态承载力分级评价测算分值为 6.15，对照"高等教育系统生态承载力分级评价表"，评价结果为"弱稳定"。造成这一结果的原因仍然是青海省高等学校类型单一、数量少，占地面积小，固定资产少。是青海省高等教育系统一直以来的生态状况，青海省高校的校均占地面积仅为全国各省高等学校校均值的56.2%；青海省高等学校校均固定资产值为全国各省高等学校校均值的27.46%，从2013年到2016年，以及未来的2020年，无论是从省级层面比较还是从校级层面比较，青海省高等教育系统的资产状况远低于全国各省的平均水平和各省高等学校的平均水平，资产的生态状况均极其脆弱。

（3）办学经费未来发展状况的分析。

办学经费近年来一直是决定青海省高等教育系统生态弹性度的首要因素。预测2020年的青海省高等学校的生均公共财政预算教育事业费为28972.5元，全国的生均公共财政预算教育事业费为23369.2元，青海省的生均教育事业费超出全国生均教育事业费5603.3元，是全国生均教育事业费的1.24倍。2020年青海省高等教育办学经费的指标分值为123.98，对照"高等教育系统生态承载力分级评价表"，评价结果为"很稳定"。

从近年来各级政府发布的相关政策来看，国家对西部地区高等教育的发展空前重视，对青海省高等教育的各类财政资金投入增长幅度越来越大，数量越来越多，既是落实教育部在《国家中长期教育改革和发展规划纲要（2010~2020）》中第七章"高等教育"第（二十二）的"优化区域布局结构。设立支持地方高等教育专项资金，实施中西部高等教育振兴计划"的具体体现，也是执行"中西部高等教育振兴计划"，解决西部地区高等教育落后问题的有效举措。

（4）高校规模未来发展状况的分析。

高校规模主要指教职工规模和学生规模。

①教职工规模未来发展状况的分析。

预测2020年青海省高等学校的教职工规模为7849人，全国各省高等学校的省均教职工规模为83601人，二者相差75752人，前者为后者的9.39%；预测2020年青海省高等学校教师的校均人数为462人/校，全国各省高等学校教师人数的校均值为853人/校，二者相差391人，青海省高等学校教师人数的校均值为全国各省高等学校教师人数校平均值的54.16%。教职工规模的生态承载力分级评价测算分值为9.39，评价结果为"弱稳定"。

②在校生规模未来发展状况的分析。

预测2020年青海省高等学校的在校生人数为85008人,全国各省高等学校在校生人数的平均值为1371384人,二者总数相差1286376人,前者是后者的6.20%;预测2020年青海省高等学校的校均在校生人数5000人,全国各省高等学校的校均在校生人数13994人,二者相差8994人,前者是后者的35.73%。虽然无论从省均值还是校均值的比较来看,2020年青海省高校的在校生人数都算不高,又有充足的办学经费作保障,但是鉴于青海省高校数量少(仅为全国各省省均值的17.35%)、资产状况弱(固定资产的校均值为全国各省高校校均值的32.75%,校园面积的情况尚好),加之在青海省高等教育的物质资源和人文资源发展过程中历史积淀薄弱,青海省高等教育系统仍然承受着较大的压力。

预测2020年青海省高等教育系统的高校规模的生态承载力分级评价测算分值为6.72,对照"高等教育系统生态承载力分级评价表",评价结果为"弱稳定"。

总而言之,通过对青海省高等教育系统2020年生态弹性度的预测,可以得知青海省高等教育系统2020年自我调节能力、自我修复能力、抗外来压力和冲击力的能力的情况。从其具体影响要素来看,办学经费的有力保障和稳定增长是保持青海省高等教育系统生态弹性度的稳定的首要影响因素,办学经费的持续稳定地增长在很大程度上消解了青海省高等教育高校数量少类型单一、教师和学生规模小、办学条件弱,使青海省高等教育的生态弹性度整体上保持在"很稳定"的状态。从生态学的视域来看就是平衡着青海省高等教育系统生态结构简单、生态主体数量少的弱势。根据生态系统稳定性原理,如果一个生态系统稳定与否受制于某一因素,本身就是该生态系统稳定性低、生态脆弱的表现。也就是说,办学经费决定着青海省高等教育系统的稳定与否和平衡与否这一现象,本身就说明了青海省高等教育生态系统稳定性差、平衡性差、是脆弱的。因此,在继续增加办学经费的同时,大力改善资产状况,适度增加高校规模,才能推进青海省高等教育系统生态弹性度的均衡发展,多元化地促进青海省自我调节能力、抗压能力和自我修复能力的提高,不断优化青海省高等教育系统的稳定性。

2. 青海省高等教育系统资源—环境承载力未来发展状况的分析

预测青海省高等教育系统 2020 年的资源—环境承载力分级评价为"弱承载"状态（见表 4-24），资源承载力弱小。青海省高等教育系统资源—环境承载力包括青海省高等教育系统资源承载力和青海省高等教育系统环境承载力两个部分。

（1）青海省高等教育系统资源承载力未来发展状况的分析。

影响青海省高等教育资源承载力的因素有教学设备值、教学及辅助用房、专任教师人数、图书资源、行政用房、生活用房、行政教辅人数、教职工住宅面积。

①教学设备值未来发展状况的分析。

教学设备值对青海省高等教育系统的资源承载力有重要影响。预测 2020 年青海省高等学校的教学设备值为 133845 万元，全国各省高等学校的教学设备值省均值为 1932227 万元，二者相差 1798382 万元；预测 2020 年青海省高等学校校均教学设备值为 7873.24 万元，全国各省高等学校的校均教学设备值为 19716.60 万元，二者相差 11843.36 万元，前者为后者的 39.93%。

②教学及辅助用房未来发展状况的分析。

教学及辅助用房对青海省高等教育系统资源承载力的影响很大。预测 2020 年青海省高等学校的教学及辅助用房为 121.06 万平方米，全国各省高等学校教学及辅助用房的省均值为 1426.30 万平方米，二者相差 1305.24 万平方米，前者为后者的 8.49%；预测 2020 年青海省高等学校的校均教学及辅助用房为 7.12 万平方米，全国各省高等学校校均教学及辅助用房为 14.55 万平方米，二者相差 7.43 万平方米，前者为后者的 48.93%。

③专任教师人数未来发展状况的分析。

专任教师数量是影响青海省高等教育系统资源承载力的重要因素。预测 2020 年青海省高等学校的专任教师人数为 4940 人，全国各省高等学校专任教师人数的省均值为 58613 人，二者相差 53673 人，前者为后者的 8.43%。

青海省高等学校校均专任教师人数约为291人，全国各省高等学校校均专任教师人数约为598人，二者相差307人，青海省高等学校校均值为全国高等学校校均值的48.67%。

④图书资源未来发展状况的分析。

图书资源对青海省高等教育系统的资源承载力也有很大影响。预测2020年青海省高等学校的图书资源为680.17万册，全国各省高等学校图书资源的省均值为10238.18万册，二者相差9558.01万册，前者为后者的6.64%；预测2020年青海省高等学校的校均图书资源为40.01万册，全国各省高等学校的校均图书资源为97.53万册，二者相差57.52万册，前者为后者的41.02%。

其他如行政用房、生活用房、教职工住宅面积、行政教辅人数等影响因素对青海省高等教育系统资源承载力的影响较小，因此不再做分析。

(2) 青海省高等教育系统环境承载力未来发展状况的分析。

在高等教育的生态承载力体系中，环境承载力是生态承载力的约束条件，在青海省高等教育环境承载力的构成因素中，政治环境对环境承载力起着决定性的作用，文化环境和经济环境起着关键性作用。但是如同在其他人文社会科学的研究中常常遇到的问题一样，在本书中，政治环境和文化环境缺少适切的可供分析的指征数据，因此无法进行规范的定量分析。此外，相对青海省高等教育系统的客观资源承载力来说，环境承载力施加影响的方式多为间接的、甚至是隐性的。因此，在本书中对环境承载力开展的是定性分析。

我国的政治环境和文化环境一直以来处于健康有序、稳定协调、良性演进，且有利于高等教育发展的良好生态，并且西部高等教育的发展越来越受到中央政府层面的关注，各项有利于西部高等教育发展的政策相继出台，财政资金等对西部高等教育，包括青海省高等教育的投入力度越来越大。与此同时，青海省的经济发展也呈现出稳步增长的态势，特别随着国家发展改革委、外交部、商务部联合发布《推动共建丝绸之路经济带和21世纪海上丝绸之路的愿景与行动》，青海省作为古丝绸之路和唐蕃古道的必经之地、进藏入疆的重要门户，具有无可替代的中国生态安全屏障的战略地位。而不断优化的交通网络、迅速发展的特色产业、开放多元的人文环境，推动青海省成为新丝绸之路的绿色通道、战略基地和重要节点,"丝绸之路经济带"成为青海省向西开放的主阵地和推动全省经济发展的新增长极。虽然目前青海省的经济发展水平低,但发展前景是好的,对高等教育的投入也是逐年增长,并且增幅有越来越大的趋势,因此,青海省高等教育的环境承载力是稳定推进、保障有力和呈现良性发展的。

根据对2020年青海省高等教育系统资源承载力各项指标的预测,青海省高等教育系统2020年资源—环境承载力的总分值为8.14,对照"高等教育系统生态承载力分级评价表",评价结果为"弱承载"。其中设备状况、校舍面积状况、教职工状况的生态承载力分级评价结果均为"弱承载"。说明2020年青海省高等教育系统资源—环境承载力仍须增强教学设备、专任教师、图书资源和教学及辅助用房等条件,使青海省高等教育系统的基本办学条件能够满足日益增长的在校生教学、学习和生活的需要。要提升青海省高等教育资源承载力、改善青海省高等教育系统的整体生态环境,优化青海省高等教育生态系统,仍须多方协调、共同参与、锲而不舍的努力。

3. 青海省高等教育系统承载压力度未来发展状况的分析

预测2020年青海高等教育系统承受较高的压力,承载压力度的生态承载力分级评价结果为"较高压"(见表4-34)。承受压力较2013~2016年明显减轻。

承载压力度包括资源压力度和环境压力度,影响资源压力度的因素有教职工压力度(以生师比表示)、教学设备压力度(以生均教学设备值表示)和校舍压力度(以生均校舍面积表示)。环境压力度因政治环境和文化环境均有利于青海省高等教育的发展,且缺少适切的指征数据,因此,根据贺祖斌的"高等教育系统生态承载力调控模型",仅考虑经济压力度(以人均GDP表示)。

(1)教学设备压力度未来发展状况的分析。

教学设备压力度(以生均教学设备值表示)对资源压力度有重要影响。预测2020年青海省高等学校的生均教学设备值为1.55万元,全国高等学校的生均教学设备值为 1.94 万元，二者相差 0.39 万元。所测生态承载力分级评价分值为 171.51，对照"高等教育系统生态承载力分级评价表"，评价结果为"高压"。

（2）教职工压力度未来发展状况的分析。

教职工压力度（以生师比表示）是影响资源压力度的重要因素。预测 2020 年青海省高等学校的生师比为 17.08，全国高等学校的生师比为 18.10。所测生态承载力分级评价分值为 47.91，对照"高等教育系统生态承载力分级评价表"，评价结果为"中压"。

（3）校舍压力度未来发展状况的分析。

校舍压力度（以生均校舍面积表示）对资源压力度的影响很大。预测 2020 年青海省高等学校的生均校舍面积为 35.21 平方米，全国高等学校的生均校舍面积为 32.80 平方米，青海省高等学校的生均校舍面积超出全国高等学校的生均校舍面积 2.41 平方米。所测生态承载力分级评价分值为 -62.46，对照"高等教育系统生态承载力分级评价表"，评价结果为"极弱压"。

（4）环境压力度未来发展状况的分析。

环境压力度（经济压力度，以人均 GDP 表示）是影响承载压力度的重要因素。预测 2020 年青海省人均 GDP 为 5.60 万元，全国人均 GDP 为 7.62 万元，二者相差 2.02 万元。所测生态承载力分级评价分值为 225.35，对照"高等教育系统生态承载力分级评价表"，评价结果为"高压"。

综上所述，预测 2020 年青海省高等教育系统承载压力的状况，测算的生态承载力分级评价数据表明教学设备压力度很高，教学设备方面承受压力很大；其次是教职工压力度较高，承受中等大的压力；校舍面积方面不仅无压力，而且有一定的富余。

在环境压力度的经济压力度方面，以人均 GDP 为指标，预测 2020 年青海省的人均 GDP 与全国的人均 GDP 相比有很大差距，经济压力极大，也意味着 2020 年青海省高等教育系统承受的环境压力特别是经济压力很大。这是因为要改善青海省整体经济发展一直处于低水平的状况，需要长期、持续、全面的努力。

第四章 | 青海省高等教育系统生态承载力和规模未来发展趋势的测评及分析

4. 青海省高等教育系统生态承载力和规模未来发展趋势综述

对青海省高等教育系统生态承载力和规模未来发展趋势（2020年为时间节点）的综述包括青海省高等教育生态系统供容支持承载能力的未来发展状况、青海省高等教育系统生态承载力与承载压力之间关系的未来发展状况、青海省高等教育系统生态承载力与规模未来发展的影响因子三个方面。

（1）关于青海省高等教育生态系统供容支持承载能力的未来发展状况。

根据青海省高等教育系统2020年生态弹性度和资源承载力各项指标的预测，青海省高等教育系统2020年有很稳定的自我调节能力、自我修复能力、抗外来压力和冲击力的能力。就具体影响要素而言，保障有力、增长稳定的办学经费是保证青海省高等教育系统生态弹性度稳定性的首要因素，极大地平衡了青海省高等教育系统生态结构简单、生态主体数量少所导致的承载能力低的劣势，保证了青海省高等教育生态系统整体上"很稳定"的状态。但青海省高等教育系统的稳定和平衡很大程度上受制于办学经费这个单一的因素，本身也就说明青海省高等教育系统稳定性差、生态脆弱，一旦办学经费出了问题，极易引发青海省高等教育系统的生态危机，乃至导致退化，甚至发生系统崩溃。因此，在继续增加办学经费的同时，青海省高等教育系统未来仍须大力改善资产状况，适度增加高校规模，多元化地提高青海省自我调节能力、抗压能力和自我修复能力，不断优化青海省高等教育系统的稳定性。增强教学设备、图书资源和教学及辅助用房等基础条件，使青海省高等教育系统的基本办学条件能够更好地满足日益增长的在校生教学、学习和生活的需要。提升青海省高等教育的生态承载力、改善青海省高等教育系统的整体生态环境，优化青海省高等教育生态系统的稳定性。

（2）关于青海省高等教育系统生态承载力与承载压力之间关系的未来发展状况。

根据预测结果，青海省高等教育系统未来（以2020年为时间节点）所承受的压力在其承载力、支持力的范围之内，青海省高等教育系统的自我维持、自我调节能力、教育资源和环境规模的供容能力完全能够承载保证一定质量标准的未来在校生规模，青海省高等教育系统的生态承载状况为"适度承载"状态。未来（以2020年为时间节点），在校生的规模在青海省高等教育系统的最大承载规模之内，教育资源可以得到适度使用，青海省高等教育的教育质量可以得到保证，并且具有强劲的发展持续力，青海省高等教育系统的规模状况处于适度饱和的状态，生态承载力和规模的发展处于"生态化"发展的状态。青海省高等教育系统的生态承载力会进一步提高，青海省高等教育系统的共生效应会得到发挥，青海省高等教育生态系统会呈现正向演化，青海省高等教育系统可以实现可持续发展。

（3）关于青海省高等教育系统生态承载力与规模未来发展的生态因子。

根据对青海省高等教育系统未来（以2020年为时间节点）的生态承载力、承载压力及其影响因素的预测和分析，青海省高等教育系统未来（以2020年为时间节点）的生态承载力与规模发展的生态因子的情况如下：一是办学经费对青海省高等教育系统未来的生态承载力的高低起决定性作用。根据各级政府近年来出台的各种有关高等教育改革与发展的规划和政策，以及支持西部高等教育发展的专项规划和政策，以及青海省经济发展的良好契机和美好前景，未来办学经费的支持是稳定有力、有保障、有后劲的。二是青海省高等教育系统的高校数量少，办学形式单一，高校规模小，导致青海省高等教育系统的生态结构简单，制约了青海省高等教育的自我调节能力、抗压能力和自我修复能力的增强，制约了青海省高等教育系统稳定性的提高。青海省高等教育系统的办学基本条件薄弱，固定资产少、特别是教学设备、教学及辅助用房等严重匮乏，导致青海省高等教育系统的生态功能低弱，制约了青海省高等教育系统教学质量的提升，制约了青海省高等教育系统承载力的增强。三是青海省高等教育系统生态环境整体脆弱，其外部环境中的区域文化科学水平和区域经济水平低，特别是经济水平很落后，导致青海省高等教育系统的生态环境能够提供的承载力有限，这也是制约青海省高等教育系统生态承载力发展的重要限制性因子。这些限制性因子的成因，既有青海省高等教育系统原有基础薄弱的"先天不足"的原因，也有在青海省高等教育系统的发展历史中，物质资源和精神资源的历史积淀不足等原因。

第五章
青海省高等教育规模适度发展的生态化路径

基于生态学的视域，在考察青海省高等教育规模的历史发展轨迹和未来发展趋势的基础上，针对青海省高等教育生态承载力和规模发展的限制性因子，结合各级政府出台的有关高等教育改革与发展的规划和政策，以及与西部高等教育发展有关的专项规划和政策，提出青海省高等教育规模适度发展的生态化路径。所谓"生态化"，正如法国思想家莫兰所言：

"所谓'生态化'思想意指这个思想把任何事件、信息或知识放置于它们与其环境的不可分割的联系之中，这个环境是文化的、社会的、经济的、政治的，当然还有自然的。它不仅把一个事件定位于其背景，它也促使看到这个事件怎样或者改变这个背景，或者另样地说明这个背景。[①]"

因此，探索青海省高等教育规模适度发展的生态化路径就是联系青海省高等教育的生态环境，把握整体与局部的关系，关注青海省高等教育系统的发展与变化，以"整体的""系统的""联系的""发展的""动态的"认知方式，探索青海省高等教育规模发展达成与青海省高等教育的供容支持能力高度适应，与青海省的社会、经济、文化和科学高度协同，最终能够发挥青海省高等教育系统的共生效应，实现青海省高等教育系统的良性演化和可持续发展的路径。关于青海省高等教育规模适度发展的生态化路径的研究主要从以下三个方面展开：一是综评青海省高等教育系统的生态承载力和规模发

---

① 莫兰．复杂性理论与教育问题[M]．北京：北京大学出版社，2004．

展状况；二是剖析青海省高等教育系统生态承载力和规模发展的限制性因子；三是实现青海省高等教育规模适度发展的生态化路径。

一、青海省高等教育系统生态承载力和规模发展轨迹综评

对青海省高等教育系统生态承载力和规模发展轨迹的综评，基于所测的2013~2016年，以及预测的2020年的青海省高等教育系统的生态弹性度、资源—环境承载力、承载压力度、承载饱和度的数据及其状态（见表5-1和图5-1），分别综评青海省高等教育系统历年的生态承载力和规模的发展轨迹、青海省高等教育系统未来的生态承载力和规模的发展趋势。

表5-1　青海省高等教育系统历年（2013~2016年）生态承载力综合评价

年份	指标	生态弹性度	资源承载力	承载压力度	承载饱和度
2013	分值	71.08	7.36	82.29	1.049
	状态	较稳定	弱承载	高压	满载
2014	分值	56.72	7.39	82.37	1.285
	状态	中等稳定	弱承载	高压	超载
2015	分值	73.09	7.60	83.26	1.032
	状态	较稳定	弱承载	高压	满载
2016	分值	88.20	8.15	84.49	0.877
	状态	很稳定	弱承载	高压	适度
2020	分值	83.31	8.14	79.70	0.872
	状态	很稳定	弱承载	较高压	适度

数据来源：数据来自前文对这4项指标的测算值。

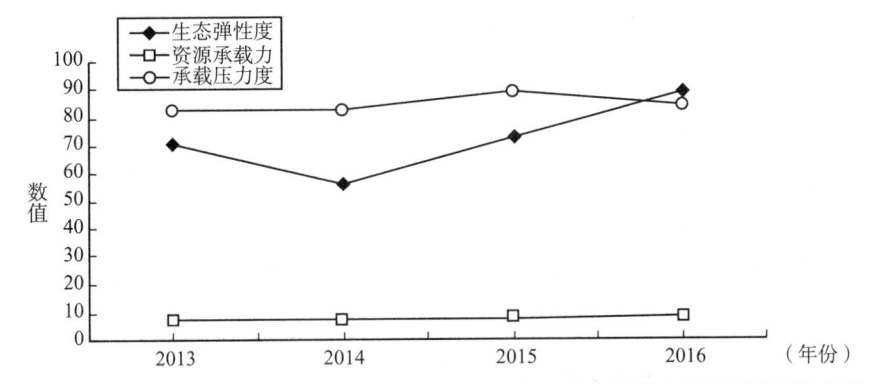

图 5-1　青海省高等教育系统历年（2013~2016 年）生态承载力指标指数变化趋势

数据来源：笔者整理。

（一）青海省高等教育系统生态承载力和规模历史发展轨迹综评

综合评价青海省高等教育系统历年（2013~2016 年）生态承载力和规模的发展轨迹，主要从青海省高等教育系统生态承载力的历年（2013~2016 年）发展轨迹综评和青海省高等教育系统规模的历年（2013~2016 年）发展轨迹综评两个方面述评。

1. 青海省高等教育系统生态承载力的历年发展轨迹综评

对青海省高等教育系统生态承载力历年发展轨迹的综评主要从青海省高等教育系统历年的供容支持承载能力和青海省高等教育系统历年的承载压力的发展轨迹进行述评。

（1）青海省高等教育系统历年的供容支持承载能力综评。

2013~2016 年青海省高等教育生态系统的生态弹性指数除了 2014 年明显下降外，其他年份基本呈现稳步上升的发展轨迹，生态弹性度的状态除了 2014 年为中等稳定以外，2013 年和 2015 年为较稳定，2016 年为很稳定。2013~2016 年青海省高等教育生态系统的资源承载力均处在"弱承载"状态，但从指数的变化来看，呈现出缓慢上升的发展轨迹（见图 5-1）。

2013~2016 年青海省高等教育系统的供容支持承载能力的发展轨迹包

括高等教育系统自我维持、自我调节的能力的发展轨迹，以及教育资源与环境子系统承载一定高等教育发展规模及相应质量的能力的发展轨迹。青海省高等教育生态系统的自我维持、自我调节、抵抗系统外的各种压力和冲击的能力，2014年为中等水平，2013年和2015年在较好水平，2016年为很好的水平。青海省高等教育生态系统的教育资源与环境子系统承载一定高等教育发展规模及相应质量的能力，2013~2016年这4年，无论青海省高等教育系统的整体供容支持能力如何变化，其客观承载力一直很弱，承载稳定性低。但从历年发展轨迹看，呈现缓慢增强的态势。客观承载能力低弱一直是青海省高等教育规模发展乃至青海省高等教育事业发展的瓶颈，亟须加强。

（2）青海省高等教育系统历年在校生规模造成的压力综评。

2013~2016年这4年，青海省高等教育生态系统的承载压力指数基本稳定在82.29~84.49，承载的压力始终稳定在"高压"状态。

2013年、2014年、2015年和2016年青海省高等教育系统的在校生规模（2013年在校生人数66320人，2014年在校生人数70492人，2015年在校生人数74359人，2016年在校生人数77528人）对青海省高等教育系统造成的压力都很大，其中在教学设备方面承受的压力一直很大，教职工数量，特别是专任教师数量承受的压力较大，校舍承受的压力从2013年至2016年明显减轻，到2016年几乎可以忽视。2013~2016年青海省高等教育系统承受的环境压力（主要是经济压力）一直很高。青海省高等教育系统整体上承受的压力大与客观承载力低之间是互为因果关系的。

2. 青海省高等教育系统规模的历年发展轨迹综评

2013~2016年这4年，青海省高等教育系统的承载饱和指数除2014年出现一个升高峰值外，其余年份呈现逐年降低的发展轨迹，青海省高等教育系统的在校生规模呈现出"饱和→过饱和→饱和→适度饱和"的发展轨迹，青海省高等教育系统承载状态呈现"满载→超载→满载→适度承载"的发展轨迹。青海省高等教育系统的生态承载力在2013年和2015年达到承载极限，在 2014 年超过极限，在 2016 年实现适度承载。在校生规模在 2013 年和 2015 年达到最大承载规模，在 2014 年超过最大承载规模，在 2016 年实现适度承载规模。青海省高等教育系统的承载饱和度在 2013 年和 2015 年达到平衡临界点，在 2014 年超出平衡临界点，2016 年则与平衡临界点保持了适度的距离。

2013 年青海省高等教育系统的自我维持、自我调节能力、教育资源和环境规模的供容能力已经达到极限，2014 年超过极限，已不能支持具有一定质量标准的当时的在校生规模。2013~2014 年青海省高等教育系统的生态承载力开始受到损害，教育质量受到影响，系统发展持续力不足，青海省高等教育系统无法发挥共生效应，无法实现可持续发展。这是因为 2013 年到 2014 年间，既没有通过改善办学条件，增加承载支撑能力和供容能力，也没有通过减少招生人数，减轻承载压力，反而因招生规模的扩大，生均教育经费比 2013 年出现大幅度减少，教职工规模不增反减，在压力增加的同时，支持供容能力却有所消减，等于雪上加霜，加上其他的作用，造成了 2014 年青海省高等教育生态状况的恶化。2015 年青海省高等教育系统的生态承载力有所恢复，生态状况有所好转。2016 年生态承载力进一步恢复，生态状况进一步好转，规模实现"适度"发展。在 2016 年的办学条件下，在保证一定质量的前提下，青海省高等教育系统既有足够的发展持续力，又能实现资源效益的合理化。青海省高等教育系统能够发挥共生效应，实现可持续发展。

（二）青海省高等教育系统生态承载力和规模未来发展趋势综评

根据预测数据，2020 年青海省高等教育规模处于"适度发展"的状态，青海省高等教育系统所承受的压力在其承载力、支持力的阈值范围内，青海省高等教育系统生态承载状况为"适度承载"，预测条件下，在校生的规模在青海省高等教育系统的最大承载规模内，并具有充足的发展持续力，教育质量可以得到保障。就生态承载力的发展趋势而言，青海省高等教育生态系统的生态弹性度仍能保持很稳定的状态，支撑青海省高等教育相应的质量标准的发展规模所需承载的供容支持能力充足，完全能够满足 2020 年可能达到的在校生规模（预测在校生数量 85008 人）在自我维持、自我调节、抗压和抗冲击能力方面的要求。青海省高等教育系统的资源承载力虽然仍在"弱承载"状态，但是承载力和稳定性呈现提高的发展态势。环境承载力主要从政治、经济、文化和科技的整体发展态势定性分析，环境状况会越来越有利于青海省高等教育的发展，2020 年会比以往历年有更好的环境支持力。2020 年青海省高等教育系统仍承受着较高的压力，但是相对 2013~2016 年的情况，压力有明显的缓解。总而言之，随着高校规模、办学条件、教学资源等状况的改善，2020 年青海省高等教育系统的承载支撑力和抗压能力都会有所提高，承载压力度会有所缓解，承载支撑力的发展能够支持在保证一定质量前提下的在校生规模发展的需要，供容支持能力的增长也能够满足在保证一定质量前提下的在校生规模扩张的要求，在校生规模虽然对承载支撑力的压力较高，但承载支撑力足以供容支持在校生规模，根据预测的承载饱和度可知，青海省高等教育的规模将会呈现适度发展的状态，教育资源可以得到充分利用，发展持续力充足，教育质量可以得到保障，并得到进一步提升，青海省高等教育系统的共生效应会得到发挥，青海省高等教育生态系统的稳定性会进一步增强，青海省高等教育生态系统会呈现正向演化，青海省高等教育系统可以实现可持续发展。

青海省高等教育规模的发展受到各级政府出台的政策和规划的决定性影响，根据《青海省"十三五"教育改革和发展规划》之"五、推动教育结构性改革"中"（四）推进高等教育结构调整"的"适度扩大高等教育规模，到 2020 年，高等教育本专科在校生达到 7.8 万人左右，高等教育毛入学率达到 45% 左右。"根据这一政策测算 2020 年青海省高等教育的在校生规模。

青海省高等教育的在校生规模的测算公式为：

$$S = S_{bz} + S_{yj}$$

S——在校生规模；

S_{bz}——高等教育本专科在校生人数；

S_{yj}——在校研究生人数。

（说明："高等教育本专科在校生"包含了普通高等学校和成人高校的所有本专科在校生。）

根据 2011~2016 年青海省硕士研究生在校生人数的数据（见表 5-2 和图 5-2），模拟出青海省硕士研究生在校生人数与年份之间的指数函数数学模型为：

$$y = 2354e^{0.0665x}$$

拟合度 $R^2 = 0.9457$，预测 2020 年青海省硕士研究生在校生人数为 4577 人。

根据《青海省"十三五"教育改革和发展规划》之"五、推动教育结构性改革"中"（四）推进高等教育结构调整"的"适度扩大高等教育规模，到 2020 年，高等教育本专科在校生达到 7.8 万人左右"，因此，2020 年高等教育本专科在校生人数 $S_{bz} = 78000$ 人。

表 5-2　　　　2011~2016 年青海省研究生在校生人数变化情况

年份	2011 年	2012 年	2013 年	2014 年	2015 年	2016 年
在校研究生人数（人）	2437	2821	2820	3135	3222	3508

数据来源：青海省教育厅 2011~2016 年编纂的《青海省教育事业发展简明统计分析》。

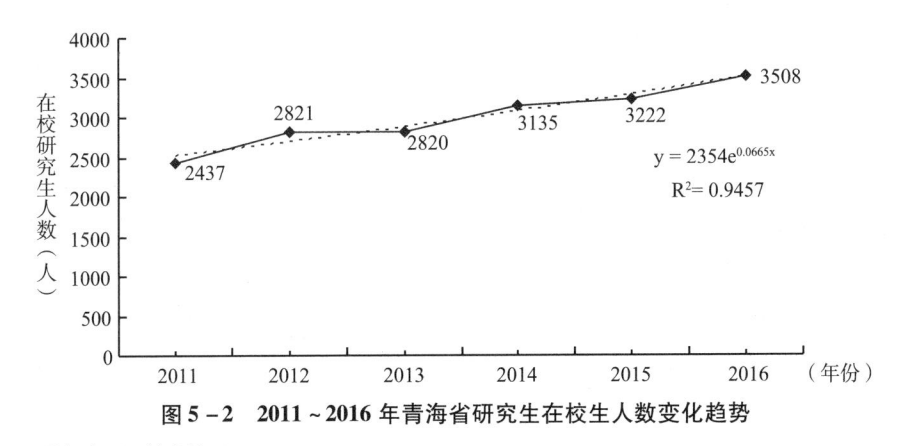

图 5-2　2011~2016 年青海省研究生在校生人数变化趋势

数据来源：笔者整理。

因为 $S_{bz} = 78000$，$S_{yj} = 4577$

代入在校生规模的测算公式：

$$S = S_{bz} + S_{yj}$$

可得：

$$S = 78000 + 4577 = 82577$$

即根据《青海省"十三五"教育改革和发展规划》结合模拟发展轨迹的数学模型推算，预测2020年青海省高等教育的在校生人数为82577人。

根据高等教育学的相关理论，适龄人口的规模直接影响着高等教育的发展规模，而青海省适龄人口的发展情况对青海省高等教育规模的影响更大、更直接。根据对2011~2016年青海省普通高等学校本专科生招生来源的统计分析可知（见表5-3），青海省普通高等学校招生中的外地生源的学生约为23.71%，本地生源的学生约为76.29%，成人高校的生源则基本来自本地。因此，青海省适龄人口的发展情况对青海省高等教育规模会产生很大的、更直接的影响。根据青海省统计局2010~2016年发布的《青海省常住人口数量统计》中"年龄结构"的数据可知，青海省适龄人口呈现持续减少的趋势，并且在未来相当长一段时间里，青海省适龄人口都将呈现下降趋势，2015年10月十八届五中全会决定"全面放开二孩"，并于2016年1月1日起正式实施。二孩政策的放开可能会在一定程度上减缓适龄人口下降的速度，但是截至2016年的统计数据，二孩增加的数量有限。并且要对青海省高等教育的规模产生影响从2016年算起至少还需19年的时间。因此，从2020~2034年间的发展趋势来看，青海省高等教育可能会面临招生困难的窘境，青海省高等教育系统承受的规模压力会逐渐减轻，甚至从长远看，出现低载的可能性高过出现超载和满载的可能性，造成教育资源的浪费和教育成本增加的可能性趋高，因此，青海省高等教育系统2020~2034年的发展压力来自在校生规模扩张的可能性小，来自招生困难的可能性大。但是鉴于本书中对未来发展趋势的分析以2020年为时间节点，因此2020年以后的发展趋势不做进一步分析。

表5–3 2011~2016年青海省普通高等学校本专科生招生来源情况

年份	招生总数	外地生源人数及所占比例		本地生源人数及所占比例	
		招生人数	所占比例（%）	招生人数	所占比例（%）
2011	14168	3541	24.99	10627	75.01
2012	15148	3491	23.05	11657	76.95
2013	15432	3575	23.17	11857	76.83
2014	15983	4030	25.21	11953	74.79
2015	18554	4389	23.66	14165	76.34
2016	19658	4355	22.15	15303	77.85

数据来源：青海省教育厅2011~2016年编纂《青海省教育事业发展简明统计分析》。

总之，本书前文中对2020年青海省高等教育规模发展状况的预测及分析与《青海省中长期教育改革和发展规划纲要（2010~2020）》和《青海省"十三五"教育改革和发展规划》中的规划指标基本一致并可以相互印证，到2020年，青海省高等教育系统的在校生规模发展适度，完全能够供容支持承载一定质量条件下的预测规模在校生（无论是82577人还是85008人）的教育教学工作。能够完成《国家中长期教育改革和发展规划纲要（2010~2020）》《青海省中长期教育改革和发展规划纲要（2010~2020）》和《青海省"十三五"教育改革和发展规划》对青海省高等教育系统"适度扩大高等教育规模"的发展要求和具体指标。

另外，青海省高等教育适龄人口数目的明显减少，降低了实现《青海省"十三五"教育改革和发展规划》中的到2020年"高等教育毛入学率达到45%左右"的难度，但是因为毛入学率并非本书研究的内容，因此不对其做详细分析。而与本书相关的是适龄人口的明显减少会导致实际招生人数的减少，在校生人数有可能会低于预测值，因此，到2020年青海省高等教育系统的承载压力不会比预测的值更高。但是不管怎么样，无论是从青海省高等教育系统的历年发展轨迹还是未来发展趋势来看，青海省高等教育系统都亟须增强资源承载能力，增强自我修复、自我调控的能力，增强抵抗来自系统外的压力和干扰的能力，在保证教育质量的前提下，达到规模、质量、效益、结构的协调发展，实现青海省高等教育生态系统的正向演化和共生效应，最终实现青海省高等教育系统的可持续发展。此外，从发展趋势看，青海省高等教育学科和专业的结构性调整、青海省高等教育质量的提升将成为青海省高等教育规模生态化发展所面临的更为重要和迫切的问题。

二、青海省高等教育系统生态承载力和规模发展的限制性因子及其成因

所谓限制性因子，就是基于生态学的视域，限制青海省高等教育系统实现共生效应和可持续发展的生态因子，在本书中具体指限制青海省高等教育系统生态承载力和规模发展的生态因子。在对青海省高等教育系统生态承载力和规模的历年发展轨迹考察和未来发展趋势预测的基础上，剖析青海省高等教育系统生态承载力和规模发展的限制性因子及其成因，有助于从更深层次科学理性地审视青海省高等教育系统规模发展的"瓶颈"，有助于有针对性地探索青海省高等教育规模适度发展的生态化路径。

（一）青海省高等教育系统生态承载力和规模发展的限制性因子

在青海省高等教育系统生态承载力和规模发展的生态因子中，办学经费的影响作用很大。青海省高等教育系统的办学经费一直以来是有保障的，并且近年来办学经费的总值一直处于逐年增长的状态，但是因为招生规模的扩张速度很快，2012~2014年青海省普通高等学校生均公共财政预算教育事业费持续呈现负增长，这是由于高校大规模扩招以来，学生人数成对数级增长，虽然办学经费也随之大幅度增加，但是财政拨款的增长速度远没有跟上在校生数量的增长速度，因此生均公共财政预算教育经费并没有随着规模的扩张同步增长，反而在2012~2014年出现了下降，这与青海省高等教育的办学经费大部分来自财政拨款，而财政拨款相对不足有关，也与青海省高等学校的

办学经费未形成多渠道筹措格局有关。2015~2016年政府对高校办学经费的投入更大幅度地提高，生均公共财政预算教育经费呈现大幅度增长，2015年青海省高等教育的生均公共财政预算教育经费超过了全国的生均公共财政预算教育经费，2016年甚至达到全国生均教育事业费的1.32倍。根据各级政府近年来出台的各种有关高等教育改革与发展的规划和政策，以及支持西部高等教育发展的专项规划和政策来看，青海省高等教育办学经费的支持前景是稳定且有保障的，同时青海省的经济也正沿着良性发展的轨道演进，因此，从长远发展的角度，青海省高等教育办学经费的支持力度会越来越强劲，前景是乐观的。

但是从对青海省高等教育系统历年及未来的生态承载力和规模发展状况的测算分析显示，青海省高等系统生态承载支持力和供容能力的高低过多取决于办学经费的多少，其他因子可提供的支撑力和供容力非常弱小，从这一意义上说，尽管青海省高等教育系统规模的现实状况（2016年）和发展趋势（2020年）均处于适度状态，但是如果办学经费一旦因为某种原因出现减少，对青海省高等教育系统的生态承载力和规模发展的影响将是致命的，从生态系统的稳定性来看，青海省高等教育生态系统整体上稳定性低，是脆弱的，易于受到破坏，存在很大的引发生态危机、导致生态退化的潜在威胁。

青海省高等教育系统的客观承载能力很弱，承载稳定性低，一直是束缚青海省高等教育规模发展乃至青海省高等教育事业发展的"瓶颈"和"软肋"。青海省高等教育系统的办学主体和办学形式单一，高校数量少，办学基本条件薄弱，客观资源支持力弱，高校规模较小等严重制约了青海省高等教育系统自我调节能力、抗压能力和自我修复能力的发展。教育教学资源历史积淀不足，教学设备、教学及辅助用房等匮乏，这些限制性因子使得青海省高等教育系统的资源基础差，来自物质资源的承载支持能力低。青海省高等教育系统专任教师数量少，专任教师群体的客观承载力低。虽然青海省高等教育的生师比并不比全国高等教育的生师比高，也满足高等学校基本办学条件指标的要求，但是只能说明在青海省高等教育生态系统中教师规模和学生规模之间是平衡的，如果与全国各省平均水平相比，青海省专任教师群体承载力低，生态状况脆弱。基于生态学的视域，根据"生态系统的稳定性与其种类的多元性、结构和关系的复杂性、数量的多少呈正相关的关系"的生态学理论，教师数量少与学生数量少、高校数量少、高校种类少、办学主体单一、办学方式单一等同样都是造成青海省高等教育系统稳定性差、生态承载力低，以及青海省高等教育生态状况脆弱的重要原因之一。青海省高等教育生态环境中的经济环境、文化科学环境限制了青海省高等教育环境承载力的提高，特别是青海省经济生态脆弱对青海省高等教育环境承载力的影响极为不利。青海省高等教育系统的承载压力从历年的发展轨迹来看，一直处在高压状态，从对未来发展趋势的预测来看，承载压力虽然有所减轻，但仍然大，特别是在教学设备等方面承受压力很大，而在教职工状况方面承受的压力相对较小。承载压力度大与资源承载力低是互为因果的。

（二）青海省高等教育生态系统限制性因子的主要形成原因分析

限制性因子是造成青海省高等教育系统生态承载力、特别是客观资源支持力低弱的主要生态因子，限制性因子最终导致青海省高等教育系统的生态脆弱、稳定性低，容易引发生态危机乃至生态退化。追根溯源，探究成因，其主要形成原因有以下三个方面：

原因之一是青海省高等教育系统办学资源贫乏，原有的基础薄弱、发展落后，发展后劲不足。教学设备、校舍面积、图书资料、师资队伍等物质资源和人力资源虽然在近些年得到了飞跃发展，但是由于办学资源的历史积累"先天不足"，并且在发展过程中长期"营养不良"，导致各类办学资源，特别是物质资源、文化资源的贫乏，因此，青海省高等教育的办学资源与全国各省高等教育的平均发展水平相比，仍然有很大差距，这种差距不仅表现在青海省高等教育的"硬件"上，而且表现在与之相关的"软件"上。

原因之二是青海省高等教育的办学主体单一，办学方式单一，高校数量少、高校规模小（教职工规模小、学生规模小），导致青海省高等教育系统的生态结构和生态关系均极其简单，稳定性差，抗压能力和自我修复能力弱。

根据生态学的理论，在高等教育生态系统中，高等教育办学主体的多样性、办学方式的多元性、教育结构的复杂性，生态关系的复杂性以及数量的多少与高等教育生态系统的稳定性之间是正相关的关系，越是种类单一、数量少、结构简单、关系简单的高等教育生态系统就越不稳定、越脆弱，自我调节能力和抵抗外来压力的能力也越低，当受到外部环境的负面影响或压力时也就越容易引发高等教育系统的生态危机，出现高等教育系统的生态失衡，导致高等教育系统的生态退化。

原因之三是青海省高等教育系统的生态环境脆弱度高，与青海省的区域经济环境、区域文化环境和区域社会环境的脆弱有直接关系，与区域经济环境的关系尤为突出和密切。青海省经济社会发展的基础薄弱，传统经济增长动力有限，长期以来主要依赖资源、原材料消耗的粗放型增长模式难以为继，产业结构偏重偏短，环境、土地约束发展，区域间、城乡间经济社会发展不平衡等使得青海省的区域经济发展水平较为落后，相对全国平均水平有一定差距，相对于发达地区有很大差距，即使在经济发展整体水平相对落后的西部地区的各省之中，也是经济发展水平较为落后的省份。文化和科技整体发展水平不高，使得青海省的文化环境也较为脆弱。高脆弱度的青海省高等教育生态环境，导致青海省高等教育生态系统的系统恢复力和抵抗力差，容易发生生态破坏，也导致青海省高等教育生态系统稳定性差，整体脆弱度高。而想从根本上改变长期处在脆弱状态的区域经济生态和区域社会生态，绝非指日之功。如果不是国家为了促进青海省社会经济发展和提供更多条件满足青海省适龄人口接受高层次教育的需要，而在全国高等教育结构布局上进行设定，并提供政策和财政上的全力支持，青海省高等教育系统的生态承载力是难以以"自然"的方式达到现有水平的，青海省高等教育系统的规模是难以以"自然"的方式达到现有状况的，青海省高等教育的发展也难以以"自然"的方式取得现有成就的。

毋庸置疑的是，在国家各级政府的多项政策倾斜和各种形式的大力支持下，青海省高等教育系统的诸多生态因子，特别是办学经费、办学条件等在近些年实现了跨越式发展，青海省高等教育生态越来越焕发勃勃生机，系统的生态承载力和持续发展力持续增强,已经步入良性演进和可持续发展的轨道,但是相对全国各省的平均状况,青海省高等教育生态系统整体上稳定性仍然较差,生态状况依旧脆弱,发展之路任重而道远。

三、实现青海省高等教育规模适度发展的生态化路径

实现青海省高等教育规模适度发展的生态化路径就是实现青海省高等教育规模生态化发展的路径,就是基于生态学的理论,青海省高等教育系统的发展规模应当在其生态承载力所能承受的合理范围内,即在青海省高等教育生态系统的自我维持、自我调节能力,以及教育资源与环境子系统对具有一定质量标准的发展规模所能承载的最大供容支持能力之内。也就是说根据青海省高等教育的实际承载支撑能力确定招生数量,使其规模实现适度发展,不超过系统的承载极限。因此,实现青海省高等教育规模适度发展的生态化路径从青海省高等教育生态系统的动态平衡和规模的关系来看,有两条路径,一是控制招生规模,减轻承载压力。二是增强供容承载支持力。如果综合考虑青海省高等教育生态系统的生长性和稳定性,从短期来看,通过控制招生规模可以减轻青海省高等教育生态系统的承载压力,从而维持承载压力和承载供容支持力的平衡。但从长时期来看,一味强调控制招生规模不利于青海省高等教育生态系统稳定性的提高,更不利于其生长性的发展。按照生态系统的稳定性原则,在不断提高青海省高等教育系统生态承载力的基础上,根据其实际承载支撑能力,合理扩大招生规模,合理增加在校生人数,有利于提高青海省高等教育系统的稳定性,也有利于增强其生长性,增强其生态承载力,推动其维持生态平衡、实现系统的共生效应和可持续发展。当然如果达到或者超过承载极限,虽然可以实现最大资源效应,但是长久必然损害生态承载力,削弱其发展持续力,破坏青海省高等教育生态系统的正向演化,无法实现其可持续发展。

综上所述,根据对青海省高等教育系统生态承载力发展轨迹的历史考察

及对未来发展的预测和分析，结合各级政府出台的有关高等教育改革与发展的规划和政策，以及与西部高等教育发展有关的专项规划和政策，针对青海省高等教育系统生态承载力和规模发展的限制性因子及其成因，可以确定：实现青海省高等教育规模生态化发展的路径就是全面增强青海省高等教育系统的承载支持力。

全面增强青海省高等教育系统的承载支持力就是增强青海省高等教育生态系统的自我维持和调节能力，增强青海省高等教育资源与环境的可持续供给与容纳的支持力。根据生态承载力的理论，就是提高青海省高等教育系统的生态弹性度、增强青海省高等教育系统的资源—环境承载力。提高生态弹性度就是提高青海省高等教育生态承载力的支持条件，增强资源承载力就是增强青海省高等教育资源的持续供给能力，就是增强青海省高等教育生态承载力的基础条件，是增强实现青海省高等教育系统可持续承载的基础保障。增强环境承载力，就是增强青海省高等教育系统生态承载力的约束条件，也是增强实现青海省高等教育系统可持续承载的基础保障。按照生态学理论，从生态结构和功能的角度，提高生态弹性度和增强资源—环境承载力，就是优化青海省高等教育系统内部环境的承载力和提升青海省高等教育系统外部环境承载力。

（一）优化青海省高等教育系统内部环境的承载力

优化青海省高等教育系统内部环境的承载力包括改善青海省高等教育系统的硬件条件和提高青海省高等教育系统的软性实力两个方面。

1. 改善青海省高等教育系统的硬件条件

按照生态承载力理论，针对青海省高等教育系统的限制性因子及其成因，改善青海省高等教育系统的硬件条件主要是改善青海省高等教育的办学体制和发展机制、经费投入、物质资源和师资队伍。

（1）青海省高等教育系统的办学体制和发展机制。

在青海省高等教育的办学体制方面最重要的是实现办学主体和办学形式多

元化。推动青海省高等学校类型的多元化。改变青海省高等教育办学主体和办学形式单一的现状，实现办学主体和办学形式的多元化，加强青海省高等职业教育的发展，鼓励民办高等教育。利用社会各方面力量集资办学，既可以广开财路，也有利于调整青海省高等教育的结构，有利于开发青海省高等教育的智力资源。根据生态系统中生态主体的多样性、复杂性和关联性与该系统的稳定性成正相关的生态学理论，青海省高等教育应当也必须倡导多元化的办学格局，支持有实力的企事业单位与高等学校联合办学，鼓励符合办学条件的团体和个人创办民办高校，实现政府办学与社会力量办学并举的多元化办学模式。通过丰富青海省高等教育生态系统的组成和结构，可以改善青海省高等教育系统的生态稳定性，提高青海省高等教育生态系统的抗压能力，补充青海省高等教育系统发展的后劲和持续力，进而增强青海省高等教育系统的承载支持力。

在青海省高等教育系统的发展机制方面，根据青海省高等教育发展的实际状况，结合教育部对高等教育工作的发展规划，从稳定规模、优化结构、强化特色三个方面开展行动。稳定规模就是保持青海省普通高校招生规模相对稳定，扩大高等职业教育、继续教育、专业学位硕士研究生的招生规模，同时积极发展民办教育和合作办学。

优化结构就是调整专业布局结构，主动适应青海省地方经济社会发展需要，前瞻性地设置青海省社会经济发展所需要的专业和培养人才，并借助建设重点大学和实施中西部高等教育规划的契机，建立学科专业科学调整机制，通过科学调整人才培养层次和结构类型，使各层次各类型人才更好地适应和满足社会多样化的需要。

强化特色就是青海省高等教育统筹规划，使青海省各个高校根据办学积淀、学科优势、资源条件，确定特色鲜明的办学定位、发展规划、人才培养规格和学科专业设置，合理定位、发挥优势、突出特色、避免同质化。在稳定规模、优化结构、强化特色的同时，继续改善办学条件、提高办学能力，提高青海省高等教育的教学质量，实现青海省高等教育规模和质量的统一。

基于生态学的视角，稳定规模、优化结构、强化特色是促进青海省高等教育生态系统多元化共生，优化生态结构，增强生态系统自我修复能力、抗压能力，改善青海省高等教育生态脆弱的现状，加强青海省高等教育系统内各高校之间、系统内与系统外的青海省社会、经济、基础教育的整体联系、动态平衡和协同发展的重要路径。

（2）青海省高等教育系统的经费投入。

根据生态承载力的理论和青海省高等教育发展的历史和现实，办学经费是影响青海省高等教育系统生态弹性度的首要因素，因此加大青海省高等教育经费的投入力度，提高青海省高等教育系统的生态弹性度，增强青海省高等教育系统的自我维持和调节能力，不仅是保证规模适度发展的需要，而且是提高青海省高等学校的核心竞争力、提高高等教育教学质量的必要保障。办学经费在进行高等教育系统生态弹性度的评价中，是对生态承载力影响最大的因素，办学经费投入数量的多少直接关系着青海省高等教育生态承载力的大小。根据青海省教育厅2011～2016年每年所编纂的《青海省教育事业发展情况简明分析》中的统计数据，在青海省高等学校教育经费的构成中，国家财政性教育经费所占比重最大，年均在70%以上，国家财政性教育经费的主要来源是公共财政预算教育经费，其次是来自事业性收入的经费，主要是学杂费的收入，来自社会捐赠的经费很少，年均所占比例不足10%。根据《国家中长期教育改革和发展规划纲要（2010～2020）》中指出的："建立和完善高等教育以举办者投入为主，受教育者合理分担培养成本，学校设立基金、接受社会捐赠等多渠道筹措教育经费投入机制。"改善青海省高等教育的经费来源渠道，增加青海省高等教育的经费投入，提高青海省高等教育生态系统的支持能力。

第一，高等教育的准公共物品属性决定了政府应作为投入的主体，因此青海省相关行政管理部门要"进一步优化高等学校预算方式，按照培养层次和学科特点，确立科学合理的生均拨款标准，并逐年提高。根据实际情况，逐步调整高等学校学费标准。省级财政、教育部门根据国家办学条件基本标准和教育教学基本需要，制定并逐步提高我省各级各类学校生均经费基本标准和生均财政拨款基本标准。[①]"

---

① 青海省中长期教育改革和发展规划纲要（2010～2020）[N]. 中国教育报，2010-09-23（005）.

第二，青海省各个高等学校还应当不断拓宽资金来源，通过多种渠道融资，筹措资金。特别应加强对民间资金的吸纳，吸引民间投资来增加办学经费。作为政府来说，出台相应政策，通过多种金融手段的引导和调控，拓展高校的融资渠道，可以在一定程度上解决高校的部分资金需求。

第三，逐步改革和完善高等学校的收费政策，构建科学合理的高等教育经费筹措机制。借鉴国内其他地区的做法，综合分析青海省的经济发展水平、办学条件和居民经济承受能力，构建科学合理的青海省高等教育经费筹措机制，当然必须完善与之配套的监督机制和对家庭经济困难学生的资助体系。

第四，可利用土地政策，解决青海省高等学校的改建、扩建和新建的资金问题。通过行政划拨、土地置换等政策，解决或者是部分解决高等学校改建、扩建和新建中的资金问题。2013~2016年青海师范大学新校区的建设和搬迁就是利用土地置换的政策解决了部分新建资金。

增加办学经费的路径，除了争取更多的政府财政拨款外，还可以采取融资方式获得更多的资金发展，融资方式的弊端是容易形成办学单位的债务负担，如果无法偿还，损失只能由国家承担，会损害国家经济利益，因此应当配套债务风险评估。合理提高学费是办学经费越来越重要的辅助来源，但是这一方式虽然可以在一定程度上缓解办学资金的压力，但却会给家庭经济困难的学生带来很大的负担，因此应当健全生活困难学生的资助制度。争取外界捐赠，创办学校产业创收，以及争取更多的科研经费的收入等均不失为增加办学经费的有效路径。因此，从根本上改革经费筹措制度，建构合理的多方共同承担高等教育办学经费筹措的模式，并大力推进措施的落实，多渠道筹措办学经费。此外，还要加强财务预算管理，建立预算执行全过程动态监控机制，提高预算执行力度，合理使用办学经费。

（3）青海省高等教育系统的物质资源。

青海省高等教育的物质资源主要指教学仪器设备、图书资源、校舍面积等基本的物质保障。

设备状况（教学仪器设备和图书资源）、校舍面积是最基本的教学条件，是开展教育活动、保障教学质量的基本物质保障。其中教学仪器设备的状况对高等教育生态承载力的影响很大。

青海省的设备状况和校舍面积虽然是符合《普通高等学校基本办学条件指标（试行）》的要求，但是从发展轨迹（2013～2016年）和发展趋势（2020年）来看，与满足青海省高等教育发展的要求还是有一定差距，特别是青海省高等教育系统的教学仪器设备、图书资源一直处于非常薄弱的状况，生均教学科研仪器设备等指征数据也表明青海省高等教育承受的资源压力很大，二者互为印证。近几年青海省高等教育系统的教学仪器设备、图书资源和校舍面积都呈现出逐年增长、并且增长幅度越来越大的良好形势，仪器设备不断更新、逐年改善，纸质图书和电子图书数量增长迅速，校舍面积随着近年各高校基础设施的不断建设，得以不断增加，尤其青海师范大学等高校新校区的建设对于校舍等基本办学条件有非常明显的改善，尽管如此，由于青海高等教育设备状况的"先天不足"、长期的"营养不良"和以往的积累有限，还需要进一步加大力度，长期持续性地加强教学仪器设备、图书资源等的建设，增强青海省高等教育系统客观资源承载力。

改善教学仪器设备等客观资源的同时会增加与之相应的生均教学科研仪器设备值等生均客观资源值，随着这些指征数据的增大，青海高等教育系统生态承载力的承载压力也会随之减轻，客观上会产生"双向调节"的效果，促使青海省高等教育的压力和支持供容能力之间维持平衡，有助于提高青海省高等教育的生态承载力，发挥青海省高等教育系统的共生效应，实现青海省高等教育规模的适度发展，实现青海省高等教育的可持续发展。

现有的教学科研仪器设备等客观资源状况等必然影响到青海省高等教育未来的发展规模及其速度，改善客观资源状况并非指日之功，需要长期的科学规划和人力、物力、财力的投入和积累。另外，改善教学科研仪器设备、图书资源和校舍情况，不仅是数量上的增加和面积上的扩大，而且是管理的提升和利用率的提高，以实现规范有效地管理、科学合理地使用。健全教学科研仪器设备、图书资料和校舍的管理机制，实时动态监控这些资产的购置、使用和处置。充实其数量，优化其结构，完善其功能体系建设，通过整合资源，实现资源共享，降低资产的消耗系数，提高资产的利用率，提高资产的使用效益，实现资产的保值增值。强化对教学科研仪器设备、图书资源和校舍管理，还要加强管理队伍建设、不断提升管理水平。

（4）青海省高等教育系统的师资队伍。

青海省高等教育系统师资队伍的数量、质量和结构是决定教育质量的关键，是青海省高等教育系统最重要的基础工程。因此，在保证青海省高等教育系统的教职工规模的基础上，还要不断提升青海省高等教育系统的教师特别是专任教师的质量，优化师资队伍结构。

青海省高等学校教职工的规模直接影响到青海省高等教育事业的发展状况，是青海省高等教育发展的决定性要素和前提条件。专任教师的数量是开展高等教育活动的基本人力保障，是影响资源承载力的关键因素。受自然条件、历史和社会经济等因素的影响，多年以来，青海省人才流失严重，高层次人才短缺一直是制约青海省高等教育发展的瓶颈，师资短缺特别是高层次师资的短缺一直是青海省高等教育发展最突出的问题之一，高校扩招之后，在校生规模呈现跨越式增长，导致师资短缺的问题日益严重。特别是专任教师的短缺，从对青海省高等教育系统历史发展轨迹的考察和未来发展趋势的预测可知，青海省高等教育系统的专任教师数量较少，按照"高等教育系统生态承载力分级评价表"均属于"极弱承载"，说明青海省高等教育系统因专任教师数量少而使得专任教师群体的客观承载力低。虽然青海省高等教育的生师比并不比全国高等教育的生师比高，也满足高等学校基本办学条件指标的要求，但是并不能说明青海省高等教育专任教师的承载力不低。基于生态学的视域，根据"生态系统的稳定性与其种类的多元性、结构和关系的复杂性、数量的多少呈正相关的关系"的生态学理论，教师数量少与学生数量少、高校数量少、高校种类少、办学主体单一、办学方式单一一样都是造成青海省高等教育系统稳定性差、生态承载力低，以及青海省高等教育生态系统脆弱的重要原因之一。足够数量的专任教师是实现青海省教育事业发展目标的基本人力保证，也是提升专任教师质量的基础。因此，要增强青海省高等教育系统的资源承载力的关键首先是增加专任教师的数量。但是一方面教师数量和学生数量之间存在很强的因果关系，另一方面由于高校师资的培养周期较长，在保证质量的前提下，其需求很难在短时间之内就得到满足，往往需要从长计议。

另外，2015年8月，中央全面深化改革领导小组第15次会议审议通过《统筹推进世界一流大学和一流学科建设总体方案》，要求贯彻全面深化改革要求，创新重点建设机制，以中国特色、世界一流为核心，以一流为目标、以学科为基础、以绩效为杠杆、以改革为动力，推动一批高水平大学和学科进入世界一流行列或前列。2017年1月，教育部、财政部、国家发展改革委共同制定、印发了《统筹推进世界一流大学和一流学科建设实施办法（暂行）》（简称《实施办法》）。按照每五年一个建设周期，2016年开始新一轮建设，建设高校实行总量控制、开放竞争、动态调整机制。《实施办法》充分肯定了人才的重要性，在各省区市相继出台的建设方案中，"人才引进和培养"都是重中之重。为争创"双一流"，不少高校不惜成本网罗人才，对个体而言，优秀人才和团队将获得更好的发展机遇和发展空间，但对青海省高等教育系统来说，会面临新一轮的解决人才流失的难题，弱小的经济实力、落后的文化科技水平、脆弱的教育生态，在人才的保卫战和争夺战中，几无优势可言。因此，在未来很长一段时间，如何吸引、留住教师，特别是优秀教师，已经成为、并在以后相当长的一段时间都是青海省高等教育系统棘手但亟待解决的问题，加强教师队伍建设将是青海省高等学校工作的重中之重。

在保障青海省高等教育系统专任教师数量的前提下，更重要的是要提高专任教师质量。相对教师数量来说，青海省高等教育系统的师资结构不合理、师资专业素质特别是专任教师的专业素质有待进一步提高的问题更为突出和迫切。足够数量的符合准入资格要求的青海省高等学校专任教师是高等教育发展的基本人力保障，青海省高等学校专任教师的质量决定了青海省高等教育质量的可能高度，也决定了青海省高等教育的竞争力强弱。虽然量化高校教师质量水平不是本研究的关注点，但是可以肯定的是提升青海省高等教育专任教师的质量可以增强青海省高等教育系统资源承载力的"软性实力"。

要优化青海省高等教育师资队伍的数量、质量和结构，按照教育部的相关政策，以及青海省高等教育的实际情况，各级行政管理部门首先应培育和引进并举。培育是指加强现有教师特别是中青年教师的教学能力建设、提升专业水平，以适应知识发展和学生全面发展的需要。正如《青海省中长期教育改革和发展规划纲要（2010~2020年）》中提出的："加强区域内学校之间教师交流，合理配置教师资源，不断优化教师队伍结构。制定教师培训中长期规划，优先保证培训经费落实。按照'统筹规划、分级实施、学用结合、注重实效'的原则，开展以师德教育和新理念、新方法、新技术为重点的培训。"引进是指延揽高层次领军人才，发挥引领示范作用，构筑相互衔接配套的高层次人才队伍，打造高水平创新团队。

其次是政策引导和经济鼓励。由于培养高校师资的培养周期长，在保证师资质量的前提下，师资数量的增加速度不可能很快，并且师资队伍的稳定性、师资队伍数量的增加和质量的提高都有赖于增加高等学校师资队伍的吸引力，提高吸引力又是以不断提高高校教师的社会地位和经济地位为基础的，因此提高高等学校教师的社会地位和经济收入，改善工作环境和文化环境，才能更有效地保卫本省高等学校人才、特别是高层次人才，吸引其他地区更多数量和更高素质的人才投身青海省高等教育事业。

最后是深化聘任制度改革，通过完善聘任制度，优化专兼职教师结构，增强用人活力，促进学术交流，提升教师的敬业度，激发教师的职业活力，达到增强教师的教学能力和科研能力的目的。

通过政策引导和经济鼓励、培养和引进并举、深化聘任制度改革，扩大教职工的规模，提升教职工的职业素养，促进高层次人才队伍建设，优化专业结构、年龄结构、学历结构、学缘结构，协调不同类型教师的数量关系和工作机制，提升教师队伍整体水平。才能保障并进一步提升青海省高等教育的质量，才能从根本上提高青海省高等教育系统的承载支持力。

（5）学生规模。

从短期来看，控制招生规模可以减轻青海省高等教育生态系统的承载压力，从而维持承载压力和承载供容支持力的平衡。但从长时期来看，根据生态系统的稳定性原则，在不断提高青海省高等教育系统的生态承载力的基础上，根据青海省高等教育的实际承载支撑能力，合理地扩大招生规模，增加在校生人数，是有利于提高青海省高等教育系统的稳定性的，有利于增强青海省高等教育系统的自我调节能力和抵抗外来压力的能力，推动其维持生态平衡、实现共生效应和可持续发展。但是不管怎么说，根据青海省高等教育的实际承载支撑能力确定招生数量，使青海省高等教育的规模及其发展不超过青海省高等教育系统的承载极限是一个基本原则。如果达到或者超过承载极限，虽然可以实现最大资源效应，但是长久必然损害生态承载力，削弱发展持续力，破坏青海省高等教育生态系统的正向演化，无法实现其可持续发展。

提高青海省高等教育系统生态承载力是"整体性"的提高，不是只管通过控制招生规模减轻承载压力来维持压力和承载支持力之间的平衡，而不管青海省高等教育系统承载支持力的提高和青海省高等教育生态系统的正向演化；也不是片面追求某一要素的提高，而不顾承载压力和承载支持力的平衡，更不是只追求资源承载力潜能的枯竭式挖掘，而不管教育质量和高等教育系统的未来发展。控制招生规模，同时又通过不断提高生态承载力而不断扩大招生规模，是将规模的扩大和承载力的提高既限定在青海高等教育系统的承受范围内，又推动其整体性地提高，增强青海省高等教育系统的生态稳定性，发挥青海省高等教育系统的共生效应和资源效应，实现青海省高等教育规模和生态承载力的可持续发展，实现青海省高等教育系统的规模、质量、结构、效益的协调发展。

2. 提高青海省高等教育系统的软性实力

青海省高等教育系统的软性实力，是青海省高等教育生态承载力的"隐性"构成和重要内涵。提高青海省高等教育系统软性实力的最终目的是提高培养人才的质量，培养人才是高等教育的本质要求和根本使命，培养人才的质量是高等教育生存和发展的基础，因此，提高教育质量一直是高等教育最核心的任务，是高等教育改革最根本的目标，也是高等教育规模适度发展的目的。提高青海省高等教育系统的软性实力是提高青海省高等教育质量的必要条件。我国高等教育自从扩招实行高等教育"大众化"以来，在校生规模跨越式增长，"大而不强"的问题越来越突出，学科专业结构调整跟不上劳动力市场需求的问题日益显现，提高教育质量的任务愈加迫切，对一直处于生态脆弱的青海省高等教育来说尤其如此，因此，推动青海省高等教育从规模扩张为特征的外延式发展向质量提升为核心的内涵式发展转变，从关注硬指标的显性增长向致力于软实力的内在提升转变，提高青海省高等教育系统的软性实力，从而全面提升青海省高等教育人才培养、科学研究、社会服务、文化传承和创新的整体水平，实现青海省高等教育规模和质量的统一，实现青海省高等教育事业的可持续发展，既是李克强、刘延东等中央领导的讲话精神和教育部《关于全面提高高等教育质量的若干意见》，教育部、财政部《关于实施高等学校创新能力提升计划的意见》等文件的要求，也是根据教育生态学的理论，从根本上增强青海省高等教育的"内生力"，改善青海省高等教育系统的生态承载力，有效提升适度发展规模的能力，实现青海省高等教育规模适度发展，推动青海省高等教育系统正向演化和可持续发展的根本路径。提高青海省高等教育系统的软性实力主要从教学质量、科研水平、组织管理、学科建设和专业建设着手。

（1）青海省高等教育的教学质量。

提高青海省高等教育的教学质量，主要是提高青海省高等教育的教学能力和教学水平、创新教育理念和教学体系，持续改进课程体系，优化教风学风和校风。

提高教学能力和教学水平主要有以下三个途径：

一是加强教学技能培训，推动青海省高等学校教师更新教育观念、掌握先进的教学模式和方法，提高教学能力；

二是完善青海省高等学校老中青教师的"传帮带"机制，完善助教制度，完善对教学能力的科学评价体系；

三是通过青海省高等学校的科研和教研项目，掌握学术动态和科技前沿，并将研究成果转化为教学内容，提升教学质量。

创新教育理念和教学体系主要包括创新教育理念和教学模式，创新教学方法和手段，创新大学生的学习方式，通过交叉培养、联合育人，特别是强化实践育人，培养应用型、复合型和创新型的人才，增强青海省高等学校大学生的可持续发展能力，使大学生能够更好地适应未来的职业和社会的发展。

持续改进课程体系，结合实际情况，及时更新教学内容，重视理论与实践的结合，加强学科间的交叉与融合，促进学生专业知识、基本能力、专业素养和职业发展能力的高效增值。

优化青海省高等学校的教风学风和校风是以青海省高等学校的大学精神为核心，以青海省高等学校的大学文化为底蕴，以道德教育为内容，目的是形成良好的育人氛围，使师生的精神品质更加卓越，使青海省的高等学校成为高深学术和高尚道德的神圣殿堂与社会高地。

（2）青海省高等教育的科研水平。

提升青海省高等教育的科研水平，主要是加强协同创新和学术道德建设。其中协同创新包括四个方面的内容：

一是青海省高等学校的科研创新与青海省的经济社会发展大局协同。加强原创成果的产出，以及成果的转化和产业化。以提升"人才—学科—科研"三位一体创新能力为核心任务，以体制机制改革为突破重点，实现青海省高等学校创新发展方式的根本性改变。以解决青海省经济和社会发展的实际问题为出发点，为青海省的经济和社会发展提供智力支持与技术支撑。

二是青海省高等教育系统内部和外部的科研创新主体之间的协同。在青海省高等教育系统内部推进校内协同和校校协同，打破专业界限、学科界限和学校的界限，优化学科结构，推进跨学科交叉；在青海省高等教育系统外部推进校所协同、校企（行业）协同和校地（区域）协同，推动青海省高等教育系统与青海省经济社会其他系统之间的深度合作、协同创新，促进产、学、研、用融合的深度和广度。

三是青海省高等学校的科研创新与青海省高等学校的人才培养的协同。整合科研与教学，完善二者的互动机制，形成学生的创新意识，培养学生的创新能力。

四是青海省高等学校的科研创新与青海省高等学校的体制机制创新的协同。建构科学高效的青海省高等教育创新管理体系，在人事管理制度、人才培养模式、评价机制导向、科研组织模式、资源配置模式、交流合作模式、营造文化环境等方面以创新为目的，以协同为抓手，以协同创新为导向，进行改善和优化，有效发挥激励作用，形成充满活力、优势互补、特色鲜明的协同创新体制和机制。推动科研水平提升和重大原创性的科研成果的产出。

青海省高等教育的学术道德建设，主要从制度生态和文化生态的建设入手，一方面加强学术道德和学术规范教育，严格遵守学术规范，培养良好学术传统；另一方面严惩学术不端行为，健全学术不端行为的惩治查处机构，完善学术不端行为的惩治制度。

（3）青海省高等教育的组织管理。

改善青海省高等教育的组织管理，主要是推进管理体制改革和管理机制改革，做好提高教育质量的各项保障。主要包括三方面的内容：

一是完善青海省高等教育的内部管理结构、运行机制和监督机制，构建决策、执行、监督和评价的科学管理制度体系，保障高等教育管理工作规范有序、科学高效，鼓励高等学校教学、科研和管理的协同创新。通过扩大高校办学自主权，扩大社会的参与治理，形成大学—政府—社会（U-G-S）的良性互动机制。

二是完善青海省高等教育质量评价体系，充分发挥其评价、指导和保障的作用。根据不同类型高校的人才培养质量的要求，构建科学合理的评价指标体系，确立符合青海省实际的评价标准，并将即时性评价、阶段性评价和结果性评价结合起来，保证评价的科学性、权威性和有效性。健全各级各类监督评估制度，加强各级各类质量管理。

三是完善各级质量保障体系，在人力、物力、财力、政策上保障青海省高等教育系统提高教育质量的各项工作的开展。

（4）青海省高等教育的学科建设和专业建设。

改革青海省高等教育的学科建设和专业建设，主要是提升青海省高等学校的学科建设水平，打造青海省高等学校的学科创新团队，优化青海省高等学校的学科资源配置，继续推进青海省高等学校的学科科研平台和研究基地的建设。合理投入学科建设经费，不断提升学科内涵化建设水平，实施"重点建设、分层推进、整体提升"的发展战略，充分发挥重点学科的引领示范作用，辐射带动相关滞后学科。科学拟定长期建设规划和学科建设目标，推动各学科均衡发展，针对青海省经济社会发展的实际需要，按照教育规律，结合青海省各高等学校的学科优势，科学开展青海省高等学校的专业建设，开拓青海省高等学校的新的学科领域。

根据青海省高等教育和经济社会发展的实际，结合国家和青海省的相关政策，以青海省高等教育的教学质量、科研水平、组织管理、学科建设和专业建设为抓手，提升青海省高等教育系统的软性实力，并继续加强青海省高等学校的硬件条件建设，推进青海省高等教育的内涵式发展，提高青海省高等学校的核心竞争力，可以全面提高青海省高等教育的质量，更好地发挥青海省高等学校在人才培养、科学研究、社会服务和文化传承创新四个方面的功能，并形成有机互动、相互支撑、整体提升质量的格局。

正如房剑森[1][2]指出的，在变革的知识经济时代，高等教育要努力适应以成为社会的中心，高等教育必须走内涵式发展，寻求新的增长点，努力实现高等教育的规模效益和结构效益。"发展高等教育必须注重规模和质量的统一，必须优化高等教育结构，要走注重内涵发展的渐进式道路"。

通过改善青海省高等教育系统的硬件条件、提升青海省高等教育系统的软性实力，可以有效提高青海省高等教育系统的生态弹性度和资源承载力，增强青海省高等教育系统的自我调节能力、抗压能力和自我修复能力，增强青海省高等教育系统的供容支持能力，挖掘青海省高等教育规模发展的潜力，提高其实现"适度发展"的承载能力。并且可以增强青海省高等教育的"内生力"，改善青海省高等教育的生态状况，从而发挥青海省高等教育系统的共生效应，达到实现青海省高等教育系统可持续发展的目的。

（二）提升青海省高等教育系统外部环境的承载力

潘懋元[3]在《教育外部关系规律辨析》一文中指出："教育必须与社会发展相适应"，并指出"适应，包括两个方面的意义，一方面教育要受一定社

---

[1] 房剑森. 高等教育发展的理论与中国的实践 [M]. 上海：复旦大学出版社，1995.
[2] 房剑森. 高等教育发展论 [M]. 桂林：广西师范大学出版社，2001.
[3] 潘懋元. 潘懋元高等教育文集 [M]. 北京：新华出版社，1991.

会的政治、经济、文化科学所制约;另一方面教育必须为一定社会的政治、经济、文化科学(的发展)服务。"青海省所处的政治、经济、文化和科学环境共同构成了青海省高等教育系统的外部社会环境和精神环境,青海省高等教育的环境承载力,即青海省高等教育环境的持续承纳能力,包括政治环境承载力、经济环境承载力和文化环境承载力,具体来说就是指与青海省高等教育相关的政策、规划、经济、文化和科学因子的承载力,就是青海省的政策、规划、经济、文化和科学的现状及其发展情况为保证一定质量和规模的青海省高等教育的发展提供的持续支持能力,是青海省高等教育系统生态承载力的约束条件,也是实现青海省高等教育系统可持续承载的基础保障,支撑、制约并直接影响着青海省高等教育的发展。提升青海省高等教育系统外部环境的承载力就是提高政治环境、经济环境、文化环境的承载力。

1. 提高政治环境的承载力

青海省高等教育的政治环境决定着青海省高等教育规模的发展,提高政治环境的承载力是最具有导向性、影响力和体现人的主观能动性的路径。政治环境的承载力对青海省高等教育规模的支撑主要表现在政策规划和管理机制两个方面:

政策规划是指与青海省高等教育有关的政策和规划的制定、执行和评估。包括国家层面出台的与高等教育有关的政策和规划和青海省按照国家要求、结合青海省的实际,制定和执行的一系列与青海省高等教育事业发展有关的政策和规划。

国家层面出台的与高等教育有关的政策和规划主要有:《国家中长期教育改革和发展规划纲要(2010~2020)》《国家教育事业发展"十三五"规划》《国务院办公厅关于加快中西部教育发展的指导意见》《教育部关于全面提高高等教育质量的若干意见》,2016年4月27日国务院常务会议上提出的:"要在没有教育部直属高校的14个省份各重点支持建设一所高校。继续扩大重点高校面向贫困地区农村招生规模。"以及2016年4月15日国务院总理李克强在"高等教育改革创新座谈会"上的重要讲话,2015年8月,中央全面深化改革领导小组第15次会议审议通过《统筹推进世界一流大学和一流学科建设总体方案》，2017年1月教育部、财政部、国家发展改革委共同制定的《统筹推进世界一流大学和一流学科建设实施办法（暂行）》等；

青海省按照国家要求、结合青海省的实际，制定和执行的一系列与青海省高等教育事业发展有关的政策和规划主要有《青海省中长期教育改革和发展规划纲要（2010~2020）》《青海省人民政府关于进一步优化全省高等教育和职业教育布局及学科专业结构的意见》《青海省教育事业"十三五"规划》等，以及其他与高等教育有直接或者间接关系的政策和规划，这些政策和规划从多个方面推动了青海高等教育生态系统的良性演化，其中最重要的是与资金投入有关的政策和与评估有关的制度。但是有些政策和方案的某些内容也对青海省高等教育的发展带来了巨大的压力，增加了吸引和留住优秀教师的难度等。总的来说，如果想要提高青海省高等教育的生态承载力，仍须从办学经费、师资队伍、仪器设备、校舍建设等办学条件方面予以全面、更大力度的政策支持和财政保障。

管理机制是青海省高等教育的管理体制、运行机制及其效能。有效实施管理，确保有关青海省高等教育的政策和规划落实到位，解决政策和规划执行中遇到的各种问题。特别强调的是青海省高等教育生态系统承载力的根本就是教育质量，无论是办学经费、教学仪器设备还是师资队伍、校舍面积，归根到底都是为了保证教学质量和提升教学质量，规模的适度发展是以一定教育质量为前提下的发展，离开质量谈规模是舍本逐末，以牺牲教育质量为代价的规模发展一定是"不适度"的，最终会损害承载承载力，会引起高等教育系统的逆向演化甚至退化。因此，如果说合格的办学条件和充足的教学资源是青海省高等教育生态承载力的"基础条件"和"硬件保障"，那么对办学质量专业化、制度化的评估和监测，是提升青海省高等教育系统生态承载力的重要"约束条件"和"软性保障"。充分理解、运用好国家和青海的相关政策和规划，做好政策和规划的落实，就可以提高青海省高等教育政治环境的承载力。

2. 提高经济环境的承载力

青海省高等教育系统必须与青海省的区域经济发展同步适应、并行发展，青海省高等教育的经济环境为青海省高等教育事业的发展提供物质基础,提出客观要求,不仅对青海省高等教育的规模和速度提出量的要求,而且对结构和培养的人才提出质的要求。制导着青海省高等教育规模的发展。青海省经济环境的承载力对青海省高等教育规模的发展具有基础性的支撑作用。具体表现在从供给方面构成了对青海省高等教育投入经费的基本能力,决定了对青海省高等教育的发展提供相应的财力支持的大小;从需求方面影响着青海省高等教育的投入和质量。

一是经济发展水平从供给方面构成了对青海省高等教育投入经费的基本能力,决定了对青海省高等教育的发展提供相应财力支持的最大可能性。在目前的财政体制下,青海省的区域经济发展水平会从供给方面直接影响着青海省高等教育的投入和教育质量。青海省区域经济发展水平决定了政府的财政能力,政府的财政能力决定了对青海省高等教育资源投入的多少,继而影响青海省的生均教育经费、教师的数量和质量。另外,如果能够提供更好的经济收入,势必会吸引更多更优秀的教师加入青海省高等教育事业中,从而提高青海省高等教育的教师质量和教育质量。

二是经济发展水平会从需求方面影响青海省高等教育的投入和质量。教育具有生产和消费的双重属性。一方面经济发展状况影响着居民的生活水平,影响着居民的消费结构,进而影响到居民对高等教育的需求,反过来会影响到青海省高等教育的规模。劳动力市场对高素质劳动力的需求越大,高质量教育的收益就越高,就会刺激居民对高质量教育的需求,增加居民的教育投入意愿。另一方面经济的发展趋势,影响着未来的大学生就业情况,从而影响到高等教育规模的发展情况。根据孙绍荣等[1][2][3]人的研究,高等教育规模与第一产业和第三产业关系密切,其中与第一产业呈现负相关关系,与第三产业呈现正相关关系,与第二产业相关性低,即大学生就业岗位较为集中在

---

[1] 孙绍荣,张文敏,黎丽. 高等教育与经济水平关系的统计分析[J]. 公共管理学报,2004 (3).
[2] 孙绍荣,尹慧茹,朱君萍. 高等教育与经济水平关系的国际统计研究[J]. 中国高教研究,2001 (4).
[3] 孙绍荣,朱君萍. 各国高等教育入学率与人均 GNP 关系的统计分析[J]. 上海理工大学学报(社会科学版),2000 (3).

第三产业。换而言之，第三产业发展越快，对受过高等教育从业者的需求量就越大，对从业者学历的要求也越高，从而推动高等教育发展规模不断扩大。

总而言之，基于生态学的视角，国家和青海省的经济发展情况对青海省高等教育的需求和容量决定着青海省高等教育的发展速度和发展规模。以财政拨款为主、多渠道筹措为辅的教育经费筹措机制的运行情况，直接影响着青海省高等教育系统的环境承载力的情况，改善经济环境承载力是提升青海省高等教育生态承载力的核心要素之一。

3. 提高文化环境的承载力

青海省高等教育的文化环境制约、规范着青海省高等教育的发展。高等教育是文化传承、交流和发展的主要媒介，是科学技术传递、转化和创新的重要基地。文化和科学影响着高等教育的目的、观念、内容、方法和手段，影响着发展规模和教育质量。提高青海省文化环境的承载力是提升青海省高等教育生态承载力的必要手段。

文化环境可分为内部环境和外部环境。提高青海省高等学校文化环境的承载力，不仅是要提高其外部文化环境的承载支持力，而且也包括提高其内部文化环境的承载支持力。内部文化环境承载支持力的提升，主要涉及高等学校文化环境支持力的提升和高等学校科学技术支持力的提升。

高等学校文化环境支持力的提升就是青海省高等学校的教师文化、学生文化、行政人员文化、社区文化、学校物质文化和学校制度文化[①]的建设和提升，具体来说，包括培育良好师德、培育良好的教风、学风和校风，完善学习激励机制，建立健全科学规范、以人为本的现代大学管理制度体系，科学凝练和培育学校精神，制定大学章程，完善学校内部管理制度体系建设，努力创新学校文化的形式，丰富学校文化的内容，充分发挥学校文化的引领作用。

高等学校科学技术支持力的提升主要指青海省高等学校的"智慧"化建设，包括建立"云教室"，改善网络课程学习环境，完善网络课程学习途径。

---

① 林清江. 教育社会学新论 [M]. 台北：五南图书出版公司，1981.

优化数字文献信息资源建设。加强财务信息化建设，推进资金收支业务的电子划转，建立财务信息基础数据库，提高工作效率和服务质量。

总的来说，实现青海省高等教育规模生态化发展的路径就是全面增强青海省高等教育系统的承载支持力，从高等教育系统生态结构的视角，就是优化青海省高等教育系统内部环境的承载力、提升青海省高等教育系统外部环境的承载力。通过改善青海省高等教育系统的办学体制、发展机制、经费投入、物质资源、师资队伍、学生规模等硬件条件和提高青海省高等教育系统的教学质量、科研水平、高等教育管理、学科建设和专业建设等软性实力，优化内部环境的承载力；通过不断提升青海省高等教育系统的政治环境、经济环境和文化环境的承载力，提升外部环境承载力。从而，有效提高青海省高等教育系统的生态弹性度和资源—环境承载力，增强青海省高等教育系统的自我维持和调节能力、抗压能力和自我修复能力，增强青海省高等教育系统资源与环境的可持续供给与容纳的支持力，挖掘青海省高等教育规模发展的潜力，提高其实现"适度发展"（生态化发展）的承载能力。增强青海省高等教育生态系统的"内生力"和稳定性，改善其生态状况，从而发挥青海省高等教育系统的共生效应，达到实现青海省高等教育系统可持续发展的目的。

实现青海省高等教育规模的适度发展就是青海省高等教育的规模发展与青海省高等教育生态系统的供容能力高度适应，与青海省的社会、经济、文化和科学高度协同，最终能够实现青海省高等教育的可持续发展的规模状态。青海省高等教育改革与发展的规划及相关政策的制定应结合青海省的地域特殊性，以充分发挥培养专门人才、科学研究、服务社会、文化传承与创新的功能为原则，以长期稳定地保持规模、质量、效益、结构的协调发展为目标，以发展规模与青海省高等教育生态系统的供容能力和青海省社会经济文化的持续发展高度适应为准则，并应特别关注为了推动青海省社会、文化和经济的快速发展，青海省发展高等教育的迫切性和重要性。

第六章
结　语

本书基于生态学的视域，运用生态承载力的基本理论和研究方法，通过测算生态弹性度、资源—环境承载力和承载压力度，分析青海省高等教育系统支持供容能力和承受压力之间的关系，研究了青海省高等教育规模的适度发展。运用这一理论基础和分析框架，考察了青海省高等教育历年生态承载力和规模的发展轨迹、预测了青海省高等教育未来生态承载力和规模的发展趋势，针对青海省高等教育系统生态承载力和规模发展的限制性因子及其形成原因，结合各级政府出台的有关高等教育改革与发展的规划和政策，以及与西部高等教育发展有关的专项规划和政策，提出实现青海省高等教育规模适度发展的生态化路径。

一、对本书内容的总结

本书运用生态承载力的理论基础和分析框架，对青海省高等教育历年生态承载力和规模的发展轨迹（2013~2016年）进行了考察，对青海省高等教育未来生态承载力和规模的发展趋势进行了预测，剖析了青海省高等教育系统生态承载力和规模发展的限制性因子及其成因，提出了青海省高等教育规模适度发展的生态化路径。

（一）青海省高等教育系统生态承载力和规模的发展状况

对青海省高等教育历年生态承载力和规模的发展轨迹（2013～2016年）进行考察的结果表明：2013～2016年青海省高等教育系统的承载饱和指数除2014年出现高峰值外，其余年份呈现逐年降低的发展轨迹，青海省高等教育系统的在校生规模呈现出"饱和—过饱和—饱和—适度饱和"的发展轨迹，青海省高等教育系统承载状态呈现"满载—超载—满载—适度承载"的发展轨迹。2013年青海省高等教育规模（在校生66320人）已经达到最大承载规模，青海省高等教育系统的规模状态为饱和，承载状态为满载。2014年在未采取措施增强供容支持力或减轻承载压力，且生均教育经费比2013年大幅减少、教职工规模减小的情况下，仍然扩大招生规模（在校生70492人），导致该年度青海省高等教育系统的规模状态为过饱和，承载状态为超载，经测算，实际在校生人数超出最大承载规模4761人。2015年青海省高等教育规模（在校生74359人）达到青海省高等教育系统的最大承载规模，承载支持力达到极限，承载状态为满载，规模状态为饱和，资源效应达到最大化，后续发展持续力不足。青海省高等教育系统所承受的压力和能够提供的供容支撑能力基本相当，处在平衡临界点。2016年青海省高等教育系统的自我维持、自我调节能力、教育资源和环境规模的供容能力完全能够支持具有一定质量标准的现有在校生规模77528人，教育规模为2016年办学条件下的适度承载规模，青海省高等教育系统的规模发展处在"适度"状态，青海省高等教育系统有足够的发展持续力，能够发挥共生效应，青海省高等教育系统系统能够实现正向演进和可持续发展。

对青海省高等教育系统未来生态承载力和规模的发展趋势（2020年为时间节点）进行预测的结果表明：2020年青海省高等教育系统的承载支撑力和抗压能力有所提高，能够支持在保证一定质量前提下的预测在校生规模（预测在校生为85008人）发展的需要，供容能力的增长能够满足在保证一定质量前提下的在校生规模扩张的要求，预测的在校生规模对承载支撑力的压力虽然很大，但是在承载支撑力的能力范围内，预测的在校生规模为适度承载规模，未达到最大承载规模，规模状态为适度饱和状态，资源得到适度使用，发展有充足的持续力，教育质量可以得到保障并会逐渐提升，青海省高等教育系统将实现共生效应和发展的稳定性、协调性和可持续性。

（二）青海省高等教育系统生态承载力和规模发展的限制性因子

在青海省高等教育系统生态承载力的影响因子中，办学经费对青海省高等教育系统生态承载力的影响最大，因此对青海省高等教育规模的发展影响也很大。青海省高等教育系统的办学经费一直以来是有保障的，并且近年来办学经费的总值一直处于逐年增长的状态，但是因为招生规模的扩张速度很快，生均教育经费在2015年之前曾经出现过负增长。2015年和2016年办学经费大幅度提高，青海省高等教育的生均公共财政预算教育经费都超过了全国的生均公共财政预算教育经费，根据各级政府近年来出台的各种有关高等教育改革与发展的规划和政策，以及支持西部高等教育发展的专项规划和政策来看，青海省高等教育办学经费的支持前景是稳定且有保障的，同时青海省的经济也正沿着良性发展的轨道演进，青海省高等教育办学经费的支持力度会越来越大。但是青海省高等系统生态承载支持力和供容能力的高低过多地取决于办学经费的多少，其他因子可提供的支撑力和供容力都非常弱小，一旦办学经费因为各种原因出现减少时，青海省高等教育系统的生态承载力和规模发展将会受到致命的影响，从生态系统的稳定性来看，青海省高等教育生态系统整体上稳定性低，是脆弱的，易于受到破坏，存在很大的产生生态危机和引发生态退化的潜在威胁。青海省高等教育系统的客观承载能力很弱，承载稳定性低，一直是束缚青海省高等教育规模发展乃至青海省高等教育事业发展的"软肋"。青海省高等教育办学主体和办学形式单一，高校数量少，办学基本条件薄弱，占地面积小、固定资产少，高校规模较小等严重制约了青海省高等教育系统自我调节能力、抗压能力和自我修复能力的发展。教育教学资源历史积淀不足，教学设备、教学及辅助用房等严重匮乏，造成青海省高等教育资源承载力弱小。青海省高等教育生态环境的整体脆弱也是造成青海省高等教育资源—环境承载力低的重要原因，青海省高等教育的环境支撑力整体脆弱与青海省经济生态脆弱的大背景有直接的因果关系。从历史发展轨迹和未来发展趋势来看，青海省高等教育系统的承载压力一直处在高压状态。承载压力度大与资源承载力低互为因果。

造成青海省高等教育系统生态脆弱的原因主要有三个：①青海省高等教育系统原有的基础薄弱、发展落后，发展后劲不足，不仅表现在青海省高等教育的"硬件"上，而且表现在与之相关的"软件"上。②青海省高等教育的办学主体单一，办学方式单一，高校数量少、高校规模小（教职工规模小、学生规模小），青海省高等教育系统的生态结构和生态关系均极其简单，其稳定性差，抗压能力和自我修复能力弱。③青海省高等教育系统的生态环境脆弱度高，与青海省的区域文化环境和区域经济环境的脆弱有直接关系，与区域经济环境脆弱的关系尤为密切。

青海省高等教育生态系统的脆弱度高，意味着青海省高等教育生态系统的稳定性差，系统恢复力和抵抗力差，当受到外部环境的负面影响或压力时容易导致高等教育系统的生态失衡，发生生态破坏，引发高等教育系统的生态危机，出现高等教育系统的生态退化。

（三）实现青海省高等教育规模适度发展的生态化路径

在对青海省高等教育生态承载力和规模的历史发展轨迹考察与未来发展趋势预测的基础上，结合各级政府出台的有关高等教育改革与发展的规划和政策，针对青海省高等教育系统的生态承载力和规模发展的限制性因子及其成因，提出实现青海省高等教育规模适度发展的生态化路径就是全面增强青海省高等教育系统的承载支持力，就是增强青海省高等教育生态系统的自我维持和调节能力，增强青海省高等教育资源与环境的可持续供给与容纳的支持力。具体而言就是优化青海省高等教育系统内部环境的承载力、提升青海省高等教育系统外部环境的承载力。优化内部环境的承载力包括改善青海省高等教育系统的办学体制、发展机制、经费投入、物质资源、师资队伍、学生规模等硬件条件和提高青海省高等教育系统的教学质量、科研水平、组织管理、学科建设和专业建设等软性实力。提升外部环境承载力就是不断提升青海省高等教育系统的政治环境、经济环境和文化环境的承载力。

二、对本书研究的反思

（一）对研究过程和结果的反思

虽然在本书中对青海省高等教育的规模进行了以量化研究的方法为主的分析，但是并不意味着本书的研究过程是"绝对科学"的或"唯一正确"的，也不意味着本研究的研究结论就是"一锤定音"的"绝对标准"，本书研究的目的并非是要得出一个完全建立在数理分析基础上的、以简单数值为表现形式的关于"青海省高等教育规模适度发展（生态化发展）"的分析、评估结果，而是着重研究青海省高等教育规模发展及其影响因子的发展趋势和相互关系，数据及其测算价值在于参照、比较的意义。这是因为：

一是高等教育学乃至教育学的本质就是关于人的学科，无论是人的社会还是社会的人都不可能用简单的数理模型（无论这个数理模型是多么的复杂和仿真）来进行精准分析，因此，如果研究的目的、过程、方法和结果过度依赖、甚至完全建构在看似"精确""科学"的定量分析上，研究结果执着于追求精确的数字结论，其研究反而是"不精确"和"不科学"的。

二是本书的聚焦点为青海省高等教育规模的"适度"发展，"适度"本身就是一个基于定性判断和相对模糊的概念，如果执着于用精确的数字和严密的数理逻辑去研究"适度"发展这样一个"基于定性判断和相对模糊"的问题，并以得到一个精确的数字结论为研究结果，本身就是不客观、不适当、非理性和违背规律的，无异于"缘木求鱼"。

三是青海省的政治环境、经济环境和文化环境对青海省高等教育规模发展的约束作用是很大的，其中政策和规划因素决定着青海省高等教育的发展规模，经济因素制导着青海省高等教育的发展规模，文化和科学因素制约规范着青海省高等教育的发展规模，这些因素对青海省高等教育规模的影响很大但又确实因为缺少适切的指征数据而无法进行定量研究，因此，如同执着于"纯粹"定量分析的研究过程及其结果是不科学的一样，如果因为这些因素在本书研究的条件下无法进行定量分析，就全盘否定量化研究的价值同样是极端的、不科学和非理性的。因此，对于青海省高等教育规模发展的研究，只有采用定量分析和定性分析的有机结合，才是科学、理性的。

四是高等教育发展规模是个非常复杂的问题，受到来自于内部环境和外部环境中很多因素的影响，虽然在研究的过程中，根据生态承载力的理论和方法已经对主要影响因素进行了尽可能全面合理地分析，力图对这些因素及其相互之间的关系展开尽可能准确地确定和解构，并力求对这些因素的变化轨迹进行尽可能准确和符合实际的模拟与分析，但是这种准确性毕竟是相对的和有限的，这些因素的变化无规律可循或者规律性表现得不那么明显才是绝对的和符合实际的，而这些影响因素"有规律"或是"无规律"、剧烈或者轻微的变化都会不同程度地影响到青海省高等教育规模的发展，因此，对青海省高等教育规模，特别是对规模未来发展趋势的分析及评价的结果更多在于参照意义，反映其发展趋势和相互关系，并非绝对的，更不是唯一的。

总之，本书的研究意义在于运用生态承载力的理论和方法开展实证研究，从生态学的视域，获得对青海省高等教育规模的历史发展轨迹和未来发展趋势、青海省高等教育与区域社会发展之间适应度的理性认识，探求实现青海省高等教育和区域社会发展之间整体联系、动态平衡和协同进化的机理。并在此基础之上，提出青海省高等教育规模生态化发展的路径，为解决青海省高等学校的发展规模、经济社会需求和财政投入的平衡适度提供参考，为进一步协调青海省高等教育的规模、结构、速度和质量效益的协同发展提供依据。为青海省高等教育改革和发展的规划与决策提供相应的参考和依据。

（二）对研究方法的反思

1. 创新之处

本书的创新之处主要在两个方面：一方面是在教育生态学和教育生态承载力的现有理论基础上，将生态学的理论与教育学的理论进一步交汇融合，提出了教育生态系统稳定性和稳定、平衡性和平衡的理论，并将其作为分析教育生态系统状态和特性的依据。另一方面是运用生态学的理论和方法解决教育实践中的具体问题，通过考察青海省高等教育规模的历年发展轨迹和预测未来发展趋势，结合各级政府出台的有关高等教育改革与发展的规划和政策，针对青海省高等教育系统的生态承载力和规模发展的限制性因子及其成因，提出了实现青海省高等教育规模适度发展的生态化路径。具体来说：一是运用生态承载力的理论和方法，采取定量分析为主，定性分析为辅，定性分析和定量分析相结合的方法研究青海省高等教育规模的适度发展（生态化发展）。二是相对于国内外已有的从劳动力需求、消费者需求、教育的成本收益比较、经济计量模型，以及参考外国发展轨迹等研究高等教育规模的方法，生态学的方法更加注重所研究问题的系统性、复杂性、整体性、综合性、发展性和动态性。由于高等教育的问题和存在一般都是多因素嵌合并相互作用的结果，很难用单一的因果关系或矛盾关系的原则来解决和解释，而生态学的优势就在于通过对"系统"和"关系"的分析来解释现象或解决问题，并且更加注重"过程性""发展性"和"动态性"，正如德国生态哲学家汉斯·萨克塞所说，生态研究不是把研究对象"作为状态而是作为过程来理解①"，研究生态主体与生态环境基于相互联系的协同进化是所有生态学分支学科的共同特点。在高等教育研究中就是实现大学生、大学教师、高等学校与社会、经济、文化和科技的协同共生，对高等教育而言就是实现高等教育的可持续发展，因此，生态学的理论和方法对高等教育规模的研究有很强的

---

① 汉斯·萨克塞. 生态哲学 [M]. 北京：东方出版社，1991.

适切性，生态学的思维模式本身也更贴近教育的本然状态和实然状态。在本书中，对青海省高等教育规模适度发展（生态化发展）的研究，就是着眼于青海省高等教育系统内部不同因素之间，以及高等教育系统与区域社会发展之间的"整体联系""动态平衡"和"协同发展"。

2. 不足与展望

本书的不足之处主要有以下三个：

一是虽然"高等教育生态"这个概念自1966年英国高等教育研究者埃里克·阿什比（Eric Ashby）在其《英国、印度和非洲的大学：高等教育生态学研究》（*Universities: British, Indian, African: A Study in the Ecology of Higher Education*）一书中首次正式提出并应用至今已经50年了，但是高等教育生态在理论和方法的建构上尚须完善，生态学与教育学的理论与实践还有待进一步融通契合。在面对某些教育学的理论问题和实践问题时，仍会表现出一定的局限性和无助性，生态学的理论和方法应用于教育学领域仍处在不断发展和完善的过程中。

二是在本书中，主要从生态学角度，研究青海省高等教育规模的发展情况，虽然力求从整体联系和动态发展的角度，综合、系统地考虑办学条件、教育资源、环境条件等影响因素及其相互之间的关系，但对青海省高等教育规模、结构、质量和效益之间关系的综合分析较为薄弱，因此，追求"整体性"和"系统性"其实还是有一定的片面性。

三是本书的研究过程、研究结果和研究方法是有一定参考价值的，但也都存在需要进一步改进和完善之处，生态承载力的研究方法在教育学中的应用有待进一步科学化、合理化，对青海省高等教育规模发展的分析也有待进一步深入，研究的高度尚有不足，未能上升到具有普适性意义的规律的层面，笔者将在以后的研究中继续加以完善和提高。

总的来说，生态学的理论和方法毕竟在认识复杂联系和解决复杂问题时在理论和方法的科学性、实用性上具有明显的优势和很强的普适性，其注重整体联系、动态平衡和协同进化的思维哲学，以及有机结合定量分析和定性分析的研究方式，与教育学的学科特点，以及教育现象和教育问题本身所蕴含的"生态性"都非常适切，因此，不仅是作为一种研究方法，更重要的是作为一种思维方式、一种方法论，将生态学应用于研究教育学的学术理论和解决教育中的实践问题，都是适宜的，而且具有一定的独特性和优越性。可以预见其在教育学领域有着广阔的发展空间和充满生机的发展前景。

参考文献

[1] 郝文武. 教育哲学研究 [M]. 北京：教育科学出版社，2009.

[2] 贺祖斌. 高等教育生态论 [M]. 桂林：广西师范大学出版社，2005.

[3] 范国睿. 共生与和谐：生态学视野下的学校发展 [M]. 北京：教育科学出版社，2011.

[4] 吴鼎福，诸文蔚. 教育生态学 [M]. 苏州：江苏教育出版社，1998.

[5] 范国睿. 教育生态学 [M]. 北京：人民教育出版社，2000.

[6] 潘懋元. 潘懋元高等教育文集 [M]. 北京：新华出版社，1991.

[7] 高吉喜. 可持续发展理论探索：生态承载力理论方法与应用 [M]. 北京：中国环境科学出版社，2001.

[8] [英] 阿什比. 科技发达时代的大学教育 [M]. 北京：人民教育出版社，1983.

[9] 房剑森. 高等教育发展论 [M]. 桂林：广西师范大学出版社，2001.

[10] 房剑森. 高等教育发展的理论与中国的实践 [M]. 上海：复旦大学出版社，1995.

[11] 熊明安. 中国高等教育史 [M]. 重庆：重庆出版社，1983.

[12] 司晓宏. 教育管理学论纲 [M]. 北京：高等教育出版社，2009.

[13] 张有声. 高等教育可持续发展理论研究 [M]. 北京：教育科学出

版社，2009.

[14] 陈洪捷．国外高等教育学基本文献讲读［M］．北京：北京大学出版社，2014.

[15] ［美］约翰·S·布鲁贝克．高等教育哲学［M］．杭州：浙江教育出版社，1987.

[16] 莫兰．复杂性理论与教育问题［M］．北京：北京大学出版社，2004.

[17] 莫兰．社会学思考［M］．上海：上海人民出版社，2001.

[18] 孙儒泳，李庆芬，牛翠娟等．基础生态学［M］．北京：高等教育出版社，2002.

[19] 卢晓中．现代高等教育发展论纲［M］．广州：广东教育出版社，2005.

[20] 王蓉．高等教育规模扩大过程中的财政体系：中日比较的视角［M］．北京：教育科学出版社，2008.

[21] 罗丹．规模扩张以来高校专业结构变化研究［M］．广州：广东高等教育出版社，2010.

[22] 徐书业．学校文化建设研究——基于生态的视角［M］．桂林：广西师范大学出版社，2008.

[23] ［英］马尔科姆·泰特．高等教育研究进展与方法［M］．北京：北京大学出版社，2007.

[24] 周培植．好的教育：区域教育生态理论的研究与实践［M］．北京：教育科学出版社，2012.

[25] 毛建青．高等教育宏观规划的理论与方法研究——聚焦中国高等教育规模的规划［M］．北京：中国社会科学出版社，2015.

[26] 王耘．复杂性生态哲学［M］．北京：社会文献出版社，2008.

[27] 汉斯·萨克塞．生态哲学［M］．北京：东方出版社，1991.

[28] 文魁．异化的复归：中国大学教育生态体察［M］．北京：中国人民大学出版社，2014.

[29] 王庆杰．大学的那些事：教育教学生态论［M］．北京：线装书局，

2014.

［30］［美］威廉·威尔斯马，斯蒂芬·G. 于尔斯. 教育研究方法导论［M］. 北京：教育科学出版社，2010.

［31］张文军. 生态学研究方法［M］. 广州：中山大学出版社，2007.

［32］［英］Jo Treweek. 生态影响评价［M］. 北京：中国环境科学出版社，2006.

［33］于清涟. 教育预测学［M］. 长春：东北师范大学出版社，1990.

［34］人民出版社. 国家中长期教育改革和发展规划纲要（2010～2020）［M］. 北京：人民出版社，2010.

［35］教育部政策法规司，教育部高等教育司. 中国特色现代大学制度文件辑要（2013版）［M］. 北京：教育科学出版社，2013.

［36］麦可思研究院. 2016年中国大学生就业报告［M］. 北京：社会科学文献出版社，2016.

［37］王善迈，袁连生. 中国地区教育发展报告［M］. 北京：北京师范大学出版社，2011.

［38］郝文武. 当代中国教育哲学的变革［J］. 陕西师范大学学报（哲学社会科学版），2009（6）.

［39］郝文武. 复杂关系中合理性教育需要的建构［J］. 陕西师范大学学报（哲学社会科学版），2009（1）.

［40］刘贵华，朱小蔓. 试论生态学对教育研究的适切性［J］. 教育研究，2007（7）.

［41］项贤明. 论人文系统中的教育［J］. 教育研究，2001（9）.

［42］［日］尾关周二. 共生的理念与现代［J］. 哲学动态，2003（6）.

［43］吴飞驰. 关于共生概念的思考［J］. 哲学动态，2000（6）.

［44］贺祖斌. 高等教育系统的生态承载力研究［J］. 高等教育研究，2005（2）.

［45］贺祖斌，林盟初. 高等教育系统生态承载力调控模型研究［J］. 广西师范大学学报（哲学社会科学版），2012（4）.

[46] 张兰芳，林盟初，贺祖斌．广西高等教育系统生态承载力调控模型及其应用 [J]．广西师范学院学报（哲学社会科学版），2010，31（4）．

[47] 潘懋元．高等教育主动适应经济与社会发展的理论思考——在第二次全国大学教育研讨会上的发言 [J]．教育评论，1989（1）．

[48] 谢作栩，黄荣垣．20世纪下半叶中国高等教育规模发展波动研究——兼21世纪初高等教育发展预测 [J]．教育研究，2000（10）．

[49] 谢作栩，黄荣垣．中国高等教育规模发展宏观调控模型研究 [J]．高等教育研究，2004（6）．

[50] 李文利，闵维方．我国高等教育发展规模的现状和潜力分析 [J]．高等教育研究，2001（2）．

[51] 胡咏梅，薛海平．经济发展水平与高等教育规模的相关性研究 [J]．江苏高教，2004（2）．

[52] 刘贵华．生态哲学与大学教育思想变革 [J]．高教探索，2001（3）．

[53] 刘贵华．西方高等教育哲学的困境与大学学术"生态合理性"的确证 [J]．比较教育研究，2002（3）．

[54] 岳昌君．高等教育人口比重的国际比较 [J]．比较教育研究，2004（2）．

[55] 米红，文新兰，周仲高．人口因素与未来20年中国高等教育规模变化的实证分析 [J]．人口研究，2003（6）．

[56] 彭福扬，邱跃华．生态化理念与高等教育生态化发展 [J]．高等教育研究，2011（4）．

[57] 洪世梅．教育生态学与大学教育生态化的思考 [J]．高等教育研究，2007（6）．

[58] 王玲，胡涌，粟俊红等．教育生态学的研究进展概述 [A]．北京市高等教育学会年学术年会论文集·学科专业和课程建设研究 [C]．

[59] 何波，李晓华．青海高等教育改革刍议 [J]．青海民族学院学报（社会科学版），1996（2）．

[60] 孙绍荣，尹慧茹，朱君萍．高等教育与经济水平关系的国际统计

研究 [J]. 中国高教研究, 2001 (4).

[61] 贺祖斌. 高等教育演化的新趋势: 生态化 [J]. 广西师范大学学报 (哲学社会科学版), 2004 (1).

[62] 余姗姗. 大众化进程中高等教育的生态分析 [J]. 高等教育研究, 2005 (1).

[63] 柳博. 高等教育规模和经济发展水平的关系研究 [J]. 中国考试 (研究版), 2004 (4).

[64] 张忠迪. 从教育生态学视角谈我国高等教育的可持续发展 [J]. 教育探索, 2006 (5).

[65] 胡涌, 柳晓玲, 张仕固等. 高等教育生态系统的基本构架 [A]. 北京市高等教育学会2007年学术年会论文集 [C]. 2007.

[66] 粟俊红, 胡涌, 王玲等. 高等教育中生态问题的探讨 [J]. 中国林业教育, 2009 (3).

[67] 贺祖斌. 论高等教育系统与环境的生态平衡 [J]. 大学研究与评价, 2007 (5).

[68] 张晓琴. 教育生态化: 21世纪高校的理性抉择 [J]. 社会科学论坛, 2006 (6) 下.

[69] 梁方正. 高等教育生态视角下的大学发展战略选择 [J]. 教育探索, 2011 (11).

[70] 张忠迪. 论大学教育生态化 [J]. 教育评论, 2009 (1).

[71] 何绍福, 李晓霞. 论生态学视角下我国高等教育系统的生态平衡 [J]. 教育科学, 2007 (5).

[72] 蹇兴东, 孙小伍. 试论我国高等教育生态环境 [J]. 黑龙江高教研究, 2002 (2).

[73] 徐德斌. 论高等教育的宏观生态平衡与可持续发展 [J]. 现代教育科学, 2010 (1).

[74] 陈伟, 顾昕. 人口政策与普通高等教育的发展 [J]. 高等教育研究, 2010 (3).

［75］司晓宏．关于推进现阶段我国大学章程建设的思考［J］．教育研究，2014（11）．

［76］王锋．论高等教育生态系统的可持续发展［J］．价值工程，2011（20）．

［77］马金虎．论高等教育生态位的重叠和矫正［J］．教育评论，2010（3）．

［78］王加强，范国睿．教育生态分析：教育生态研究方式初探［J］．教育理论与实践，2008（4）．

［79］厉春元．高等教育生态系统的构成及其预警系统模型分析［J］．当代教育论坛，2007（9）．

［80］苗立峰，路鹏，张勇．河北省高等职业教育生态承载力分析［J］．教育与职业，2011（9）．

［81］陈立文．河北省高等教育适度规模研究［J］．科学学与科学技术管理，2006（2）．

［82］薛家宝．江苏高等教育发展规模的分析与预测［J］．盐城师范学院学报（人文社会科学版），2001（4）．

［83］韩翠萍，张正义．山西普通高等教育规模发展回归分析与未来发展预测［J］．山西农业大学学报（社会科学版），2006（2）．

［84］樊本富．生态环境与高等教育的发展——人口、资源、环境对高等教育的制约与适应［J］．江苏高教，2007（2）．

［85］张国昌，胡赤弟．区域高等教育生态多样性：内涵与发展策略［J］．教育发展研究，2009（23）．

［86］张秋根，陈素华，魏立安．区域高等教育生态多样性：内涵与发展策略［J］．高校教育生态环境建设探讨，2008（1）．

［87］张继华．高等师范教育要与社会生态环境协调发展［J］．中国高教研究，2006（12）．

［88］薛玉香．论地方高校研究生创新教育的地方生态环境［J］．温州大学学报（自然科学版），2008（4）．

［89］张健. 高职教育资源生态环境的重组与配置［J］. 高职研究，2010（7）.

［90］张健. 高职教育质量生态环境的优化与提升［J］. 高职研究，2010（28）.

［91］张健. 高职教育特色生态环境的建设与培育［J］. 高职研究，2011（4）.

［92］张健. 高职教育结构生态环境的调适与优化［J］. 高职研究，2011（19）.

［93］余姗姗. 高等教育生态结构的层次分析［J］. 高等教育研究，2004（4）.

［94］付亦宁. 高等教育的微生态环境建设［J］. 现代教育管理，2011（3）.

［95］余珊珊，刘巧芝，葛建伟. 西部高等教育结构状况的生态分析［J］. 嘉兴学院学报，2006（6）.

［96］张海涛，张丽，孙学帅等. 高校知识生态系统的环境分析和系统构建［J］. 情报科学，2012（8）.

［97］郭辉. 基于生态学视域的少数民族双语教育研究的研究［J］. 青海师范大学学报（哲学社会科学版），2014（2）.

［98］王春红. 高职教育中和谐生态的师生关系及其构建［J］. 中国成人教育，2009（22）.

［99］陈小华. "生态性"理念与高等教育管理浅论［J］. 河南社会科学，2011（3）.

［100］贺祖斌. 高等教育制度生态环境及其优化［J］. 现代大学教育，2004（3）.

［101］卢文忠，周亚君. 高等教育适度规模实证研究——以教育部76所直属高校为例［J］. 高教发展与评估，2009（2）.

［102］胡春蕾，黄文龙. 高等教育生态视角下的高校人才培养模式探索［J］. 内蒙古社会科学（汉文版），2013（1）.

[103] 王林林, 乜俊花. 基于生态系统观的大学生创新能力培养研究 [J]. 南京邮电大学学报(社会科学版), 2007 (3).

[104] 闫蒙钢. 生态学视野下的安徽省独立学院应用型人才培养模式探索 [J]. 安徽师范大学学报(自然科学版), 2011 (5).

[105] 彭勃, 薛赛男. 生态化高等教育资源的新观照 [J]. 现代教育管理, 2009 (4).

[106] 彭勃, 南锐, 靳科. 高等教育人才资源的生态化配置 [J]. 学术论坛, 2009 (10).

[107] 彭勃, 张万红. 高等教育文化资源及其生态化培植 [J]. 学术论坛, 2008 (5).

[108] 吉昊, 苟虹. 高等教育资源的生态化配置与培植研究 [J]. 当代教育科学, 2013 (5).

[109] 顾晓薇, 李广军, 王青. 高等教育的生态效率——大学校园生态足迹 [J]. 冰川冻土, 2005 (3).

[110] 赵书山. 高等教育资源配置生态失衡分析 [J]. 黑龙江高等教育, 2012 (9).

[111] 孙绍荣, 朱君萍. 各国高等教育入学率与人均GNP关系的统计分析 [J]. 上海理工大学学报, 2000 (3).

[112] 翟丽丽, 倪艳坤. 高等教育适度规模系统动态学模型研究 [J]. 哈尔滨理工大学学报, 1998 (10).

[113] 易卫平. 从国际比较看我国高等教育的合理规模 [J]. 教育发展研究, 2000 (2).

[114] 胡永远, 刘智勇. 人力资本的最优投资规模分析——以中国高等教育为视角 [J]. 财经理论与实践, 2004 (3).

[115] 葛俭. 生态式教育与高等教育生态化 [J]. 边疆经济与文化, 2008 (6).

[116] 王素玲, 苏世宽. 高等教育生态发展的教育生态学审视 [J]. 高等农业教育, 2008 (9).

[117] 张澜,温松岩."高等教育"和"大学"概念的界定与分析[J]. 辽宁高等教育研究,1995(4).

[118] 秦福利. 对我国高等教育财政性经费投入比例偏高的审视[J]. 教育科学,2011(2).

[119] 何敦春,杨丛霖,欧阳迪莎. 我国高等教育管理文化生态的变迁与优化[J]. 福建农林大学学报(哲学社会科学版),2013,16(2).

[120] 郭辉. 师生主体间关系的生态学解析[J]. 当代教育与文化,2017(2).

[121] 周经国,王丰敏. 大众化阶段区域高等教育发展的定位[J]. 教育教学论坛,2010(20).

[122] 杜玉波. 高等教育要更加适应经济社会发展需要[N]. 中国教育报,2014-07-24.

[123] 青海省中长期教育改革与发展规划纲要[N]. 中国教育报,2010-09-23.

[124] 何培英. 高等海洋教育生态及其承载力研究[D]. 中国海洋大学博士论文,2010.

[125] 李军. 基于生态位原理的中国高等学校生态竞争研究[D]. 华东师范大学博士学位论文,2004.

[126] 李萍. 高等教育与区域经济互动发展研究[D]. 西北大学博士论文,2006.

[127] 孙红梅. 经济增长与高等教育发展规模的关系研究[D]. 西北大学博士论文,2007.

[128] 彭勃. 高等教育资源的生态化配置与培植[D]. 中国矿业大学博士论文,2008.

[129] 韩云炜. 我国各省份高等教育规模和经济增长的相关性研究[D]. 华东师范大学博士论文,2009.

[130] 王锋. 教育生态视域下江苏高教发展研究[D]. 南京林业大学博士论文,2014.

[131] 徐湘荷. 生态教育思想研究 [D]. 山东师范大学博士论文, 2012.

[132] 王顺玲. 生态伦理及生态伦理教育研究 [D]. 北京交通大学博士论文, 2013.

[133] Hawley A. Human ecology: a theory of community structure [M]. New York: Ronald Press, 1950.

[134] Eric Ashby. Universities: British, Indian, African: A Study in the Ecology of Higher Education [M]. London: Weidenfeld & Nicolson, 1966.

[135] Atkinson A. Principles of Political Ecology [M]. London: Belhaven Press, 1991.

[136] Wackernagel M., Rees W. Our Ecological Footprint [M]. Philadelphia: New Society Publishers, 1996.

[137] Van Der Ryn S., Cowan S. Ecological Design [M]. Washington, DC.: Island Press, 1996.

[138] Odis Johnson Jr. Ecology in Educational Theory: Thoughts on Stratification, Social Mobility & Proximal Capital [J]. Urban Rev, 2008, 40: 227-246.

[139] Norman B. An Ecological Metaphysics and Its Implications for Education [J]. Perspectives in Education, 1995, 16 (2), 305-318.

[140] Arum R. Schools and communities: Ecological and institutional dimensions [J]. Annual Review of Sociology, 2000, 26: 395-418.

[141] Duncan H. G. The concept of personal ecology [J]. Social Forces, 1928, 6 (3): 426-429.

[142] Acs G., Danziger S. Educational attainment, industrial structure, and male earnings through the 1980s [J]. Journal of Human Resources, 1993, 28 (3), 618-648.

[143] STEPHEN PETRINA. The Political Ecology of Design and Technology Education An Inquiry into Methods [J]. International Journal of Technology and

Design Education, 2012 (10): 207 - 237.

［144］Hyun Ju Park. Components of Conceptual Ecologies ［J］. Res Sci Educ, 2007, 37: 217 - 237.

［145］Gore A. Political Ecology: Expertocracy Versus Self - Limitation ［J］. New Left Review, 1993, 202, 55 - 67.

［146］新华社. 李克强主持召开国务院常务会议 ［EB/OL］http://news.xinhuanet.com/politics/2016 - 04/27/c_1118755109. htm, 2016 - 04 - 27/2017 - 03 - 20.

［147］青海省教育厅. 2013年全省教育事业发展统计公报 ［EB/OL］. http://www.qhedu.gov.cn/zwgk/jyfz/201404/t20140410_14127.html, 2014 - 04 - 10/2017 - 03 - 20.

［148］青海省教育厅. 2014年全省教育事业发展统计公报 ［EB/OL］. http://www.qhedu.gov.cn/zwgk/jyfz/201505/t20150504_19191.html, 2015 - 05 - 04/2017 - 03 - 20.

［149］青海省教育厅. 2015年全省教育事业发展统计公报 ［EB/OL］. http://www.qhedu.gov.cn/zwgk/jyfz/201602/t20160224_21299.html, 2016 - 02 - 24/2017 - 03 - 20.

［150］青海省教育厅. 2016年全省教育事业发展统计公报 ［EB/OL］. http://www.qhedu.cn/zwgk/jyfz/201703/t20170310_23445.html, 2017 - 03 - 10/2017 - 11 - 09.

后　　记

　　本书是在我的博士论文的基础上，充实了最新的数据及相应的测算，重新调整了体例，并加入了最新的思考。基于生态学视域研究青海省高等教育的规模发展是运用教育生态学的原理和方法解决教育实践中具体问题的尝试，在考察青海省高等教育生态承载力和规模的历史发展轨迹、预测其未来发展趋势的基础上，结合各级政府出台的有关高等教育改革与发展的规划和政策，针对青海省高等教育系统的生态承载力和规模发展的限制性因子及其成因，提出实现青海省高等教育规模适度发展的生态化路径。更是将其作为深入思考、精细解构教育生态学的理论和研究方法的切入点，在前人已经构建的教育生态学和教育生态承载力理论体系的基础上，将生态学的理论与教育学的理论进一步贯通融合，提出了教育生态系统稳定性和稳定、平衡性和平衡的理论，并将这一理论作为分析教育生态系统状态和特性的依据。

　　在读博之初我即立志要将教育生态学和教育哲学的相关理论有机结合，寻找教育学研究的新的生长点，因为那时随着对教育生态学研究和思考的不断深入，越来越觉得生态学的理论和方法与教育天然本具的"生态性"之间浑然天成的融通，认识到生态学不仅可以为教育理论和实践的研究提供理论指导，提供定性和定量研究方法的借鉴，而且是一种以"整体联系""动态平衡"和"协同进化"为特征，以生存与发展为原则，以可持续发展为目标，以适应为行动模式，以生长为逻辑基点，以系统性、交互性、发展性和动态性为思维特性的科学方法论。郝文武教授的教育哲学面向教育和生活实践，提出教育哲学是对教育思想的前提反思的基本观点，形成了教与学的科学化即教育学的合目的性与合规律性相统一的合理性的基本命题，阐述了教育是主体间的指导学习这一学习化社会教育本质的新概念和师生主体间性的新观点，以及从本体存在到本质生成的教育生成论这一教育哲学的核心思想，建构了由教育哲学总论、教育生成论、教学实践论和教育理想论构成的新的教育哲学理论体系。郝文武教授的教育哲学整合了现当代西方哲学的诸多精华，其对教育哲学核心特征的深刻体认和对各种哲学、教育学理论的驾轻就熟，以及他敏捷缜密、特立独行的思维方式，都使我产生了极大的兴趣。特别是其教育哲学中的观点、命题和理念都蕴含着鲜活的生命性，暗合教育生态学的思想和原理，因此，从学郝文武教授，以期透过教育哲学对教育生态学的考察，获得对教育生态学理论和方法更为深刻的理解，成为我读博的初衷。

　　自从拜在郝老师门下，时间在忙忙碌碌中不经意地飞逝，从早期单纯的、在学术上对导师的敬畏仰止，到后来熟悉起来、更为生动具体的亲近和崇敬。起初对他总是剑走偏锋但却无可辩驳的思维感到钦佩和好奇，后来折服于他的智慧和在他血液中承传自三秦古风的霸气，感动于他高歌"原生态"的《兰花花》和《东方红》时的荡气回肠、沉雄激烈。导师不仅在学术上教诲提携、慈悲棒喝，而且在做人做事上潜移默化地影响着大多数弟子，在很多同门身上或多或少地显露着被他个性和风格感染的痕迹。有师如斯、夫复何求？！感谢郝老师对我的栽培！感恩他对我这个倔强愚钝的老弟子的宽容和默默的关爱！

　　感谢司晓宏教授、陈鹏教授、栗洪武教授、赵微教授和李国庆教授，谢谢他们对我的恳切教诲、耐心引导！他们打动我的不仅是渊博的学识，还有富有魅力的个性和高尚的品德！

　　感谢我的硕士导师何波教授，十余年来师徒情深，从学术研究到工作生活，何老师不遗余力地帮助我、教导我！我时时铭记着他的教导："高调做事、低调做人！"感谢西北师范大学博士生导师刘旭东教授，多年以来用融合了南方的聪慧和北方的朴实的特有方式，不断给予我鼓励、指导和支持。

后　记

感谢青海省教育厅的张永胜处长、徐建国处长为我提供研究所需要的基础数据，如果没有这些基本数据，一切研究将成为"无米之炊"。

感谢我在山东大学读本科时的老同学、秀外慧中的云南大学陈穗云教授，及其引荐给我的毕业于复旦大学的生态学博士耿宇鹏副教授等生态学领域的精英，从生态学的视域审视我的研究，给了我很实际的量化研究方面的建议，增强了我的信心！

感谢我的各位同门的友爱和帮助！与他们共同度过了很多幸福美好、回味悠长的愉快时光，这些快乐和温暖终生难忘，定格在我人生的历史中，成为我生命的组成，愿我们友谊长存！

感谢我的父母、妻子和爱女！一直全力以赴地支持着我的学习和工作，无微不至地照顾着我的生活！给予我所有能给予的帮助和关心！他们既是我的家人，也是我的良师益友！特别感谢爱妻沈宁东，在她自己繁重的科研和教学工作之余，不仅无怨无悔地照顾着一家人的饮食起居，让我过着衣来伸手、饭来张口的日子，而且协助我核对原始数据、检查计算方法和计算结果，并从她的专业角度与我讨论教育生态的问题，在我研究过程中大多数的思考和遇到的问题都与她一起探讨过，我研究中的每一步前进都有她的功劳！

我很幸运，以他们为师！我很幸福，有他们为伴！

感恩你们，我的导师、老师、同学、朋友和家人！

祝福你们，健康幸福，吉祥如意！

郭　辉
2018 年仲春于西宁